Unwinding Madness

What Went Wrong with College Sports—and How to Fix It

高等教育シリーズ 174

ジェラルド・ガーニー＋ドナ・ロピアノ＋アンドリュー・ジンバリスト
宮田由紀夫 訳

アメリカの大学スポーツ

腐敗の構図と改革への道

Gerald Gurney, Donna A. Lopiano and Andrew Zimbalist

玉川大学出版部

序論

大学スポーツは教育面、倫理面、経済面で混乱を呈している。過去一〇年間、全米大学体育協会（National Collegiate Athletic Association, NCAA）は反トラスト法［わが国の独占禁止法に当たる］ならびに公正労働基準法違反を犯しており、アマチュアの定義を任意に、そして不正に歪めているとして、裁判を次々に起こされている。ノースウェスタン大学のアメフト（アメリカンフットボール）選手が労働組合を結成しようとしたが、全米労働関係委員会（National Labor Relations Board, NLRB）は組合を認めなかった。その二〇一五年の裁定の中でNLRBは、「この組合だけを承認することは労使関係の安定化に寄与しない」という理由を示した一方で、「NCAAが奨学金を受ける選手の環境に新たな変化をもたらす改革に取り組むことを求める」とも述べた。換言すれば、大学スポーツはあまりに急激に変化しているので、のんびりと議論している場合でなくなっているのである。NLRBは連邦議会が大学スポーツを監視して指導する必要性にも言及した。

本書の筆者らは、大学スポーツの改革に四〇年以上携わってきた。この二年間は、われわれはドレイク・グループ（Drake Group）と連携して、大学スポーツを調査し、大学対抗戦の新しい統治システムの将来像を描こうとしている。[1] このグループは、改革が必要な理由ならびに下記のトピックスへの見解について報告書を作成した。議会の指導力、選手の境遇、ＮＣＡＡの定めた選手の学力基準、一般学生からのスポーツ費［授業料とは別に強制的に徴収する］の存在、スポーツへの大学本体からの補助金、法の適正手続き、選手の権利、反トラスト法適用の限定的な免責、ＮＣＡＡによる規則執行の機能不全、新入生の出場資格、オバノン裁判［本書五〇頁の訳注参照］とアマチュア主義、教学の高潔さ［不正がないこと］、ディビジョンⅠ［アメフトやバスケットボールの強豪校のグループ］の再編などである。[2]

筆者らはまた、議会下院による第二七三一号提案を支持してきた。この提案は、大学スポーツを調査し改革を促進する公共政策についての検討委員会を立ち上げることを大統領に求めるものである。ここに至るまで、われわれは議会のメンバーやホワイトハウスの国内政策担当幹部、ダンカン（Arne Duncan）元教育省長官、大学教員、大学幹部、アメリカ大学出版部協会幹部、大学スポーツに関してさまざまな提言を行っているナイト委員会、アメリカ教育協会などと意見交換をしてきた。

ＮＣＡＡによる外部向けの新しいスローガンは、優先順位は「勉学」「選手の厚生」「公平性」であると述べているが、われわれは欺瞞《ぎまん》だと考えている。選手、教員、ファン、そしてあまり関心を持っていない人々にも、このＮＣＡＡの主張は、これまで守られてこなかった公約の焼き直しにすぎないと受け止められている。

商業化への圧力が大学スポーツを変えている。これからの五年間は、この変化のペースが速まり、内容も深刻になっていくであろう。改革論争に影響を与え、今後の大学スポーツの方向性に関わる機会を逃す手はない。われわれが本書を執筆した理由はここにある。

本書は三つの部分に分かれている。第1部では大学スポーツの歴史的背景を述べるとともに、大学スポーツが教育の道から逸脱してしまった重要な分岐点を突き止める。これらの分岐点と大学を取り巻く環境を理解することが、現在の問題点を知的に論じる基礎となる。第2部は、今日、大学スポーツの何が問題なのかを詳細に分析し、どのような変化が意味あるものかを考察する。第3部は改革の戦略、原則、ポリシー［施策］に焦点を絞った議論を行う。

本書を通してわれわれのテーマは一貫している。われわれは大学スポーツが分水嶺に来ていると考えている。現状は不安定であり、変化は起こりつつある。この変化は大学スポーツの商業化とプロ化をさらに進めてしまうかもしれないし、あるいは大学の教育的使命に従い、またこれと調和したアマチュア活動としての大学スポーツという本来の姿を取り戻すことに寄与できるかもしれない。前者の場合は、ますます多くの教学におけるスキャンダル、スポーツ部プログラムの債務超過、オリンピック種目と女子種目の軽視を引き起こす。後者の場合は、それ自体に難しさはあるが、教学とスポーツの適切なバランスの回復をもたらす可能性がある。本書は、NCAAや他の包括的な教育的改革を行う統治組織が、大学スポーツを財務・法律面で優遇してしまっていることに関して、多面的な提案を行うものである。

われわれの大学スポーツ批判は主にディビジョンI、その中でも［とくにアメフトの強豪校の集まりである］フットボール・ボウル・サブディビジョン（Football Bowl Subdivision, FBS）、さらにその中でも有力な五大コンファレンスに所属する大学に向けられている。これらの中でも大学、大学事務局、スポーツ部部長、監督の行動には差異がある。この差異にも言及しつつ、システムを動かしている主要な力関係と共通の要素に注目する。

多くの同僚が本書で表明した主張の構築を手助けしてくれた。なかでもテッド・フェイ（Ted Fay）、ロジャー・ノル（Roger Noll）、エミィ・パーコ（Amy Perko）、ブライアン・ポルト（Brian Porto）、デイブ・リドパス（Dave Ridpath）、スティーブ・ロス（Steve Ross）、アレン・サック（Allen Sack）、メアリ・ウィリガム（Mary Willingham）に感謝する。草稿の広範囲にわたってコメントをしてくれたジェイマ・マイヤー（Jayma Meyer）にはとくに感謝する。しかしもちろん、本書におけるいかなる誤りも筆者らの責任である。

アメリカの大学スポーツ——腐敗の構図と改革への道

Unwinding Madness:
What Went Wrong with College Sports— and How to Fix It

目次

第2部　何を正すべきか

第3部 健全な姿への回帰

第9章　改革成功の鍵——ガイドラインと結論

（　）は原注、［　］は訳注である。

第1部

歴史からの教訓

第1章

いかにして大学スポーツは道を誤ったか

［パートⅠ］

「アメリカの特殊性」という言葉は、しばしばアメリカは世界とは異なっていることを意味している。そして、しばしば異なるというのは、優れていることと同義だとみなされている。アメリカの大学スポーツが諸外国とは異なっていることに疑問の余地はない。イギリスなどでは、基本的に大学スポーツは学内の学生クラブで、学生に厳しい授業からの息抜きを与えるものである。レベルの高いスポーツは、大学のキャンパス外で民間のクラブとして存在している。一方、アメリカの大学では、草創期から、トップクラスのスポーツが教育機関である大学の中に組み込まれている。トップレベルのスポーツが学業と統合され、同時に他の大学と毎年競争するという、この構造的な特異性が今日の挑戦すべき課題の源である。しかしながら、この構造的な特徴が、全米大学体育協会（National Collegiate Athletic Association, NCAA）の第一部（ディビジョンⅠ）に所属する大学スポーツが道を誤ったすべての原因ではない。増大した商業主義の侵食、コスト抑制に対する拒絶、金権政治への欲望、ＮＣＡＡによる不公平な規則執行、教学での欺瞞の黙認などを理解するには、いかに大学スポーツが重要な意思決定の局面で間違いを犯してきたかを歴史的にたどる必要がある。

1 アメリカの高等教育はスポーツの商業化を受容している

アメリカの大学スポーツは、教育志向の純然たるアマチュア活動を装っているが、教育の領域は商業的側面によってますます侵食され、ディビジョンIの上位校では、破壊されてしまっている。いかにして学長は、スポーツチームの成功が大学にとって宣伝の好機であり、有力スポーツでの勝利が大学間の競争市場での重要な成功につながると確信するに至ったか。まずはそのことを理解する必要がある。

スポーツにおける最初の大学対抗戦は、一八五二年にウィニペソーキー湖で行われたハーバード大学対エール大学のボートレースであるが、商業的動機に満ちていた。ボストン・コンコード・モントリオール鉄道の幹部が、ニューヨークやボストンの富裕層にこの路線を宣伝する目的で企画した。同社は「飲み放題」と「贅沢《ぜいたく》な賞品」でチームの参加を促した。最初の出場資格違反は三年後に起きた。やはり、ハーバード大学対エール大学の対戦で、ハーバード大学が学生でない舵手（コックス）を出場させていたのである。

一八六二年にモリル土地付与大学法が成立し、国有地が州政府に払い下げられ、農学、工学、軍事教練の教育機関として州立大学の建設が求められた。多くの州はこの制度を利用して、高等教育を受けられる学生がまだ充分に存在していない［当時はようやく中学校が普及し始めた時代］にもかかわらず、州立大学を設立した。この法律でできた土地付与大学が従前の宗教系のリベラルアーツ大学、工科大学、既存の州立大学に加わったことで、大学側は供給過多になり学生の獲得競争が激化した。このような状況で、大学は何でもよいから競争で優位に立とうとした。大学スポーツは、志願者に大学を売り込むための中心的な役割を期待されるようになった。

娯楽と厳しい勉学の息抜きとして学生による運営で始まったスポーツは、学長によって急速に、大学の知名度向上、寄付金集め、学生集めの手段とされてしまった。一八六九年には早くも大学によるスポーツ振興が始まっていた。当時、アメリカで最も有名な教育者の一人でハーバード大学学長に就任したばかりのエリオット(Charles Eliot)は、ハーバード大学が「男らしいスポーツ」で秀逸であることを誇りに思うと述べている。[(1)] 同じ年、マサチューセッツ工科大学のウォーカー(Francis Amasa Walker)学長は、大学スポーツが教育面での拠り所を失ってしまった事実を嘆き、「もしもこの動きがこのまま続いたら、まもなくB.A.[学士号]は文学士(Bachelor of Arts)なのかスポーツ学士(Bachelor of Athletics)なのかわからなくなる」と述べた。[(2)]

一八七四年、コロンビア大学のバーナード(Frederick Barnard)学長は、ニューヨーク州北部で行われたボートレースでハーバード大学とエール大学に勝ったことを誇らしく語り、選手たちに「あの夏の日、諸君は創設以来、先輩たちがやってきた何よりもコロンビア大学の知名度向上に貢献してくれた」と述べた。[(3)]

その二年後、大学間アメフト協会(Intercollegiate Football Association)はニュージャージー州ホボーケンで感謝祭の日[十一月の第四木曜日]にアメフトの選手権試合[全米チャンピオン決定戦]を開催し始めた。一八八〇年からはニューヨーク市で開催されるようになり、人気は最高潮に達した。

アメフトの選手権試合は、始まって一〇年も経たないうちにアメリカで最高峰のスポーツイベントになった。プリンストン大学とエール大学がほぼ毎年対戦し、一八九〇年代には四万人の観客を集めた。選手、学生、ファンはチームカラーを身にまとい、両校の旗が馬車、ホテル、ニューヨーク市のオフィス街にはためいた。感謝祭の礼拝はファンに考慮して早めに切り上げられ、試合はニューヨークの一連の年末行事の始まりであった。[(4)]

この見解に同意して、サック(Allen L. Sack)とスタウロスキ(Ellen J. Staurowsky)は一九九八年に次のように書いている。

一八八〇年代末に、大学スポーツほどキャンパスの欲求に応える学生の活動はなかった。大学スポーツほどマスコミの注目を集めるものもなかった。大学スポーツほど、寄付金を出し大学の理事会での力も増していた実利志向な企業経営者の心をとらえるものもなかった[5]。

一八九〇年代に、当時のプリンストン大学学長だったウィルソン（Woodrow Wilson）は、卒業生に対して「プリンストン大学は三つの点で有名です。アメフトと野球と勉学です」と述べた[6]。ウィルソンの発言は、六七年後にカリフォルニア大学バークレー校のカー（Clark Kerr）学長によって丁重にも繰り返された。教員会議でキャンパスの駐車場について質問に答えたカーは、学長の仕事は「教員に駐車スペースを確保し、学生にセックスの自由を与え、卒業生にスポーツを提供することだ」と述べた[7]。

2 学長は財務超過と教学での不正を容認する

一八九〇年代初め、シカゴ大学学長のハーパー（Rainey Harper）は、元エール大学のスター選手だったスタッグ（Amos Alonzo Stagg）をアメフト部の監督として雇った。ハーパー学長は、スタッグに対して「アメリカ中を遠征してすべての大学を叩きのめすチームをつくってくれ」と命じた。ハーパーは八万ドルの信託基金をスタッグに与えたといわれる。もともとは低所得者層出身の学生支援向けだった基金は、アメフト選手の勧誘と生活支援に使われるようになった。そして「遠征に際して専用客車と観光の費用に使ってよい」ことになった[8]。

もちろんシカゴ大学は、過剰にアメフトを奨励していた唯一の大学ではなかった。学生とは到底思われない選手への金銭の供与は広く行われていた。元エール大学の選手だったデミング（Charles Deming）による一九〇六年の記事は、エール大学教員に対して行ったスポーツに関する調査を詳細に報告している。記事によると、一〇万ドルの資金が選手の学習支援（家庭教師）、選手への高価な贈り物、監督への娯楽供与、カリブ諸島への旅行に使われていた。[9]

最初のアメフトの大学対抗戦は、一八六九年にラトガース大学がプリンストン大学を破ったものだが、そこで活躍した一〇人の一年生選手のうち、三人は代数で落第していた。学長らは選手の学力基準の維持に関して何もせず、有効な手立てを講じないという意味で共犯者であった。一八八九年、ハーバード大学のエリオット学長は、一年生の学業成績とアメフトへの参加との関係を調査した。二年間のデータによれば、アメフト選手の一年生はAとBに比べて約四倍のDとFを取っていた。エリオット学長は、大学生活に慣れて学業を軌道に乗せるため、一年生のうちはプレーするべきでないと考えた。さらに、一年生選手のプレーを認めると、入学した翌日にはすぐプレーできることになり、替え玉や「流れ者」［スポーツだけをして大学を渡り歩く者］の選手を横行させることになっていた。しかし、この訴えかけは当時のハーバード大学の卒業生や学生には先駆的すぎて支持されなかったので、当時の他の大学学長と同様、エリオット学長も提案を引っ込めた。

一九〇五年に『マックルーアー（*McClure's*）』誌が大学スポーツの腐敗について二部構成の特集を掲載した。著者のニーダム（Henry Beach Needham）は、名門のアイビーリーグ校は「大学スポーツを堕落させている」と述べ、流れ者選手、スポーツ収益の浪費、学業の不正、教員と選手の癒着、監督の非倫理的行動、高額な施設の建設、アメフトにおける変わらぬ暴力性を批判した。[10] 大学の学長が商業的目的と教学の目的との折り合いをつけようとする際に直面するジレンマについて、リード大学のフォスター（William T. Foster）学長は一九一五年に次のように予言している。

もしも大学スポーツが、スポーツの主たる目的に付随して寄与するものならばそれでよい。しかし、まずそもそも主たる目的とは何なのか、商業的なのか教育的なのかを決めなければならない。そして商業主義にすでに浸かっている大学にとって、そのシステムを維持しつつ同時にそれに対抗する精神を醸成することは難しいであろう(11)。

大学は、チームを強くするため、施設やスタジアムに気前よく投資し始めた。一九〇三年にハーバード大学は、アメフト専用の初のコンクリート製スタジアムを建設した。一九一四年にはエール大学がエール・ボウルを建設してこれに続いた。一九二二年にはペンシルバニア大学がフランクリン・フィールドをアメフト用に拡張し、一九二三年にはカリフォルニア大学バークレー校が収容人数七万六〇〇〇人のスタジアムを、一九二八年にはコロンビア大学がベーカー・フィールドを完成させた。遅れをとりたくない各大学は、次から次へとためらうことなくアメフトの予算を増やしていった。一九三〇年までに、アメリカ全体で三〇のコンクリート製大学アメフトスタジアムができていた(12)。

しかしながら、堂々としたスタジアムはチームの勝利を保証するものではなかった。強力なコーチ陣が必要である。草創期の大学アメフト部では、監督に報酬を与えることは不適切と考えられていた。監督は教員であり、教授が学内の委員会に無償で出席するように、無報酬のボランティアとして選手を指導していた。監督は選手と同様、アマチュアだと考えられていた。しかし、まもなく、勝利至上主義がこの理想論と衝突し始め、大学は優秀な監督の争奪戦を繰り広げた。

二十世紀の最初の一〇年で、アメフト部の監督の給与は正教授（full professor）よりも高くなり、しばしば学長と同額になった。コロンビア大学はサンフォード（George Sanford）監督を五〇〇〇ドルで雇ったが、正教授の二倍以上であった。ハーバード大学は二六歳のレイド（Bill Reid）を七〇〇〇ドルで雇った。ハイズマン（John Heisman）は、一九〇三年にジョージア工科大学と二二五〇ドルと入場料収入の三〇％という報酬で契約した。彼の給与は最終的にライス大学で一万二〇〇〇ドルになった。ミシシッピ川以西で最初のリベラルアーツカレッジであったルイジアナ州シュレブポートのセンテナリー大学は、一九二四年に南部認証団体（Southern Association of

Colleges and Schools of Commission on Colleges, SACSCC）［認証団体とは各大学が出している学位に値する教育を行っているかを評価する第三者組織で、日本でもアメリカから導入されている］から、アメフト部の監督に学長よりも高い給与を出していることは「過度のスポーツ重視」だとして認証を拒否された。

当時先駆的だったのはノートルダム大学のロクネ（Knute Rockne）監督である。一九二四年に、彼はノートルダム大学と一〇年で一〇万ドルの契約を結んだ。七五勝六敗という戦績を誇ったロクネは、一九二六年になってコロンビア大学から年間二万五〇〇〇ドルの三年契約で誘われた［結局、応じなかった］。皮肉なことに、当時のコロンビア大学のバトラー（Nicholas Butler）学長はかつてアメフトを禁止した人物であった。ロクネとの契約について、バトラー学長は「それは学生と卒業生が決めることで私の担当ではない」と述べた[13]。

指導者がボランティアの大学教員から専門の監督に移行したことは、大学スポーツが大規模に商業化する萌芽であり、教育という目的からの逸脱を助長することになった。他の課外活動では、音楽、ダンス、演劇などの指導者はその分野の専門家であり、修士号か博士号を持っている。これらの分野は学術文化と結びついている。しかし、有力な大学スポーツでは、かなり以前から、学術面や体育教育面で秀でているというよりも勝利をもたらすことが監督の資質として重視されることが起きていた。監督は教育重視の姿勢と選手の学業の進歩への関心を消失させていった。監督による健康・身体面での教育的配慮の欠如は、一般的に［体をぶつけ合う］接触型スポーツによる身体的損傷を軽視、あるいは無視することになる。

3 なぜ教員や学長主導の改革は失敗したのか

大学スポーツが急速に商業化したこと、教育という目的が崩壊したこと、アメフトの暴力性に関する報道が増加したことによって、改革運動が起きた。その担い手は主として教員であったが、大学学長がそれに加わることもあった。ハーバード大学は、一八八六―八七年に改革運動を始めた。この年に、ハーバード大学は三四試合の遠征を含む九四試合の大学対抗戦を行っていた。教員は、スポーツは学生を勉学から遠ざける、遠征は選手を倫理的に怪しい行動に導く、大学スポーツが紳士的な競技から商業的活動に変容してしまうなどの理由で、スポーツの抑制について学長や理事会を説き伏せた。理事会のスポーツ諮問委員会は、五分の四の賛成で大学間のスポーツ対抗戦を禁止して学内スポーツと学内施設の充実という提案を支持した(14)。しかし、学生と理事会の反対に遭い、提案は理事会総会で採択されなかった。結局、ハーバードほか諸大学における教員による改革の要求は、学長が任命したスポーツ推進派でスポーツ改革への意欲も力もない教員によるスポーツ懇談委員会をつくり、そこに学生や職員も参加することで収束した。教員はスポーツを管理する権限を失った。そして一八九五年、ハーバード大学とエール大学の試合が特に暴力的であったので、ハーバード大学の教員は三分の二の賛成でアメフトの廃止を決議した。しかし、［単なる懇談でなくスポーツについて実質的に審議する］スポーツ諮問委員会はすぐに満場一致で決議に反対し、理事会もスポーツ諮問委員会に賛同した。

　大学の学長はスポーツを改革する権限を有しているが、それを行使することに関心はない(15)。今日、学長の在任期間は平均六年で、多くの課題に取り組むことが期待されている。だが、大学スポーツの改革はその一つではない。大学スポーツの過度の商業化と教育的使命への悪影響を指摘する数少ない学長も、理事会の支持を得られないことに気がついている。それよりも学長は寄付金を集め、大学の施設を改善し、カリキュラムを改訂し、良い教員を採用し、優秀な学生を集め、地元の自治体との良好な関係を築く努力をしたほうがよい。学長はスポーツ部が彼らの仕事である「勝利に邁進《まいしん》すること」を容認している。そして学長は、学内のスポーツ懇談委員会、地域のコンファレンスやＮＣＡＡのような全米レベルのスポーツ統治組織に送る大学の代表に権力のないスポーツファンの教員を任命することで、スポーツ部を教授会や評議会の批判から守る。今日、ディビジョンＩでは、大学の教員代表の八〇%近くが学長の任命で、教員組織が任命して学長が承認する形を取るのは二〇%にすぎない(16)。

　大学スポーツには、大学学長と理事会は学内での大学スポーツ改革の動きをうまく阻止する一方、外部からの圧力を巧みに回避して、NCAAが変革の必要性に関して議論しないようにする、という悪しき伝統がある。［NCAAは元々、アメフトの暴力性を抑制するために設立された組織であるが、］二十世紀の初めに戻るとアメリカ中で、暴力的なプレーによって人命が失われていた。一八九三年に大学アメフトで七人が、一八九四年には一九人が死亡した。一九〇五年にも一八人が死亡し、一八九〇年から一九〇五年の合計は三〇〇人を超えた。関係者は、これらの死者は「フライング・ウェッジ（Flying Wedge）」のような集団フォーメーション、突進を規制するルールの欠如、稚拙な審判、防具の不備が原因だとしていた。

一九〇五年のシーズン始めに、ハーバード大学の新入生だったルーズベルト（Theodore Roosevelt）大統領の息子がアメフトで鼻骨を骨折した。大統領はハーバード大学、エール大学、プリンストン大学の代表者をホワイトハウスに呼んで、アメフトの将来と改革の必要性を議論した。二カ月後の一九〇五年十二月、全米大学間競技連盟（Intercollegiate Athletic Association of the United States, IAAUS）がアメフトのルールの検討ならびに大学スポーツ全般の規制のために設立された。

IAAUS（一九一〇年にNCAAと改称された）の設立メンバーは三八大学のみであり、ルーズベルト大統領に呼ばれたハーバード大学、エール大学、プリンストン大学のような有力校は数年の間加入しなかった。アメフトの有力校は、中小大学に主導権を握られたくなかったからである。

できたばかりのIAAUSには財源もなかった。一九〇六年十二月の最初の年次大会では、財務部には二八・八二ドルしかないことが報告された。財政が苦しく、有力大学に入ってほしいがゆえに、IAAUSは［規制の施行・遵守は各大学の自主性に任せるとする］「ホーム・ルール（Home Rule）」という方針を定めたが、それによってメンバー大学に対するIAAUSのポリシーの強制力は制限され、各大学は自分たちで実施したいポリシーを選べばよいことになった。最初の内規には、「各大学は（中略）アマチュアスポーツの原則に違反することを防ぐために、必要な方法を定めて実行する」とある。[17] 一九〇七年の会則では、「年次大会で制定された規則はメンバー大学を拘束するものではない」と定められた。[18] 大学スポーツの歴史を研究するスミス（Ronald Smith）は、この「ホーム・ルール」ポリシーのおかげで、「NCAAは最初の半世紀、大学スポーツに関心のある教員代表が議論する場でしかなかった」と述べている。[19]

一九〇六年から一三年、および一七年から二九年までNCAAの会長を務めたピアース（Palmer Pierce）［陸軍士官学校教員。当時のNCAAにはフルタイムの役員はいなかった］はこの議論において、大学スポーツが与える腐敗した影響力をこう非難した。

不公正な方法で、ルールに反してでも試合に勝とうとすることに慣れてしまった青少年はのちの人生でも同じ倫理基準で行動する。[20]

これまで述べたとおり、一九〇六年の創設から一九五二年まで、NCAAはメンバーが従う必要のないガイドラインを制定していた。NCAAは各種目で安全性を高めるルールをつくって広めたが、スポーツの改革の必要性に対応する法的メカニズムを持つことはなかった。

4 アマチュア主義——NCAAのメンバー大学は資産である選手にかかる費用をいかにして抑制するか

NCAAによるアマチュアの定義の変遷を見ることは参考になる。当初は選手のスポーツ能力に応じた奨学金は全面禁止だったが、近年では一般学生の奨学金の額を超えたスポーツ奨学金の授与が行われている。NCAAのポリシーが実行されないかぎり、NCAAがアマチュアを定義する高尚な原則を採用しようとしても筋が通らない。一九〇六年の内規の第六項は、各メンバー大学にアマチュアの原則に違反しないよう方策を立てることを求めていた。違反には、「大学、卒業生から直接、間接にスポーツの能力に応じた待遇を選手に与えて入学させ、出場資格を維持する」ことが含まれる。[21] したがって、スポーツ選手奨学金はアマチュアの原則に反していた。スポーツ能力に関係しないニード基準［経済的困窮度に基づく］奨学金は違反ではなかった。

ＮＣＡＡの最初のアマチュア定義は一九一六年に発表された。内規の第六項（ｂ）によれば、アマチュアとは「競争的な身体スポーツ活動に、楽しむ目的でのみ参加し、それによって身体的、精神的、道徳的［倫理的な判断ができるようになる］、社会的［友人ができるなど］恩恵を得る者」である。[22] 一九二二年の改訂版では、「アマチュアスポーツマンとは、身体的、精神的、社会的恩恵を得るためだけにスポーツを行い、スポーツをすることが気晴らし以外の何ものでもない者」である。[23]

実際には、アマチュアに関するこれらの初期の定義は、便宜上のものでしかなかった。大学の選手は報酬を受けるプロ選手とは異なり、一般学生と同じであることをＮＣＡＡが一般市民に示すためのものであった。この時代のＮＣＡＡには執行力がなかったので、アマチュアの規定も実行されない名目的なもので、違反に対して何の罰則もなかった。数々の悪用は、一九二九年のカーネギー財団の報告書に列挙されている。対象の一一二大学のうち、四分の三の大学でＮＣＡＡの規定とアマチュアの原則が破られていた。報告書では以下のようにまとめられている。

> 価値観の変化が必要だ。大学スポーツは、商業化とこれらの力が生み出す物資的な既得の利益にどっぷりと浸かっている。こうしたスポーツの商業主義の力は弱められなければならないし、スポーツが若者を成長させるために提供されるものであるとしたら、何よりも誠実さを重視し、その高みを極めなければならない。[24]

この報告書は今日の状況をも鋭く指摘するものであるが、大学の学長はスポーツの高潔さを訴え、これまでの統治機構が定めてきた大学スポーツのプロ化の方針を変化させることができると結論づけた。しかし、そのようなことは起こらなかった。代わりにテレビの登場とともに商業主義は進み、有力大学は他の大学との格差を拡大し、教員が目指してきた大学コミュニティ全体で向上していこうという教育モデルから距離を置こうとした。各大学はスポーツでの競争力と収益を上げる能力に応じて［いわゆる実力別の第一部、第二部に当たる］ディビジョンに分かれた。

『ニューヨーク・タイムズ（*New York Times*）』紙の一九三一年の追跡調査によると、カーネギー財団の報告書以降、行動を改めた大学は一つもなかった。一九三四年のNCAAの委員会報告では、金銭を供与して高校生選手を勧誘することと、在学中のプレーに対する報酬の支払いは「きわめて広範に行われており、今日のアメリカの大学スポーツの主要な問題となっている」と結論づけている。(25)

したがって、一九三〇年代には改革の声が高まった。マルクス兄弟［コメディアングループ］の Horse Feather（邦題「御冗談でショ」）、Saturday's Heroes や Hero for a Day といったハリウッド映画では大学スポーツを表裏があるものとして嘲笑っていた。シカゴ大学のハチンス（Robert Hutchins）学長は、一九三一年に以下のように述べ、(26)同大学は一九三八年にアメフト重視をやめた。

大学は偉大なスポーツ組織でも社交クラブでもない。身体的・社交的な活動の一部分として知的活動が偶然に与えられるような場ではない。大学とは、学術的な共同体なのだ。いかなるコミュニティにおいても公平で有益なメンバーになろうとする学生に対して、純粋に知的な場であり、それに加え、学生の醸成されるべき個性と力を発展させるための準備が行われる場である。

大学スポーツの商業化は大恐慌の後半と第二次大戦中はペースが鈍ったが、戦争が終わると加速した。一九四六年末に、『ニューヨーク・ヘラルド・トリビューン（*New York Herald Tribune*）』紙のスポーツ記者のウッドワード（Stanley Woodward）は「逃げ口上、表裏のある行動、裏工作ということに関して、大学スポーツは比類がない。（中略）もしもカーネギー財団が、今、大学アメフトについて再調査を行ったら、一九二〇年代に見つかった非紳士的なふるまいも（中略）戦後一九四六年の「略奪者」たちからは、鼻で笑われてしまう程度でしかない」と書いた[27]。選手への事実上の支払いが一〇万ドルに達する大学もあった。オクラホマ州立大学の監督の推定によると、ライバルのオクラホマ大学は毎年、選手に合計二〇万ドル（二〇一五年の価値に換算すると二六四万ドル）を支給していたという。

状況はかなり制御不能になっていたので、NCAAは議論するのみの場以上になる必要があった。そして選手への財政支援という現実を認めるとともにアマチュア主義の規則を実際に執行する試みを始めた[28]。一九四八年にNCAAは「健全憲章（Sanity Code）」と呼ばれる規定を可決した。この規則によって初めて、経済的に困窮している場合にかぎり授業料と諸費用をカバーする正式な選手向けの奨学金を認めた。その大学の学業成績優秀者の奨学金と同じ額ならば、授業料を上回る金額の支給が可能であった。健全憲章はまた、選手がプレーをやめても奨学金は取り下げられないと明記していた。しかし一九五〇年にNCAAは、健全憲章に違反したメンバー大学を追放することを［三分の二の賛成票で］可決できなかったので、健全憲章は放棄された[29]。

一九五六年、健全憲章廃止の六年後、NCAAはとうとう経済的困窮度に基づかず、在学に必要な費用をカバーする選手向け奨学金を制定した。一九五七年の「正式な解釈」では、寮費・食費、授業料・諸費用、教科書代、ならびに月一五ドルの「洗濯代」という名称の雑費が含まれることになった[30]（二〇一五年の価値に換算すると、洗濯代は月に一二七・三五ドル、年間で一五二八・二〇ドルとなる。これは最近認められた「在学に必要な費用」［大学の所在場所によって費用は異なる］の一番低いレベルとほぼ同額である[31]）。一九〇六年の最初のNCAA総会に出ていた人は、一九五七年までに、大学が金銭でもって高校生を勧誘することが許されるようになるとは、想像もできなかったであろう[32]。

一九五七年の規則は、スポーツ奨学金は大学が選手の労災保険や社会保険を支払わなければいけなくなる「プレーへの報酬」ではない、という予防線を張っていた。奨学金は、選手のチームへの貢献度が悪かったり、怪我をしたり、競技をやめてしまっても、減額や廃止されないものだった。NCAAは「学生選手(student-athletes)」という表現を用いるようになった。[33]

一九六七年、NCAAは従来のアマチュア主義からさらに遠ざかった。大学は、選手が四年間の奨学金をもらっていながらプレーをしないというケースに不満を持っていた。あるスポーツ部部長からは、このような行為は「倫理的に好ましくない」「誰が何と言おうと、スポーツ奨学金は契約であり、双方が誠意を持つべきだ」という意見が出ていた。[34] この問題に対応して、NCAAは選手が自発的にチームを辞めた場合、また監督の指示に従わなかった場合、すぐに奨学金を打ち切ってよいこととした。

そして一九七三年、NCAAは奨学金を一年ごとの更新制とすることで、伝統的なアマチュア主義を完全に否定した。[35] この規則によって監督は年度の終わりに、怪我、チームへの貢献度、もっと良い選手に奨学金を回す、チームのシステム[たとえばアメフトの戦法でパスを中心にするか、ランを中心にするかなど]に選手が合わないなど、どんな理由づけでも奨学金の更新を拒否できることになった。奨学金は、被雇用者の選手を罠にかける雇用契約である。契約は条件付きであるし、(奨学金を理由に)監督は選手を管理できる。[36]

一九〇六年にNCAAが採用したイギリス流のアマチュア主義とは明確に異なり、一九七三年の規則は選手を高度に特化したエンターテイナーにした。収益性の高いスポーツでは、選手の日常生活は監督によって規定され、学生としてスポーツ以外の楽しみや課外活動をする時間はほとんどなくなった。それでもなお、こうした初期のアマチュア主義からの逸脱が、商業エンターテイメントとしての大学スポーツの人気に影響を与えることはなかった。NCAAが何がアマチュアかを勝手に定義できることにより、増額し続ける選手への補助金もNCAAの「アマチュアスポーツ」としてのブランドを傷つける脅威とはならなかった。

アマチュア主義の今ひとつの変更は、NCAAがはっきりと、選手に報酬を与えることを認めたことである。NCAAはアメフトのボウルゲーム[レギュラーシーズン終了後、コンファレンスの優勝者や勝率の高いチームが招待され対戦する。アメフトのスタジアムがすり鉢状でボウルのようなのでこう呼ばれる]やバスケットボールのマーチ・マッドネス（March Madness）［三月に行われるトーナメント］に出た選手が三〇〇〇ドル以上を受け取ることを認めている。二〇一二年三月の『スポーツ・ビジネス・ジャーナル（*Sports Business Journal*）』誌によると、「たとえば四年生の選手は、チームが勝ち続けてレギュラーシーズンに優勝し、ポストシーズン［レギュラーシーズンが終わったあとのプレーオフ。同じコンファレンスの中でも北地区、南地区と分かれていたらその両者のうちの優勝者を決める］のコンファレンスのトーナメントやNCAAのトーナメントに出ると三七八〇ドルもらえる。前の年は三三八〇ドルだった。チームには最大で二五種類の報酬が大学とコンファレンスによって与えられることがNCAAの内規で定められている[37]」。

選手の搾取［収益を上げることに利用して恩恵は与えないこと］への批判に対応して、近年、NCAAはアマチュア主義の扱いにさらに手を加えた。二〇一二年、ディビジョンIの大学は複数年の奨学金を出してよいこととした。二〇一四年、奨学金でカバーできる食事の内容が一般学生よりもよいものであることを許可した。そして二〇一五年には、選手の両親がボウルゲームやトーナメントを観戦しにくる旅費を大学が提供することを認めるとともに、ディビジョンIの選手には授業料以外に在学に必要な費用を大学が支払ってもよいこととした（一九七三年に廃止されたいわゆる「洗濯代」の復活である）。

NCAAはアマチュア主義の中核の概念（つまり、スポーツのプレーの対価は支払わない）をいじらないように規則を変えたが、他のアマチュア団体の定義とは整合性がない。たとえば、アマチュアスポーツ協会（Amateur Athletic Union, AAU）は「遺失所得補填《ほてん》」（broken-time payment）［練習や競技に参加するために勤務時間を減らすことで失われた所得の補填］を認めているが、NCAAは認めていない。また、最小限の費用をカバーする目的だとしても、いかなるスポンサーからの資金提供も禁じている（これによってスキーのオリンピック選手でもあったコロラド大学のブルーム（Jeremy Bloom）はアメフトに出場できなくなった）。AAUは遺失所得補填を認めるだけでなく、商品の広告・宣伝に対する報酬も認めているが、NCAAは認めていない。

全米ゴルフ協会では、二〇一二年版のアマチュアゴルフ規定で、賞金を受け取らなければアマチュア選手がプロと競うことを認めている。アマチュア選手が代理人を雇うことや、試合の勝利とは関係のない報酬を受け取ることも認められている。NCAAはこれらを認めていない。

さらに、NCAAはヨーロッパ人の留学生選手にはアメリカ人とは別の扱いをしている。たとえば、ヨーロッパ人のプロテニス選手は高校生のときに一万ドルまでなら賞金を稼いでよく、アメリカの大学に進学して選手として出場してよいと認めているが、賞金を稼いだ経験のあるアメリカ人は学生選手としてプレーできない。NCAAマニュアルは一〇〇〇ページを超えており、アマチュア主義の堅持を主張するための非現実的な規則は広範囲にわたっている。

NCAAはまた、選手が(一)プロのアメフトやバスケットボールのドラフトの前に行われる集団公開練習(player combine)の準備、(二)ドラフトでの選択が選手にもたらす経済的な意味、(三)プロチームとの契約の仮交渉、について相談するための弁護士や代理人を雇うことを禁止している。しかしこれらの禁止されている行為は、選手がプロチームと契約する前、お金を受け取る前、プロになる前に行われている。

5 ディビジョンIのお金にまつわるすべてのこと——NCAAの構造と機能

商業化されたスポーツの絶対的な力、つまりディビジョンIにおける大学スポーツの力は、ゆるぎなく増大している。経済的利得が大きくなるにつれて、組織的に少数(の権力者)のための金権政治を発達させてきたNCAAの構造が、その力を助長・促進させたのだ。教員または学長主導による全学レベルの大学改革が難しいのと同じように、全米レベルにおけるNCAAの改革は、組織の金権体質のため不可能である。最も基本的なレベルでいうと、NCAAの真のアイデンティティは、スポーツ部部長、コンファレンスの代表、監督から成る業界団体だということである。教育としてのスポーツという哲学を確かなものにしようとする大学が集まった組織ではない。NCAAは、税金逃れのために寄付と偽ってスタジアムの高価な指定席券を購入している卒業生とファンに対して、選手の行うプレーをユニークで価値ある商品として売り込む組織とかわりない。

NCAAが改革に抵抗することを理解するためには、その構造と機能の変化を把握する必要がある。まず第一にNCAAは、高度に商業化したアメフトとバスケットボールのプログラムを束ねる役、そしてレギュラーシーズンのテレビ中継のコントロール役であった。第二に、ドラマチックな全米選手権試合の生みの親であった。これらの商品の価値を利用するために、NCAAはメンバーの大学を「統治」しなければならない。一九〇六年から五六年までのNCAAは、定めたガイドラインの拘束力が弱く遵守は各大学任せであったが、現在のNCAAは制定した規則を執行させなければならない。NCAAは全体として、劇的な変化を迫られた。全体として、各大学が総会で一票ずつ持っていた制度から、メンバー大学のうちの少数の大学やグループが大きな力を持つ権力分布の不均衡な金権政治となった。最も裕福で最も商業化に成功したスポーツ部を持つ大学がいかにしてNCAAを管理する力を得たか、なぜ彼らはその権限を手放さないのかを理解するためには、お金に注目すればよい。

一九五六年、NCAAは規制を効率化するために、カレッジとユニバーシティという二部門に分かれた[38]。さらにアメフトと男子バスケットボールの人気の沸騰から、競争力のある大学をさらにグループ分けする必要が生じ、一九七三年に規模が大きく競技レベルの高い大学の順にディビジョンI、ディビジョンII、ディビジョンIIIができた。これについて、最も高いレベルで争う大学は次のように主張した。学生の勧誘や学業成績における規制は収益性の高いスポーツの発展を妨げるので、ディビジョンに分かれることは互いの利益になる。サウスイースタン・コンファレンス(Southeastern Conference)の元コミッショナーのマクホーター(Boyd McWhorter)は、「われわれは、監督を困難な状況に追い込んだり、ファンにとってゲームが魅力的でなくなるような規制は絶対に行わないよう努めなければならない」と述べた[39]。この部門別階層化はとくに競争力の高い大学の裁量権を増加させ、競争力のない大学はますます落ちこぼれ、後者は自分たちに不利な規則に抗議したり、商業主義の拡大を抑制する力を失った。階層化が進むと、NCAAのメンバー大学はさらなる投資を必要とするスポーツの取り組みに関して、覚悟を決めざるを得なくなった。[40]

この戦略的な階層化はさらに強化された。一九七六年のNCAAの総会で、ディビジョンIはビッグ・エイト（Big Eight）、ビッグ・テン（Big Ten）、サウスイースタン（Southeastern）、サウスウェスト（Southwest）、パシフィック・エイト（Pacific-8）、ウェスタン・アスレティック（Western Athletic）、アトランティック・コースト（Atlantic Coast）という「本当に」有力なコンファレンス［いずれも当時の名称］を分離した。これらのコンファレンスは、この改編によって競争力のない大学から抑制を受けずにアメフトに投資できるようになった。こうしてディビジョンIの中で規模の大きい順にディビジョンI-A、I-AA、I-AAAに分かれた。二〇〇六年には、一般のファンやメディアが区別しやすいように、I-Aをフットボール・ボウル・サブディビジョン（FBS）、I-AAをフットボール・チャンピオンシップ・サブディビジョン（Football Championship Subdivision, FCS）と改称した。[41]

一九九六年の総会では、アメフトでとくに強力な一部の大学によるさらなる裁量権獲得のための戦略的提案が行われた。提案第七号は、一大学一票制をやめて、NCAA全体の執行委員会（Executive Committee）、ディビジョンIの評議会（Board of Directors）、ディビジョンIIとIIIそれぞれの学長協議会（Presidents Council）での合議制にした。執行委員会は主要コンファレンスに属する有力大学の代表が一六人のうちの八人を占める。理事は自分のディビジョンに関係のある案件に投票でき、権力はディビジョンI-Aの大学に集中するようになった。有力校はこの再編の提案が認められなければ脱退を示唆したので、提案を承認することでNCAAは分断を免れた。しかしメンバー大学による民主的参加は放棄され、[42]強固な金権政治が確立した。

アメフトとバスケットボールの有力大学が独自路線を行く能力を示しつつあるとき、今後起きることの前触れとして、二〇一一年十月にNCAAのエマート（Mark Emmert）会長は奨学金の上限額を上げた。授業料・諸費用、寮費・食費、教科書代に加えて、在学に必要な費用の補填として二〇〇〇ドルを上乗せすることが提案された。ＮＣＡＡの評議会は提案を採用したが、二〇一一年の総会では否決された。あきらめることなく、有力校はＮＣＡＡからの脱退をほのめかして、再びＮＣＡＡとエマート会長に圧力をかけた。二〇一四年八月、ＮＣＡＡは執行委員会を理事会（Board of Governors）と改称し、ＦＢＳ内の六五大学を擁する五大コンファレンスに裁量権を与えるとともに、スポーツ部部長とコンファレンスの代表にＮＣＡＡ運営面でのより多くの権限を与える統治体制を構築した[43]［本章末の付表1－1参照］。大学の学長は、新しい統治体制が成功するためには、キャンパスとＮＣＡＡ内部でのスポーツを管理する学長の権限が守られる必要があると強調した。

この統治モデルでは、学長、選手、教員代表、女性上級役員（Senior Women Administrator, SWA）［第6章で説明される］がディビジョンⅠの評議会メンバーに加えられた[44]。この新しい裁量権は、選手の厚生に関する特定の問題についてのみ規定する権限があり、奨学金、選手の健康管理、高校生選手の勧誘における制限、食事、練習時間などが含まれる。それでもすべての大学が、上昇するスポーツ部のコストに合わせて有力校と競争していくことはもはや不可能なレベルと考えられる[45]。ボイシ州立大学のクストラ（Bob Kustra）学長は、有力コンファレンスに裁量権を与えた規定改訂を「権力掌握」と表現した。すなわち、ＮＣＡＡは財力のある数十の大学が引き続き支配してＮＣＡＡを操ることを認めたのである。「有力大学は膨れ上がったスポーツ予算でもまだ足りないと思っている。とくに最近、新興の中堅大学が有望選手の勧誘に成功し、有力校をしばしば倒し、ランキングをかき乱し、ときにはポストシーズンのボウルゲームに出場して収益をあげていることを苦々しく思っている[46]」。有力校の支出増加によってもたらされたアメフトとバスケットボールでのさらなる階層化に直面して、予算も限られている五大コンファレンス以外の大学は、有力大学と同じ恩恵を選手に提供して競争力を維持するか、競争を諦めるかの選択を迫られた[47]。二〇一五年一月、ＮＣＡＡは統治における有力大学の裁量を正式に認めた。五大コンファレンス（ビッグ・テン、ビッグ・トゥエルブ、パシフィック・トゥエルブ、サウスイースタン、アトランティック・コーストの各コンファレンスと無所属の強豪ノートルダム大学）の学長は、現代の大規模なスポーツは独自の生態系を持ち、その問題と問題解決能力は特有なものなので当事者が解決するのがよい、と理由を述べた。彼らによれば、有力コンファレンスへの裁量権付与に反対することは、NCAAの主要資金源を破壊することを意味するのである。

将来、上位校として競争するためのコストはますます［スポーツ部の独立採算でなく］一般学生から徴収するスポーツ費や大学本体からの予算によって補助されるようになるであろう。有力大学の商業的利益が増進すれば、ついてこられない大学を生み出して大学スポーツ全体の財務の不安定化を引き起こし、教学の高潔さや大学教育の有効性について深刻な問題が提起されるであろう[48]。有力大学とコンファレンスによる経済的利益に基づく、この恥ずべき階層格差の拡大は、最終的には政府の介入を求める結果になるかもしれない。

大学学長が自らのキャンパスでスポーツを管理する責任を放棄してしまったと同時に、学長はNCAAへの関与もスポーツ部部長やあまり力のない教員代表に委ね[49]、彼らは所属コンファレンスやコンファレンスの代表の意向に沿う。その結果、NCAAは商業化されたスポーツの同業者団体として長い間機能することになった。事業が成長を続け、収入が増加すると、監督、スポーツ部部長、コンファレンスの代表の給与も上昇していく。また、一九九七年に実施された統治構造の改革は、一大学一票制を廃止して、NCAAのポリシーの管理を少数の商業化の最も進んだ大学の手に委ねることで状況を悪化させた。大学学長は名目上はNCAAの意思決定に影響を与える地位にあるのだが、学長のNCAAの会議への出席率は実際には減少しており、NCAAの評議員になっている学長はスポーツの商業化を抑えようという人々ではなかった。学長は、つねに大学スポーツのあり方を方向転換させる力を持っている。しかし、かつても今も、スポーツを管理する権限をスポーツ部部長、コンファレンスの代表、監督に明け渡している。

この金権政治の構造深化は、アメリカで最大の大学スポーツ組織であるNCAAの階層化と競争と収入における格差拡大を招いた。各ディビジョンや［FBSやFCSのような］サブディビジョンでは、メンバーになる最低限の基準と奨学金支出の上限が定められている。しかし、スポーツ予算の厳密な支出制限が欠けていることで、裕福な大学とそうでない大学の大きな格差を生み、それは競争力の高い上位のディビジョンとサブディビジョンで最も顕著になる。

ＮＣＡＡのメンバーの構造を基本的に理解するには、改革を阻もうとする力を理解することが必要である。二〇一五―一六年度で、四年制大学の一〇九二校が投票権を持つメンバーである。これとは別に、条件付きまたは候補校で、投票権を持たない大学が四四校ある。[50] 一四三あるコンファレンスの中で九九がＮＣＡＡメンバーとしての投票権を持ち、三九はメンバーでない関連団体という扱いである。[51] 一〇九二校のうち、三四六校が最も競争の激しいディビジョンⅠ所属で、三〇七校がディビジョンⅡである。ここはディビジョンⅠよりも提供する義務のある奨学金の件数が少なく、スポーツチーム運営に対する規制も緩い。四三九校がディビジョンⅢで、スポーツ奨学金は出さない。[52] ディビジョンⅠの思想はあからさまに商業的であり、スポーツ部の収入を最大化して独立採算制を維持しようとしている。[53] ディビジョンⅠの大学は、スポーツ選手だけでなく、学内の教員、職員、学生や一般市民など、多くの関係者に対し、[54] 大学との距離を縮める娯楽商品としてのスポーツを提供している。

ディビジョンⅠでも九四校はアメフトのチームを持たない（マーケット、セントジョーンズ、デポール、ボストンユニバーシティ、ジョージタウンなど）[55]。残りのディビジョンⅠ大学は二つのサブディビジョンに分かれる。ＦＣＳ（グランブリング州立、ミズーリ州立、イリノイ州立、コーネル、デラウェアなど）は一二四校ある。さらにＦＢＳ（テキサス、オハイオ州立、アラバマ、南カリフォルニアなど）が一二八校ある（三年前の一二〇校から増加した）[56]。ＦＢＳは最も大きな予算を組み、バスケットボールとアメフトで最高レベルの競争を繰り広げている。[57] すべてのＦＢＳ所属大学は観客動員と収益性を目指したバスケットボール部を持ち、ＦＣＳと合わせた二五〇校以上のディビジョンⅠ大学が同様のアメフト部を持っている。[58] ＦＢＳに所属するには次の四つの最低条件をクリアしなければならない。（一）スポーツチーム――アメフトを含む一六種目以上のスポーツチームを持ち、選手が所属してレギュラーシーズンの試合を行っていること。（二）スケジュール――アメフトでは全試合の六〇％以上、および五試合以上のホームゲームを他のＦＢＳ所属大学と対戦すること。男子・女子バスケットボールでは四試合以外はすべてディビジョンⅠの大学と対戦すること。その他のスポーツでも、五〇％以上の試合はディビジョンⅠの大学と対戦すること。（三）アメフト観客数――ホームゲームの有料または実際の入場者［招待者は加え、前売り券は買ったがこなかった人は差し引く」が二年間の平均で一万五〇〇〇人以上であること。（四）奨学金件数——アメフトの奨学金では支給が予定されていた額の九〇％かつ全体の件数で二〇〇件以上、または総額で四〇〇万ドルを支給すること。[59] 二〇一二—一三年度におけるFBS所属大学のスポーツ部支出額は、最小が一一四〇万ドル、最大が一億四六八〇万ドルであった。[60]

注目すべきことに、二〇一三—一四年度で、ディビジョンIの大学のうちスポーツ部全体で黒字だったのはわずか二四校のみだった。すべてFBS所属である。これはNCAAのメンバー校の二・二％、FBS所属大学でも一九％にすぎない。[61] 同年度のFBS所属大学の赤字の中央値は一四七〇万ドルで、[62] 前年度より二六・七％増加した。[63] これらの大学は商業的娯楽としてのスポーツの提供を明確に表明し、NCAAのマニュアルでも是認されているが、過大な費用支出はFBS所属大学の間の軍拡競争を招き、選手を搾取するシステムにつながっている。

FCSはFBSに較べれば競争は激しくないし、アメフト観客者数の必要条件も厳しくない。FCSに所属する条件は次のとおりである。（一）アメフトを含む一四種目以上のスポーツチームを持ち、選手が所属してレギュラーシーズンの試合を行うこと。（二）アメフトでは全試合の五〇％以上を他のFBS所属大学かFCS所属大学と対戦すること。男子・女子のバスケットボールでは、四試合以外はすべてディビジョンIの大学と対戦すること。その他のスポーツでは五〇％以上の試合をディビジョンIの大学と対戦すること。（三）アメフトの奨学金は六〇％以上を支給すること。[64] 年間スポーツ部予算は二〇一三—一四年度で最小の大学で三九〇万ドル、最大で四三八〇万ドルである。[65] スポーツ部の財務状況はFBSよりいっそう不安定である。FCSのスポーツ部で黒字の大学はなく、[66] 大学本体が補助金を出している（補助金がスポーツ部の予算の七一％を占める）[67]。赤字の中央値は一〇八〇万ドルで、二〇〇四年から八三％の増加である。[68] 赤字額は最大が三五七〇万ドルで、最小が二一〇万ドルである。[69]

九四校のアメフト部を持たないディビジョンI-AAAの大学は、次の条件を満たさなければならない。（一）一四種目以上のスポーツチームを持ち、選手が所属してレギュラーシーズンの試合を行うこと。（二）バスケットボールでは四試合以外すべてでディビジョンIの大学と対戦すること。その他のスポーツでは五〇%以上の試合をディビジョンIの大学と対戦すること。(三)一四種目で奨学金件数の五〇%以上を支給すること(満額でない奨学金もあるので、満額ベースに換算して人数の五〇%、または金額の五〇%でもよい)[70]。二〇一三―一四年度のスポーツ部の予算は最小で三九〇万ドル、最大で三七四〇万ドルである[71]。予算規模は小さいが、財務状況はFCSほど悪くないにしても同じくらい不安定である。FCSと同様、スポーツ部が黒字の大学はなく[72]、予算は大学本体から補助されている(スポーツ部予算の七七%がそうである)[73]。大学本体からの補助を除いたスポーツ部の赤字の中央値は二〇一三年で一〇七〇万ドルで、最大が三一二〇万ドル、最小が二八〇万ドルである[74]。

ディビジョンIの三つのサブディビジョンの財務状況を理解する鍵は、FCSはアメフトでは一ランク下がるが、それ以外の種目ではすべての大学が一流の選手を勧誘しようとしていることである。その結果、いわゆる「軍拡競争」に陥っている。FBS所属大学が豪華なロッカールーム、選手専用のコンピュータセンターなどの特別な恩恵を与えていると、他のディビジョンIの大学もそれに対抗した投資をしなければならないというプレッシャーを感じる。ディビジョンIの大学にとってとりわけ重要なのが、「マーチ・マッドネス」や「ファイナル・フォー(Final Four)」と呼ばれる六四校[最後の四校の枠をめぐってファースト・フォーと呼ばれるプレーオフを行っているので、実際の出場校は六八校]による男子バスケットボール・トーナメントに出場することである。負けたら終わりというトーナメントでは番狂わせの「シンデレラ」チームとなることも可能であり、詳細は後述するが、メディアからの多額の放映料はディビジョンIのすべての大学に何らかの形で還元される[75]。二〇一三―二〇一四年度で、FBSには五大コンファレンスに所属している六五校の最も裕福な大学が含まれていて、それ以外のコンファレンスの六〇校とは同じFBSの中でも差がある。選手の勧誘、奨学金、その他の規則は、各サブディビジョンの中で選手の待遇に差異をもたらすだけでなく、ディビジョンI全体の財務の健全さに影響を与えている。確認しておくと、五大コンファレンス所属の六五校の中でも、スポーツ部が黒字の大学は二〇校程度しかなく、約四五の大学は赤字である。

ディビジョンⅠの考え方とは対照的に、ディビジョンⅡとⅢはスポーツ部の収入を最大化することには言及していない。ディビジョンⅡはスポーツの役割について、選手は「学業においても成長する機会を持ち、スポーツによる高度な競争から学び、コミュニティに貢献する中で社会的態度を身につける。これらの異なった分野での調和の取れた統合的な学びが選手を大学卒業に導き、卒業後の人生のための多様な知識とスキルを養う」と述べている。[76]ディビジョンⅡの大学のスポーツ部は最低条件を二つ満たせばよい。（一）一〇種目以上のスポーツチームを持ち、年に三シーズン（学期）あるうち、どのシーズンでも一種目は参加すること。レギュラーシーズンの試合を行うこと。[77]（二）奨学金の授与には下限があり、その定められた奨学金件数の五〇％以上を支給すること、である。ディビジョンⅡでアメフトを行っている大学のスポーツ部の予算は、二〇一三―一四年度において最小で一三〇万ドル、最大が一五四〇万ドルである。[78]アメフトを行っていない大学では、五一万九六一五ドルから一九九〇万ドルである。[79]これらのスポーツ部はほとんどすべての予算が大学本体からの補助金で成り立っている。[80]［内部補助を含まない］収入の中央値は、アメフトありで六七万二七一七ドルであり、[81]アメフトなしで三四万五五六三ドルである［予算額よりもかなり小さい］。[82]

ディビジョンⅢの大学は、スポーツは教育の中の経験であるという価値観を重視し、ほとんどすべての選手を卒業させることを最優先している。スポーツは選手の教育経験の一部として行われ、監督は教育者として重要な役割を果たそうとする。[83]

ディビジョンⅢがディビジョンⅢたる前提条件は、奨学金がスポーツでの指導力、スポーツの能力、スポーツへの参加、スポーツでの成績に基づくものでないということである。[84]スポーツ奨学金は禁止され、大学によるスポーツに対する支援は、大学の規模に応じて定められる。学生数が一〇〇〇人以下の大学は一〇種目、一〇〇〇人超ならば一二種目以上のチームを運営しなければならない。[85]二〇一三―一四年度のディビジョンⅢの大学のスポーツ部の予算は、アメフトを行っている場合は八一万一六六五ドルから一六〇〇万ドル、アメフトを行っていない場合は四四万六五一四ドルから九八〇万ドルである。[86]ディビジョンⅡの大学と同様かそれ以上に、スポーツ

付表 1-1　NCAA の組織図

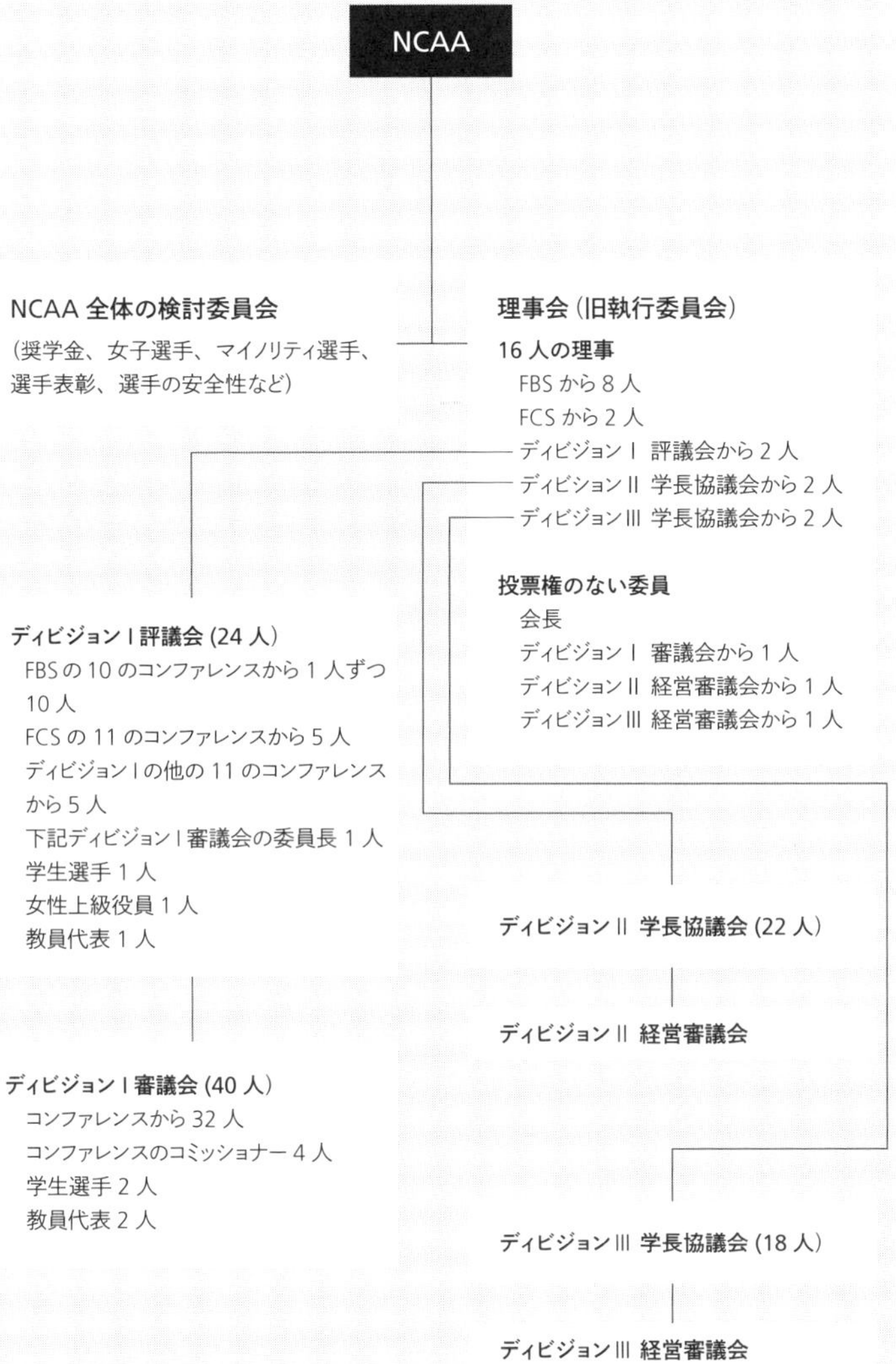

NCAA (2017) Division I Manual p.27 より訳者作成

部の予算は大学本体からの補助金で成り立っている。(87) NCAAはディビジョンⅢについては収入のデータを集計していない。

第2章 いかにして大学スポーツは道を誤ったか［パートII］

ディビジョンIのFBS、とくにNCAAでの裁量権を得た五大コンファレンス所属の六五大学の利益が制度化されることは、全米チャンピオンを決める選手権試合とレギュラーシーズンの試合の収入ができるだけ多く彼らの手に渡ることを意味する。したがって、選手権試合の収入源と、その分配の仕方、誰が分配を決定するのかを理解することは重要である。NCAAは選手権試合の放映料と広告料から大部分の収入を得ており、残りの部分も多くは選手権試合の入場料収入である（表2－1参照）。NCAAは現在、二三種目で八九の選手権試合を主催している。[1] これらのポストシーズンのトーナメントのいくつかはディビジョンごとに行われているが、どの大学にもオープンなものもある。[2] 今日のNCAAの収入の大部分は、ディビジョンIの六八チームによる男子バスケットボールの敗者復活戦のないトーナメント、「マーチ・マッドネス」によるものであり、準決勝と決勝の行われる週末は「ファイナル・フォー」として盛り上がりが頂点に達する。[3] 放映料は年平均で七億七一〇〇万ドルであり、それが一四年間続いている。別に入場料と会場での広告収入が一億ドル以上ある。[4] 二〇一二―一三年度におけるＮＣＡＡの総収入九億一二〇〇万ドルの八四％は、マーチ・マッドネスからである[5]（二〇一六年四月にＮＣＡＡは、二〇二六年から三三年までのマーチ・マッドネスの放映契約を結んだ。年間平均一一億ドルであるが、これは現在価値に換算したら、いかなる合理的な割引率を用いても現行よりもむしろ安くなる）。

収入のうち、ＮＣＡＡ本部の経費と選手権試合の運営費用となるのはわずかな部分である（表２－２参照）。結果的には九〇％はメンバー大学に還元される。これは、選手の支援という目的を定めている場合もあるし、マーチ・マッドネスからの収入のように戦績に応じてコンファレンスに分配されてから大学に渡るものなど、受け取った大学が自由に使えるものもある[6]。

ディビジョンⅠへの収入分配は、マーチ・マッドネス出場に対する還元（二億五〇〇〇万ドル、三八％）、選手への奨学金補助（一億三六〇〇万ドル、二五％）、選手の特別支援用予備費（八〇〇〇万ドル、一五％）、一般スポーツ支援（六九〇〇万ドル、一三％）、選手の学習支援（二七〇〇万ドル、五％）、コンファレンスへの補助金（九〇〇〇万ドル、一二％）、そしてその他（一九〇〇万ドル、三％）である[7]。マーチ・マッドネス出場に対する還元とは、過去六年のマーチ・マッドネスでの戦績に応じてコンファレンスに分配するものである[8]。コンファレンス内でメンバー大学にどう分配するかはコンファレンスごとに決める[9]。ＮＣＡＡの名誉のために指摘しておくと、ＮＣＡＡはマーチ・マッドネスの戦績に応じて分配する分を減らし、学習支援、奨学金、バスケットボール以外のスポーツ支援など、選手への恩恵になる支出を増やしている[10]。しかし、戦績に応じた分配は二億ドルを超えているわけで、依然として大きな割合である。戦績によるもの以外の分配では、学習支援などは大学間に平等に分配され、奨学金や一般スポーツ支援などは大学の規模に比例して分配される[11]。

表 2-1　NCAA の収入（2013-2014 年度）

項目	金額（ドル）
マーチ・マッドネスの放映料と広告料	753,595,560
NIT（National Invitation Tournament）［マーチ・マッドネスとは別のバスケットボール・トーナメント］と各種目大学選手権の入場料収入	114,846,763
投資利回り	82,271,821
グッズ販売	28,324,776
寄付	9,990,592
合計	989,029,512

出所：NCAA, *NCAA and Subsidiaries, Independent Auditors' Report & Consolidated Financial Statements* (Indianapolis: NCAA, 2014), p.4.

ＮＣＡＡの収入分配システムは、収入に貢献したメンバーに多くを報いるという考え方に基づいており、大学という教育を使命として免税措置を受ける非営利組織というより営利企業の発想である。ＮＣＡＡは選手権試合を主催している。ここからの収入の分配は、すべての大学のすべての選手に恩恵をもたらすというＮＣＡＡの使命を遂行するためでなく、収益性の高いスポーツの選手に手厚い。ＮＣＡＡは、その収入の最大数を選手の教育、健康、厚生に資するように使うといった非営利組織の哲学を採用していない。収益性の高いスポーツチームを持つ大学は、レギュラーシーズンの収入とコンファレンス経由の選手権試合の分配金を得る。ＮＣＡＡからの選手権試合の収入の分配はコンファレンスごとには平等ではないが、各コンファレンスに渡ったあとでは、遠征の実費を差し引いてコンファレンスのメンバーに平等に分配されることが多い。

二〇一六年のマーチ・マッドネスでは、メンバーの大学が一回戦うごとに所属するコンファレンスが二六万ドルを得た。決勝まで進めば一五六万ドルになる。次の五年間は一五六万ドルずつもらえるので、一回決勝に進めば九三六万ドルという大きな収入になる[12]。不可解なことに、女子のバスケットボール・トーナメントの出場チームへの支払いはない。

注目すべきは、ＮＣＡＡはＦＢＳのアメフトの選手権試合のスポンサーではないことである[13]。二〇一四―一五年度から始まった四チームによるプレーオフも、その前身で一九九八年から二〇一三年まで行われていたボウル・チャンピオンシップ・シリーズ（Bowl Championship Series）とその中の二チームによる選手権試合も同様であった[14]。新しい四チームによる準決

表 2-2　NCAA の支出（2013-14 年度）

項目	金額（ドル）	比率（%）
ディビジョン I 大学への分配	547,070,000	60.2
ディビジョン I の選手権試合、スポーツ・プログラム、（マーチ・マッドネスとは別の）NIT バスケットボール・トーナメントへの支出	98,145,966	10.8
ディビジョン II の選手権試合、スポーツ・プログラムと大学への支出	34,747,363	3.8
ディビジョン III の選手権試合、スポーツ・プログラムと大学への支出	28,727,905	3.2
NCAA 全メンバー向けプログラムへの支出	151,148,811	16.6
NCAA 本部管理費	41,740,861	4.6
合計	908,580,958*	

出所：NCAA, *NCAA and Subsidiaries, Independent Auditors' Report & Consolidated Financial Statements* (Indianapolis: NCAA, 2014), p.4.
* 収入と支出の差額 80,448,554 ドルは繰越金（純資産増）となる。

勝・決勝のプレーオフは毎年六億ドルを超える収入をもたらすが、ＮＣＡＡではなくＦＢＳ所属のコンファレンスと無所属のノートルダム大学のものである。[15] しかし収入はすべてのＦＢＳコンファレンスに平等に分配されるわけではない。五大コンファレンス所属の六五大学が七五％を得て、残りの二五％が他のコンファレンスに属する六〇大学に分配される。[16] ただし、二三四万ドルは下部のＦＣＳにも与えられる。[17] 五大コンファレンス所属の各大学は二〇一四―一五年度で平均七〇〇〇万ドルを得ており、前身のボウル・チャンピオンシップ・シリーズの最後の二〇一三―一四年度の放映料は三〇〇〇万ドルだったので、大幅な増加である。[18] なお、下部のＦＣＳは、一六チームのトーナメントでチャンピオンを決めている。したがって、四チームで始まったＦＢＳのプレーオフが八チームやそれ以上で争われ、年間で一〇億ドル以上の収入をもたらすものになるのも時間の問題である。

なお、収入の約半分と、アメフトのプレーオフの全収入の七五％が五大コンファレンス（これらに所属するのは六五大学だが、ディビジョンⅠには三五〇、ＮＣＡＡ全体には一〇〇〇もの大学が所属している）に帰属するということは、きわめて商業化し教育的には疑問のあるディビジョンⅠのアメフトとバスケットボール強豪校の支配的地位を明らかなものにしている。五大コンファレンスは、ＮＣＡＡからの分配金をコントロールすべく行動し、アメフトのプレーオフからの収入をほとんど自分たちのものにしている。五大コンファレンスの六五大学の目的は明確である。彼らは勝ちたい、勝てるチームをつくるためにはどんな努力でも惜しまない。彼らは残りの九四％のＮＣＡＡ所属大学よりも資源に恵まれているのに、さらに勝とうとする。

一九九七年まで、ＮＣＡＡでは一大学が一票の権利を持っていた。[19] メンバーは毎年総会に集まり、「憲法改正」に当たる重要な規則改定では三分の二の賛成を必要とし、そうでないものは総会または各ディビジョンの過半数の賛成を必要とした。[20] しかし一九九七年、ディビジョンⅠは一大学一票制をやめて、コンファレンスによる法制審議会をつくり、ディビジョンⅠの評議会の監視下に置いた。[21] ディビジョンⅡやⅢを権力中枢から遠ざける一九九七年の改編では、ＦＢＳはＮＣＡＡからの脱退もちらつかせて、五大コンファレンスの競争優位を永続的にするための三つの改正を果たした。第一に、ＮＣＡＡを連邦制にした。各ディビジョンの自治を認めるが、

FBSはNCAAの執行委員会（この委員会がNCAAの予算の最終決定権を持ち、この委員会の三分の二の賛成があれば、ディビジョンやサブディビジョンの決定を覆すことができる）の票の五〇％と、ディビジョンⅠの評議会の票の四二％を持つ[22]［第1章付表1－1の評議員二四人のうち一〇人がFBSなので四二％である。ただし、FBSは一〇のコンファレンスすべてから代表を出せる。また、審議会委員長、教員代表、女性上級役員、学生選手もFBS所属大学からの人物になる可能性がある］。第二に、ディビジョンⅡとⅢへの分配はNCAAの収入の八――一一％として、ディビジョンⅠが大部分を得る（これは総会で承認された[23]）。第三に、NCAAのメンバーがサブディビジョンで選手権試合を新たに始めたら（たとえば、ディビジョンⅠの中でFBSのメンバーが新しい選手権試合を始めたら）、その収入はすべてそのサブディビジョンのものになる[24]。

これらの行動によって当時のボウル・チャンピオンシップ・シリーズ（現在の四チームによる準決勝、決勝のプレーオフの前身）の収入を完全に守るとともに、新しく始める選手権試合の所有権をNCAAでなく自分たちのものにしようとしたのである[25]。NCAAはディビジョンⅠ－A（現在のFBS）のアメフト選手権試合を開催してこなかった。これはポストシーズンのボウルゲームが多く存在したほうが、一試合の選手権試合よりも選手にプレッシャーがかからないので望ましいというFBSの主張のためであった[26]。たとえNCAAがFBSの選手権試合を始めたとしても、FBSはNCAAに入った収入をFBS以外のメンバーに分配することは拒否するであろうし、FBS内での分配も自分たちで決めるであろう[27]。もっとも、FBSがNCAAの主要な議事運営を掌握していることを考えれば、FBSの行っているアメフトのプレーオフに競合する新しいNCAA主催のアメフト選手権試合の設立が認められるとは思われない。大学スポーツにおいて見られるような、少数の有力大学に権力を集中させる金権政治の制度化は、プロ・アマを問わず世界のどのスポーツでも前例がない。

ディビジョンⅡとⅢへの財政支援に関する規定によれば、「NCAAの一般事業収入から各ディビジョンに分配がなされる。ディビジョンⅡはNCAAの年間一般事業収入の少なくとも四・三七％、ディビジョンⅢは少なくとも三・一八％を得る」ことになっている[28]。「少なくとも」というのは不誠実な対応である。多くの年でディビジョンⅡとⅢ（メンバー数ではＮＣＡＡの六八％を占める）はＮＣＡＡから合わせて七・五五―一一・〇〇％の分配金しか得ていない。[29] これに対して、ディビジョンⅠ（メンバー数では三二％）[30] は二〇一二―一三年度で六九％を得ており、[31] 五大コンファレンス（メンバー数では六％）は、そのうち三一％を得ている。[32] これらには、ＮＣＡＡが主催ではないのでＮＣＡＡに入ってこないアメフトのプレーオフからの収入は含まれていない。他のメンバーに対してこの規定がもたらす意味は、ディビジョンⅠが稼いだお金はディビジョンⅠが使うということと、ディビジョンⅡとⅢは、限定的な恩恵以外は得られないということである。ディビジョンⅡとⅢでは、選手権試合に参加する実費や、ＮＣＡＡプログラムによるすべての選手が対象の大怪我に備える保険積立費などの恩恵しかない。

二〇一五年に五大コンファレンスは、より大きな裁量権を認められた。[33] 彼らはアメフトのプレーオフからの収入を選手の奨学金に充て、［授業料や寮費だけでなく］在学に必要な費用も含めてカバーできるようにするとともに、学士号取得を希望する元選手を支援する生涯学習奨学金のために使うと主張している。[34] これらはかつてＮＣＡＡによって拒否されていた改正である。[35] しかしながら、この主張は正確ではない。なぜならば、経済力のある五大コンファレンスのみがこのような恩恵を選手に与えられることになりそうだからである。たとえば、五大コンファレンスはファイナル・フォーや他の選手権試合と同じように、ＦＢＳでなくＮＣＡＡ自身がアメフトのプレーオフを所有して、その収入で生涯学習奨学金をすべてのディビジョンⅠの選手に与えることは主張してこなかった。代わりに、五大コンファレンスはお金のないＦＢＳ所属の他大学やディビジョンⅠの大学が選手に提供できない恩恵を提供することによって、既存の競争優位を確固たるものにしようとしている。五大コンファレンスの優先目的は、自分たちの稼いだ収入を自分たちで確保して選手に恩恵を授けることで優秀な選手を引きつけ、アメフトやバスケットボールでの試合に勝つことである。同時に、彼らは優遇税制や経済的恩恵を維持するため、「アマチュア選手」という建前を維持する言い訳をしなければならない。

FBSと五大コンファレンスによるNCAA脱退の脅し

前述のNCAAの再編でFBSが自らの利益のために行動しやすくなったことを聞くにつけ、教育関係者や市民は、なぜFBS以外のメンバーはそのような権力の不均衡に団結して抗議しないのか、そもそもなぜメンバーは有力コンファレンスによるこのような改定を許したのか、不思議に思うであろう。答えは、FBS、より最近では五大コンファレンスは、他のメンバーが改定に反対したらNCAAを脱退する、と脅していたからである。(36) これらの収益を上げられるFBSがいなければ、ディビジョンⅡとⅢは選手権試合に出場する選手・監督の旅費、食費、宿泊費や、選手の大怪我に対する保障金、その他NCAAから得られる恩恵の資金源がなくなってしまうことをほのめかすのだ。加えて、ディビジョンⅠの非FBSメンバーは、FBSが抜ければバスケットボール・トーナメントのマーチ・マッドネスの人気が落ちて放映料も下がり、今までのようなNCAAからの分配金が得られなくなることを恐れた。

しかし、もしFBSか五大コンファレンスがNCAAを抜けたら実際に何が起こるであろうか。これは中身のある脅しか、カラ脅しなのか。有力校の脱退は、次の二つの理由から起こりそうにない。第一に、脱退から損失を受ける数多くの大学があり、彼らは議員に陳情して脱退を止めさせるであろう。議会は、免税措置の取り消しや高等教育法が定める奨学金対象から外すと示唆することによって、有力大学を思いとどまらせることができる。このような議会の措置はスポーツ部や大学そのものに財政的損失を与えるので、議会が示唆するだけでFBS所属大学は脱退を思いとどまるであろう。

第二に、最も収益を上げている大学は、ディビジョンⅡやⅢの大学と共にNCAAにいることで、裁判や市民への説明のときに、NCAAはアマチュア主義に基づく教育的なスポーツを行っていると自己弁護できるという恩恵を受けている。ディビジョンⅠのアメフトとバスケットボールはプロではなく教育目的だという考え方は、

第8章で述べるが、多くの反トラスト法裁判で批判されている。[37] 二〇一四年のシカゴ地区全米労働関係委員会（NLRB）による裁定では、ノースウェスタン大学のアメフト選手は大学の被雇用者であるとされた。この判断は連邦NLRBの裁定では支持されなかったが、連邦NLRBは、この問題の本質に明確な答えを出しておらず、私立大学における学生選手の組合が将来結成される可能性は残っている。[38] 連邦NLRBはとくに全米労働関係法に関して、議会は大学スポーツの選手が被雇用者とみなされるべきか否かの考えを明確にすべきである、と述べている。裁判所は、本書執筆時までの多くの場合、NCAAの立場を支持している。[39] 二〇一四年のシカゴでの裁定、および二〇一五年の「オバノン裁判」［カリフォルニア大学ロサンゼルス校の元バスケットボール選手のオバノン（Ed O'Bannon）が原告代表となり、コンピュータゲームによって無断で肖像権を侵害されていることに対して使用料を求めている裁判］における第九巡回区控訴裁判所の判断では、NCAAのアマチュアの定義は否定されたが、選手への奨学金を連邦政府による一般学生への奨学金の上限に抑える必要性は認めた。[40] FBSや五大コンファレンスはテレビ放映料の大部分をおさえているので、もしも彼らが脱退したら、彼らは訴訟や組合の結成努力を促される対象になり、教育的スポーツを行っているという弁護は脆いものになる。

NCAAと、とくにディビジョンIは、これまで述べたようにNCAA組織ならびにディビジョンIの統治機構の中で自己利益をしっかりと制度化しているので、大きな改革ができない。学生中心の利益を求める改革のためにFBSを頼ることは、スポーツの商業化と収益の追求というこれまでの歩みと衝突してしまう。近年のFBSに裁量権と権力を与える提案に非FBSメンバーが反対の声をあげようとしないのは、あきらめの雰囲気の反映であろう。NCAAメンバーは、金権政治を強化しようとするFBSの引き続いての努力にうまく合わせていくであろう。[41] したがって、この豊かな支配者階級が自発的に権力を手放すと想像するのは現実的ではない。

2

NCAAと教学との軋轢の汚れた歴史

NCAAの各ディビジョンの間にはいくつかの違いがあるが、一つ共通しているのは、参加する選手はフルタイムの大学生であり、学業の責任が付随するということである。これを認識して、大学スポーツを行うNCAAの基本原則の一つは「健全な学力基準」とされており、NCAAマニュアルの第二・五項に次のように書かれている。

大学スポーツ部プログラムは、教育プログラムの重要な一構成部分として維持されるべきであり、選手は一般学生の一構成員であるべきである。(42)

このバランスを追求しようとすると、教学面、倫理面、法的面で問題が生じ、大学の金銭的利益と選手の教育機会とは両立できないようにみえる。

教学の高潔さと大学スポーツとの大きな衝突の歴史は、アメリカの大学スポーツの歴史と同じくらい古い。一八八〇年には、勉強でなくスポーツのために入学してくる学生が見られるようになった。大学幹部は「学生の目的が勉学と同じくらいスポーツである」ことに気がつき、大学の使命からのこのような逸脱に疑問を呈した。(43)

NCAA結成からちょうど一〇年がたった一九一五年に、リード大学のフォスター学長は、高等教育における教育の使命と、学長による大学経営・広報の面でスポーツを利用することの矛盾を嘆いていた。

スポーツが大学経営のために行われるとき、目的は(一)試合に勝つ、相手の選手・チームを倒す。(二)金儲けをする、そうでないと大学経営に資することはできない。(三)選手・チームの名声と評判を獲得す

る。これら三つが大学スポーツの支配的目的であるが、競馬、賞金付き格闘技、プロ野球の目的でもある。(44)

選手のための学力基準は、一九五〇年代に熱狂的な寄付者と有名監督が大学入学基準を緩めるよう求め、批判的な、ときには憤慨した教員が反対するという争いが起き、それにNCAAと学長が悩み始めて以来、六〇年にわたって硬軟を繰り返してきた。一九五〇年代以前には、大学のポリシー、大学間の取り決め、コンファレンスのポリシーが選手の入学と出場資格の基準を決めていた。(45) 全米レベルでの一年生選手に対する出場資格の考え方は、スタンフォード大学のNCAA教員代表で入学部長でもあったスナイダー（Rixford Snyder）が一九五九年のNCAA総会の前に行った大胆な提言から始まったものである。冷戦時代と人工衛星スプートニクによる宇宙時代が到来した当時、スナイダーは「ロケットや人工衛星のこの時代に、重要な物理学者が経済支援を受けず清貧な暮らしをしているのに、学力のないスポーツ選手にただ乗りをさせる余裕は大学にはない」と述べた。(46) この発言以降、教学における四つの重要な改革運動が行われた。まず一九六〇年にアトランティック・コースト・コンファレンス（ACC）が、一年生の出場資格を統一テストであるSAT（Scholastic Aptitude Test）［現在はScholastic Assessment Testで日本のセンター試験に相当］で七五〇点以上とした。一九六二年、NCAAはACCの動きにならって、大学一年生終了後にGPA（Grade Point Average）［成績を単位数で加重平均した四・〇満点の値］で一・六を取れると予想できる、高校での順位と統一テストの点数の組み合わせである「一・六予想値ルール（1.6 Predictor Rule）」を考案した。この最初の改革による基準は一九七三年まで続いた。

アメフトとバスケットボールに及ぼす影響、ベトナム戦争、公民権運動、高等教育の開放などによって一年生の出場基準としての「一・六予想値ルール」は廃止された。「一・六予想値ルール」は都市部の黒人学生に不利だと言われ、新しいNCAAの「二・〇ルール」では、高校での成績がGPAで二・〇（平均でC）であれば、統一テストの点数を問わないことにした。この新しい規則にはスポーツ部に関係する教員から賛否両論が出た。公民権運動と高等教育開放の流れから、規則の緩和を支持する大学もあり、「二・〇ルール」はぎりぎりで可決された。

NCAAの執行役員であったバイヤース（Walter Byers）は当時を振り返って、「一・六予想値ルールの廃止は、私が執行役員を務めた二二年間で最もつらい経験だった」と述べている。[47] 優れた選手ならば、学力の裏付けや大学を卒業するための学業スキルを持っているか否かにかかわらず入学させる方針が勝利を収めた。

この緩和からは予想どおり教学のスキャンダルが起き、その後の大きな改革につながった。緩和された「二・〇ルール」に対しては、選手の勉学に対する準備、大学教育を受ける能力について、NCAAの外部から疑問が呈された。一九八三年、NCAAは「提案第四八号（Proposition 48）」として知られるものを定めた。そこでは、統一テストのSATが七〇〇点、またはACT（American College Testing）［SATと同様の試験］が一五点で、なおかつ高校での一一の主要科目のGPAが二・〇であることが条件になった。これは一九八六年から実施された。統一テストの点数の基準は、黒人監督協会と黒人大学（Historically Black Colleges and Universities, HBCUs）［人種差別時代に黒人専用の大学だったため、今日でも黒人比率が高い大学］から、黒人と貧困学生にきわめて不利であるとして反対を受けた。しかしいくつかの改定はあったものの、提案第四八号の基本は今日も守られている。二つの大きな変化は、高校の主要科目のGPAをより重視するとともに、統一テストの点数が低くても高等教育へのアクセスを大きく可能にしたことである。

一九九六年にNCAAは［「提案第一六号」において］、SATとACTの点数という入学基準を調整し、そして重視した。主要科目のGPA基準を二・〇からSATの八二〇点、ACTの一七点に相当する二・五に引き上げたうえで、このGPAならばSATは八二〇点、ACTならば一七点というように、GPAとテストの点数で一方が高ければ他方は低くてもよいという「組み合わせ式（Sliding Scale）」を採用した。また、SATが七二〇点でもGPAが二・七五ならば、新たに設けたカテゴリーである「限定的出場資格者（Partial Qualifier）」の対象となり、一年目は、奨学金がもらえて練習には参加できるが試合には出場できず、プレーできる年数が一年減ることになった。著名なバスケットボールの黒人監督であるジョージタウン大学のトンプソン（John Thompson）とテンプル大学のチェイニー（John Chaney）は、統一テストの点数を基準に含めることは、文化的な見地から言って偏りがあり［黒人に不利な問題が多いので］」、経済的に恵まれない黒人学生に対する学習機会からの締め出しであるとして、経済的に恵まれずまた両親共に四年制大学を出ていないという環境で育った黒人学生でも学習支援を受ければ卒業できるのに、入学の機会を奪うことになる、と抗議した。これは、高い学力基準の下で高い学力を持った選手同士が競うという、学長たちの希望に対する挑戦的な議論となった(48)。

一九九七年、集団訴訟である「クレトン裁判」が起きた。これは、クレトン（Tai Kwan Cureton）やショウ（Leatrice Shaw）らが連邦地裁に起こしたもので、NCAAの基準は高等教育へのアクセスを狭め、黒人学生選手に多大な悪影響を及ぼし、人種差別を禁じた公民権法第六条違反であると訴えた。NCAAは第一審では敗れたが、第三巡回区控訴裁判所はNCAAの勝訴とした。NCAAは統一テストの点数と選手の大学卒業の可能性に強い相関があることを示し、テスト点数を基準とする旨を答弁した(49)。裁判には勝ったが、NCAAの評議会は黒人に大きな影響を与えない入学資格の代替案の検討を始めた。

「クレトン裁判」での法廷闘争は、現状の多様なメンバー大学にとって最適な学力基準の公式を見つけようとする、NCAAのもっとも最近の「努力」の始まりである。最新の規定は、二〇〇三年の、当時就任したばかりのブランド（Myles Brand）会長が定めた「学業達成度プログラム（Academic Performance Program, APP）」である。ブランド会長の改革は、統一テストの点数を用いることは黒人の高等教育へのアクセスを妨げるとの批判に対応したものので、新入生の資格基準を変更するとともに、選手の学業不振に対する大学と監督の説明責任を重く問う。「クレトン裁判」に対応して［「提案第一六号」が緩和され］、NCAAは「限定的出場資格者」のカテゴリーを廃止し、GPAが三・五五ならばSATは四〇〇点でよいという組み合わせも導入した。四〇〇点というのは正答がまったくないことを意味する。この努力について、ブランド会長は、「学力基準改定の目的は大学による適正な行動を奨励することである。新しい基準は厳しいが公平である」と述べた(50)。一年後には、NCAAの学力基準改定は「われわれにとって最高の成功例になる」と述べている。ブランド改革については後述する。

これらの基準の改革と追加の各段階で、NCAAは前述した「健全な学力基準」であるNCAAマニュアルの第二・五項との整合性を保つことに失敗し道を誤っている。第一に、NCAAは極端に多くの選手が通常の入学審査を経ないで入学を認められている問題に手をつけていない。第二に、NCAAは在学中の累積GPAが二・〇という、一般学生が大学を卒業するのに標準的な基準を出場資格に適用することを放棄している。第三に、スポーツ部が選手の学業支援や履修アドバイスをするという欺瞞を招きやすく明らかな利益相反問題に、NCAAは対処していない。第四に、NCAAは「NCAA卒業率（Graduation Success Rate, GSR）」や「学業進捗率（Academic Progress Rate, APR）」といった選手のための新しい学業尺度を設けた。これは問題の多い尺度で、スポーツ選手の学業の基準と達成度について一般学生との比較ができないので、マニュアル第二・五項の趣旨に反するものである。

APRは、ブランド会長の下でチームの学業成績を実時間測定［時間経過の中での変化の観察］するために考案された尺度である。二〇〇三年に制定され、一定水準を下回るとチームに対して懲罰がある。チームにとどまれるかどうかと出場資格の学力基準を維持しているかを見るために計算される。APRはすぐにマスコミや大学スポーツの教学関係者から、不正を生みやすい尺度として批判された[51]（APRについての詳細な議論は第3章で行う）。選手が入学資格や出場資格の学力基準をごまかすのは新しいことではない。しかし、APRの制定と制裁の仕組みによって、アメフトとバスケットボールにおいて学力に問題があっても運動能力に優れた選手をスカウトするという大きな賭けが行われることになった。監督、大学のスタッフ、教員でさえ、選手をスカウトしてチームにとどめるために巧妙かつ問題の多いやり方に手を染めている（本書の付録には出場資格に関する不正行為と欺瞞の事例が収録されている）。APR制定後すぐの二年間で、『ニューヨーク・タイムズ』紙のサメル（Pete Thamel）記者とウィルソン（Duff Wilson）記者は、三九九ドルを出せばNCAA基準を満たす成績の高校卒業証書を偽造してくれるマイアミのユニバーシティ・ハイスクールという私立学校の存在を報道した[52]。NCAAは衝撃を受け、制定した学力基準の高潔さを侮辱されたと怒り、調査を開始した。オーバーン、セントラルフロリダ、コロラド州立、フロリダ、フロリダ州立、フロリダインターナショナル、ラトガース、サウスカロライナ州立、サウスフロリダ、テネシー、テンプルの一一大学で、二八人のスター選手が高校時代にユニバーシティ・ハイスクールの通信講座を受講して選手としての入学資格を得ていた。次の年、ウィルソン記者はさらにいくつかの怪しい高校を報道した。NCAAの資格認定センター（Eligibility Center）では、選手の出場資格を確認するために高校の成績書・記録を確認・評価しているが、これらの高校は、運動能力に優れた選手を見つけ出し、彼らのために、センターの監視の目を逃れ［高校の成績を］自由に操作していた。NCAAはウィルソンによる不正の報道を受け、ようやくこれらの学校を高校とはみなさない判断を下した。[53] これらの高校を卒業した学生は、学問的に優秀な大学［スポーツの強豪校はしばしば大規模な州立大学で、一般学生のレベルは高い］に入学していたが、出場資格はあっても卒業できる望みはほとんどないし、まっとうに教育を受けられそうもなかった。

　APRの罰則を避ける試みとして、大学はより巧妙な不正を考えついた。そして近年、深刻な学業での欺瞞が顕在化している。たとえば、サザンミシシッピ大学では、監督がコーチに命じて選手のレポートを作成させていた。[54] ルイジアナ大学ラファイエット校では、コーチが入学予定の有望なアメフト選手のACTの得点を改竄《かいざん》していた。[55] シラキュース大学では、スポーツ部のスタッフがバスケットボール選手の宿題を行うなど複数の不正がNCAAによって明らかにされた。[56] 最大かつ最も報道されたスキャンダルは、ノースカロライナ大学チャペルヒル校での一八年にもわたる教学での欺瞞である。内容のない名ばかりの授業ならびに規則違反の個人研究［個々の学生が教員の指導を受けてミニ卒論のようなレポートを書くものだが、実際にはほとんど何もしない。そもそもまじめに指導していれば、一人の教員が多くの学生の個人研究科目を持てるはずはない］の履修、スポーツ部がつけた家庭教師によるレポートの代理作成などであった。[57] スキャンダルは同校の評判を貶めた。

　NCAAは、二〇一二年にはこれらは［比率としては小さいが一般学生も受講していたので］大学としての授業の不正行為であってスポーツに関するものではないので、NCAAでなく学内で処理する案件だというノースカロライナ大学の言い逃れを受け入れていた。だが、マスコミの注目が集まり同大による独自調査も衝撃的な実態を明らかにしたので、二〇一五年になって再調査を開始した。さらに、大学独自の調査とそれまでの説明の不誠実さから、南部認証団体はノースカロライナ大学を保護観察処分［付録訳注を参照］とした。きわめて重い処分である。

南部認証団体によれば、同大は七つの違反をしていた。あらゆる面における高潔さ、スポーツ部プログラムの内容、スポーツ部の管理、学習支援、学問の自由、大学統治における教員の役割、そして連邦政府補助金規定の遵守に対する違反である。(58) 南部認証団体は「より多くの選手に対して高等教育を開放するために改革を行う一方で、教学で不充分な大学を制裁しなければならないということは、教学の高潔さが犠牲になっていることの明確な証拠である」と結論づけている(59)［一般学生も履修していたので、大学の教育そのものが問題ということになり認証団体が制裁を加えた。NCAAと異なり、認証団体では保護観察処分というのは重い。これより重い処分は認証取り消し、すなわち大学として認めない、卒業証書は紙切れ、ということである］。

二〇一四年、『クロニクル・オブ・ハイヤー・エデュケーション（*Chronicle of Higher Education*）』誌のウォルバートン（Brad Wolverton）記者は、収益性の高いアメフトとバスケットボールの強豪校において選手と監督が行っている学業でのさまざまな不正行為を列記した。この中に以下のようなものがあった。一人のコーチが数百人もの有力選手の初期資格と継続資格［それぞれ後述］を維持するために、ブリガムヤング大学とアダムズ州立大学のオンライン授業を受講した。しかも、有力選手がプレーできるようにという他の監督・コーチからの要望で、このコーチは自腹を切って受講していた。NCAAの調査官はこの手口を知っていたが、欺瞞として立証できなかった。(60) ウォルバートンはのちに、同じようなことがテキサス大学のバスケットボール選手の間でも行われていたことを報道した。(61)

どの大学にとっても、第一の優先課題は教育の使命の高潔さを守ることである。しかし、大学、高校、監督、選手にかかる不正行為へと誘うプレッシャーはとどまるところを知らず、大きくなっていることは明々白々である。新しい巧妙な手段が試みられ、しばしば学力の不充分な選手が大学に入り、プレーを続けることに手を貸してしまう。二〇一五年、ルイジアナ大学ラファイエット校とシラキュース大学は、きわめて深刻な教学での欺瞞を犯した。スポーツでの勝利の代償として、教学での欺瞞や不正行為を受け入れてしまうのではなく、大学教員と事務局は、（教学とスポーツの）優先順位を間違ってしまったという倫理的な危機を直視しなければならない。

3 性別、民族・人種、障害の有無による差別への取り組みの不充分さ

歴史的に見て、アメリカの高等教育とスポーツ部プログラムは、性別、民族・人種、障害の有無による差別があるアメリカ社会全体を反映した環境の中で行われてきたことを否定する人はほとんどいない。一九六〇年代になって初めて、議会はこれらの差別に取り組み、公立・私立の高等教育機関が連邦政府資金を受け取る条件を明記した法律を整備した。[62] 次の公民権法が国法として制定された。

一九六四年公民権法——合衆国のいかなる人も、民族、人種、出身国によって、連邦政府資金の補助を受けているプログラムや活動への参加を拒否されたり、その恩恵を受けることを拒否されたり、差別の対象になってはならない。[63] 第七条は民族、人種、宗教、性別、出身国による雇用差別をとくに禁止する。

一九七二年教育法修正第九条——合衆国のいかなる人も、性別によって、連邦政府資金の補助を受けている教育プログラムや活動への参加を拒否されたり、その恩恵を受けることを拒否されたり、差別の対象になってはならない。[64]

一九七三年リハビリテーション法ならびに一九九〇年障害を持つアメリカ人法——この法律の下、公法人［公共団体］によるプログラムや活動に参加したりサービスの恩恵を受ける際に、資格のある人が障害を理由に拒否されたり差別の対象になることを禁止する。[65]

以上を踏まえて、大学スポーツ界の指導者は次のことを求められる。（一）ＮＣＡＡまたはメンバーの大学が行うプログラムにおける差別的行為を明らかにして修正する責任を持つ。（二）統治権を行使して連邦法を遵守

し、その遵守状況を監視することをメンバーの大学に求める。（三）メンバーの大学に教材［啓発資料］を提供するなどして差別是正を遵守することの支援を行う。NCAAは、（一）と（三）については遅々としながらも限定的な進歩を遂げてきたが、（二）を実行するための「統治」責任はまったく構築していない。[66]

事実、これらの公民権の義務を果たそうとするよりも、NCAAとメンバー大学は、スポーツにおける男女平等を求めた教育法修正第九条の完全履行を防げようとしてきた。議会のさまざまな修正項によって規制を骨抜きにしようとしたり、男子バスケットボールとアメフトを男女平等の対象から外すよう試みてきたのである。[67]一九七五年に修正第九条の実施規定が発効すると、NCAAは保健教育福祉省［当時］を相手取って裁判を起こした。[68]男女差別、民族・人種差別に関して法律で求められたことに対して、NCAAは「大学スポーツの実施のための原則」への言及、委員会の設立、報告書の作成、教材［啓発資料］の発行なども含めて、本質的にはリップサービスに徹し、NCAAとして規則を制定したり、目標を達成するための任命・雇用での是正をメンバー大学に求めたりはしなかった。[69]さらに、女性、民族・人種マイノリティの雇用を促進できない原因である差別的な雇用慣行を廃止する代わりに、NCAAは女性と人種マイノリティは能力に問題があり訓練も充分に受けていないので雇用が増えないとして自らの正当化を試みてきた。彼らは、女性のための監督養成、管理職育成、メンタリング［先輩からの指導］プログラムに資金を出し、差別の被害者が持つと考えられる「欠点」を是正しようとした。このことが、女性は能力に問題があるという「神話」を下支えした。これは、大学スポーツの管理と支配を継続しようとする、権力のある白人男性が行う古典的な手法である。

加えて、NCAAは障害を持つ学生のスポーツの機会がないことを実質的には無視してきた。いくつかのビデオや刊行物は出したが、選手権試合を提供したり、障害者向けスポーツを管轄することを拒否してきたのである。NCAAは、障害のない選手のための既存のスポーツチームに、障害がある選手も統合させることで「妥当な調整」を図っている。しかしながら、二〇一三年の公民権局（Office for Civil Rights, OCR）のガイドラインによって求められた統合というやり方のほかに、「分離すれど平等の原則」［南北戦争後、白人向けだけでなく黒人向けにも施設があるのならば、両者が別々であっても問題はないという最高裁の判断」に基づいた、障害者のためのプログラムを健常者とは別につくるという、大学の責任には向き合っていない。それは、男子とは別に女子チームをつくることで大学スポーツでの男女不平等を解消しようとするのと同様な方法であるのに怠ってきた。[70]

NCAAは、修正第九条を満たさない大学にはポストシーズンのプレーをさせないという条件を設けることができたはずである。障害者向けの選手権試合をすぐにでも創設することもできただろう。大学ごとにデータを集めて(NCAAの統計データは合算されたものしかない)、スポーツへの参加や、NCAA、メンバー大学、コンファレンスの雇用における民族・人種マイノリティの少なさを明らかにすることもできたはずである。そのようなオープンなデータによって、メンバー大学に改善を促すことができただろう。NCAAは二〇〇七—〇八年度から合算した統計データを公開し始めたが、この情報は個々のメンバー大学やコンファレンスを特定してはいない。[71]メンバー大学に対して、相当な数の人種マイノリティが応募者や最終候補者の中に含まれることを義務づけるNFL(National Football League)[プロのアメフト団体]の「ルーニー・ルール(Rooney Rule)」に類したことを求めることもできたはずである。しかし、このようなメンバーに対する「統治」は、いずれも起こらなかった。その結果、NCAAは公民権の分野での統治責任を行使できておらず、道を誤った状態である。

それでも、NCAAは人種マイノリティの選手の利益に関する問題や彼らに影響を及ぼすNCAAのプログラムやポリシーを検討するため、一九九一年に「マイノリティの機会と利益に関する常設委員会」を設置した。[72]二〇一〇年には[異なる人種の]「統合室」を設置した。これはプログラムと教育によって、年齢、人種、性別、階層、出身国、思想信条、学歴、障害、ジェンダー・アイデンティティ[性別の認識の仕方]、居住区域、所得、既婚・未婚、家族構成、性的嗜好、職歴などに関して多様で包含的な文化の基礎を維持することを目的としている。[73]この統合室は反差別、外国人留学生、選手の妊娠・育児、LGBTQ[性的少数者]の問題などに関する教材や資料を集めている。しかし、大学の行動を改善することが規定で義務づけられているわけでない。これは[NCAAによるメンバー大学の]「統治」ではない。

同様に、「女性選手委員会」が一九八九年に設立され、次のような目的が定められている。

NCAAの女性選手委員会の使命は、大学スポーツのすべての面におけるすべての女性選手に同等の機会、公平な扱い、敬意をもたらす努力において、NCAAに指導と助言を与えることである。これらの目的に向かって、委員会は女性の選手、管理者、監督、現場のスタッフのための機会の拡大・促進を図る。委員会は、大学、コンファレンス、さらに国全体のレベルで、女性に対する差別を拒否し公平性と門戸開放のための行動、管理、統治を促進する。委員会はNCAAがこれらの目的を達成する努力の中で実践的に利用できるプログラムと教材を開発する。(74)

ここでも委員会は規則を定めるのではなく、啓発と報告書作成のみに注力している。事実、NCAAは今日まで、女性の雇用と参加において進歩が見られないと繰り返すだけの男女平等に関する報告書を定期的に発行している。男女平等をうたった修正第九条の遵守を求めるNCAAの規則の制定は行われていない。

女性選手委員会に加えて、NCAAは一九九三年に「男女平等諮問委員」を任命し、二〇年後に進歩したかどうかを検討するため再召集することとした。男女平等諮問委員会は、少数の種目で女子スポーツに対する奨学金件数の上限を増加させることと、女子のための新規スポーツ部プログラムを確立するという二つの規定制定に成功した。しかし、後者については実際にNCAAのメンバー大学に女子スポーツ種目を増加させるまでには至らず、失敗した。この「新規スポーツ」戦略では、大学が追加できる種目を特定し、そこではNCAAの選手権試合を行うのに必要最小限の大学数をなるべく減らした［参加数が少ないスポーツは選手権試合と認められないのだが、その要件を緩和した］。この取り組みは、NCAAのメンバー大学は新たな女子スポーツを加える機会を探しているという前提に基づく。しかし事実としては、メンバーの大学は女子スポーツを増やすことを避けようとしていた。これらの大学の多くは、今までもこれからも、修正第九条の達成について「第三の基準」［第6章で述べる］で適合しようとしている。すなわち、女子スポーツがないのは通常の試合の遠征範囲に競争相手となるチームがないからである、という言い逃れをしてきた。規定として機能するための戦略は、メンバー大学の大半が修正第九条の「第三の基準」を使っているコンファレンスに対して、NCAAが共通の女子スポーツ種目の新設を命じることである。これは競争相手が通常の遠征距離の地域内にいないという言い訳をできなくすることになる。(75)

公民権法の目的を推進するための統治ポリシーが欠如していることへの批判に応えた例として、最も顕著な取り組みが、一九九三年の「認証プログラム」(Divison I Certification Self-Study Assessment Program)の創設である。(76)これは、高等教育の自己点検・評価を認証する仕組みをモデルにして、直接各メンバー大学に、自己点検・評価と外部からの評価認証を義務づけるものである。評価認証の目的は、性別、民族、人種間の不平等および既存の統治基準からの逸脱を特定して改善すること、規則遵守への真摯《しんし》な取り組み、教学の高潔さおよび選手の厚生を維持することである。しかし、二〇一一年一月、不可解にもエマート会長は、メンバー大学の負担を減らし、費用対効果を向上させ、総合的な価値を高めるため、という理由でNCAAのスタッフに対してこのプログラムの評価を依頼した。そして二〇一一年四月、ディビジョンIの評議会は認証プログラムの二年間の執行停止を可決した。(77)女性・人種マイノリティの権利を守る団体からの反応はすばやく、かなり批判的であった。二〇一一年八月五日に二一名の公民権運動とスポーツの指導者が署名した手紙には、大きな懸念が表されており、それは次のような内容である。

> 認証プログラムは女性と人種マイノリティのスポーツ活動にとって重要である。なぜならば、それは各大学が学長、総長の指導の下、全学的取り組みとして性別・人種別間の平等を一〇年ごとに自己点検することを求めたものである。最終報告は、測定可能な目標、大学がこの目標を達成するための手順、スケジュール、責任者の選定を含む必要がある。
>
> NCAAの認証プログラムなくしては、大学が女子スポーツについてそのような意味のある自己評価を行う

とは思われない。［不平等を解消するという］課題達成の責任は、私的な訴訟において、統治の権威を持たない監督、女子スポーツ幹部、修正第九条遵守担当職員、選手にのしかかるだろう」[78]。

二年の執行停止期間が切れても、ディビジョンIの認証プログラムは再開されなかった。代わりに、NCAAは「大学別達成度プログラム（Institutional Performance Program, IPP）」を二〇一五年六月に開始した。各メンバー大学の大学スポーツの計画、実行、監視に役立つ重要で意味のあるデータの一覧を示そうというものである[79]。学長や総長は大学で誰がこのデータにアクセスできるかを決める。透明性は必須ではない。外部には公開されないし、学内でも一般教員はアクセスできない。廃止された認証プログラムでは、全学的な評価委員会と他大学関係者による評価認証、問題点の特定、その問題点の修正計画の作成が義務づけられ、これらを怠るとNCAAから制裁を受けることになっていたが、新設の大学別達成度プログラムは実施についての必須条件がない。認証プログラムが放棄されたことは明らかである。NCAAは今一度、道を誤った。

4　もしもNCAAが自ら制定した大学スポーツ実施の原則を守ってさえいれば

スポーツ部プログラムにおける倫理的運営の鍵は、礎となる原則をつくり、そこからより詳細な規則の制定につなげていくことである。礎となるこれらの原則は、教育的スポーツの適切な行動を明確に定義する道標となるべきである。興味深いことに、この点においてNCAAが大学スポーツ運営の憲法たるべきものとして発表している基本的原則は、何の問題もないすばらしいものである。多くの本質的原則がここに含まれ、よく書かれている。たとえば、NCAAのディビジョンIマニュアル（Division I Manual）は次のような原則を含んでいる。

一・三・一　基本目的――NCAAのメンバー大学における競争的なスポーツ部プログラムは、教育システムの重要な一部として構築される。NCAAの基本的な目的は、大学スポーツを教育プログラムの一構成部分として、そして選手を一般学生の一構成員として保持することで、学生選手とプロ選手との間に明確な境界線を引く。

二・二　選手の厚生についての原則――大学スポーツ部プログラムは、選手の身体的・教育的厚生を保護・増進するよう実施されるべきである。

二・五　健全な学力基準――大学スポーツ部プログラムは、教育プログラムの重要な一構成部分として維持されるべきである。選手は一般学生の一構成員であるべきであり、入学、成績、進級において選手はその大学の一般学生と同じ基準とポリシーで扱われるべきである。

二・九　アマチュア主義の原則――選手はアマチュアであるべきで、スポーツへの参加は教育のためであり、身体的・精神的・社会的恩恵が主要な動機であるべきである。学生のスポーツへの参加は趣味であり、選手はプロ組織や商業的企業による搾取から守られなければならない。

二・一二　出場資格を決める原則――出場資格の条件は教育目的を適切に重視し、大学間の競争における立場の平等を守り、選手の搾取を防ぐものであるべきである。(80)

問題は、発表されている原則と、NCAAの規則ならびにその執行とが結びついていないことである。しばしば原則を実行するための規則がない。また規則が存在しても、発表された原則と合っていない。たとえば、「選手は一般学生の一構成員である」という原則は、選手専用の贅沢な寮の建設を許可し、選手の学習支援を教務部でなくスポーツ部が行っていることと矛盾している。これら二つはNCAAによって規制を受けておらず、多くの大学で行われている。「選手の入学、学業成績、進級の基準やポリシーは、その大学の一般学生に対するものと同じとすべき」というのが原則であるが、選手は一般学生よりもはるかに高い比率で、大学の一般入学基準を免除した形での入学許可を得ている。このしばしば行われている行為を禁止する規則はない。また、「選手はプロ組織や商業的企業による搾取から守られるべきである」という原則は、スポーツ部そのものがプロ組織で商業的企業である場合にはおろそかにされる。数千人ものアメフトと男子バスケットボールの選手は、大学にとって最大の収益源だが、大半が黒人であり、卒業率は一般学生より明らかに低い。彼らは通常の入学審査を免除されていることが多く、現実は「選手の搾取」を防ぐことを目指したどの原則にも公然と反している。

事実、本書はその多種多様なやり口を批判している。NCAAのメンバー大学やサブディビジョンに所属する大学の利己主義的な多数決によって、発表されている原則が守られていないのである。もしも制度が修正されなければならないとすれば、原則の信念と整合する行動を求める規則をつくり、規則が原則を支えるようにすることから始めなければならない。

5 非営利組織としての義務の不履行

大学スポーツとプロスポーツの境界線を引くことは、きわめて重要であり、高等教育におけるスポーツの統治という使命にとっての中心的課題と思われる。境界線が引かれている意味の多くは、営利組織と非営利組織の法的・倫理的差異によるものである。営利・非営利組織の根本的な相異は必要経費を超えた収入の使い方による。営利組織では、利潤はオーナー、投資家、利害関係者に分配されるが、非営利組織では超過収入は教育、慈善、公共サービスなど組織の目的のために再投資される。営利企業に投資している個人や企業は、投資からの利益を期待している。一方、非営利組織に寄付をする人は、投資からの利益を期待せず、組織の目的を信頼している。非営利組織に勤務している人は、彼らの給与が営利組織でならば得られる水準よりも低い理由に納得している。

非営利組織運営の基本原則についての最良の文献は、独立セクター（Independent Sector）という団体が設けた審議会によって作成されたものである。この団体は、社会的共有財の増進のための非営利組織、財団、企業から成る全米規模のネットワークである。[81] 注目すべきことに、独立セクターによって明らかにされた三三の原則の中で次の七つは、NCAAによる大学スポーツの現行の統治では事実上無視され、NCAAがいかに道を誤っているかを示している。[82]

一．法的義務の履行——非営利組織は「連邦ならびに州政府、地方自治体の法と規制のすべてに適応し、これらを遵守する」[83]。NCAAは男女平等の規制に関する原則を採択しているが、遵守に関する規則・手続きを持たない。

二．倫理規定——NCAAは、専門職である監督の選手に対する行為や配慮、大学による選手の搾取、ならびに寄付者や大学事務職への不適切な利益を規制する倫理規則を設けていない。そのような規則はスポーツを管轄する倫理的な羅針盤の中心になるべきである。

三．利益相反——NCAAの内部では、最も裕福で商業化されたスポーツ部プログラムを持つ大学がNCAAのポリシーをコントロールしている。NCAAの選手権試合から得る収入を最大化し、またその他の方法で利益を増大するべく彼らがNCAAの代表権も投票権も支配していることから生じる利益相反は、見た目［利益相反が疑われる状況をつくること］でも実質上でも避けるべきである。さらに各大学レベルでも全米レベルでも、統治機構による規則の執行プロセスによって利益相反の問題に対処すべきである。競争相手である大学の代表が、規則違反した大学への制裁を決め、奨学金打ち切りや素行不良に対する処分についての選手からの異議申し立てを審査したりするのは利益相反である。

四．内部告発者の保護——NCAAは学生、監督、その他の関係者が大学の違法なまたは非倫理的な行為を報復の心配なしに告発できるように保護すべきであるが、充分にできていない。

五．透明性——非営利組織は運営、統治、財政、実施プログラム、活動の内容について、とくに「活動結果の評価方法と評価結果の公表方法」とともに広く外部に発表すべきであろう。[84] NCAA内では、州立大学と私立大学とで公開されている情報に違いがある。NCAAは情報公開の方法や例外を完全にはオープンにしていないため、第三者がこの規則の有効性について判断することはできない。

六．独立した票決組織——非営利組織である以上、NCAA理事会（または最高位の統治組織）のメンバーは規定上、忠誠の義務がある。メンバーはすべての意思決定において、自身の利益よりも組織の利益と目的を優先すべきである。[85] これは資源の分配、執行プロセスの管理、組織の主要目的と不可分の規則の裁定を行う組織ではとくに重要である。NCAAはそのような独立した意思決定組織を持っていない。対照的に、現行のNCAAの管理組織は、主として現職の学長、コンファレンスの長、スポーツ部部長から成り、彼らはNCAAをスポーツ部の管理者と監督の最大の利益を守るための同業者団体だとみなしている。寄付者の機嫌を損ねないよう気遣う学長が幹部席を占めているならば、大学スポーツを改善する団体として英断を行えるとは思われない。この統治モデルは、危険で明白な利益相反問題を抱えている。

七．私的帰属と過分な支出——非営利組織はすべて、財務資源の最大部分は組織の目的を遂行するために使われるという信用上の義務を負っている。各人は、組織の使命の遂行にまわる資源が減ってしまうような、過分な給与、過剰な支出、不必要な資産の使用をしてはならない。NCAAのメンバー大学は、とくに監督や職員の給与、ならびに一般学生や教員が使えない贅沢なスポーツ関連施設の建設において、この原則からの逸脱を犯している。

これらは、政府から優遇税制措置の恩恵を受けている非営利組織への正当な期待である。スポーツ部プログラムに対する政府の優遇税制措置には次のものがある。（一）スポーツ部プログラムへの寄付は免税である。スポーツイベントへの特別優待や特別席の購入に対する高額な支払いも、八〇％が免税となる寄付行為とみなされる。（二）入場料、企業とのスポンサー契約、グッズのロイヤリティ・ライセンス収入、テレビ放映料などの収入は、「大学本業に無関係な事業」とはみなされず〔附帯事業とみなされる〕、事業ごとに所得税を課すという原則の対象とならない。（三）大学は免税措置の対象となる校債を発行してスポーツ施設を建設してもよい〔校債保有者の利回り収入は免税されるので、校債が売りやすくなる〕。（四）奨学金を受けている選手の寮費・食費、労災保険は所得税の対象とならない。（五）内国歳入庁（Internal Revenue Service, IRS）〔日本の国税庁に相当〕は数百万ドルもの監督への給与支払いについて、非営利組織の免税措置における私的帰属の違反〔非営利組織において構成員が出資した以上の恩恵を受けることの禁止〕としていない。[86] このような優遇措置は本来、大学スポーツが非営利組織の法的・倫理的原則に適合しているかぎりにおいてのみ、重要であり正当化できるものなのである。

第2部

何を正すべきか

第3章

教学の高潔さ

教学での欺瞞と不正行為について、大学スポーツが広くマスコミから注目され、一般市民からの批判、教員からの不満を受けるという異常事態に陥っていることは否定できない。ＮＣＡＡはアマチュア主義の定義、選手の健康・安全、規則違反、スポーツ部の過剰な支出に関する改革の要求をかわしているが、これらはどれも教学における高潔さほど中心的な問題でない。すべての選手は入学前に約束された教育を与えられているだろうか。選手でない学生の教育経験は、現行システムによって妥協を強いられていないだろうか。

教学での欺瞞における最近の傾向は、選手から教育を受ける機会を奪うという、昔からある事例である。二〇一〇年、ジョージアサザン大学では、コーチが複数の選手のためにオンライン授業を受けて宿題やレポートを作成し、テストを受けるなどなりすましをして、処分された。(1) 六年後に同大学は再び、学習支援プログラムのスタッフが三人のアメフト選手のために宿題を行ったことで、規則遵守違反に対する理由開示命令［付録訳注を参照］を受けた。(2)

ジョージアサザン大学の教学での欺瞞をなぞる形で、シラキュース大学でもバスケットボール部の部長が選手になりすまし、オンライン授業を受講した。本章では、ディビジョンIの大学スポーツと教学との関係において、教員の抱える深刻な不満の現状、収益を求めるスポーツがもたらす教学の高潔さへの影響、NCAAが選手に課している出場資格の緩い学力基準の問題点とその要因、選手の学生生活におけるスポーツの負担について検討する。

1 教学での欺瞞を可能にする学力測定基準

大学スポーツの歴史を通して、NCAAは高校生選手が大学で学業をやり通せるかどうかを見るために、問題のある基準を用いてきた。また、入学後の選手の学業成績を過大評価して、数字を歪めてきた。結果として、実際の数字は決してよいという評価を示していないのに、教学面の改革の成果が自画自賛されている。たとえば、NCAAによって用いられる選手の卒業率は、数字が高くなる傾向にある。NCAAはディビジョンIのアメフトと男子バスケットボールの選手の卒業率が一般学生やその他の種目の選手に比べて著しく低いことに言及していない。

以下の分析のために、ここではディビジョンIの現在の基準と結果のみを検討する。スポーツの好戦績は収入の増加と広告効果をもたらす、ディビジョンIの大学は選手の出場資格を維持させなければならない、というプレッシャーを受け、結果としてNCAAの学力基準を「ごまかす」という悪弊につながっている。

資格基準

NCAAは、選手が奨学金をもらい、練習に参加し試合に出場するための二種類の基準を持っている。一つは「初期資格基準」で、高校の成績、受講科目、統一テストの点数による基準である。もう一つは「継続資格基準」で、学士号取得の進捗状況を示すものであり、大学入学後の各学年末における単位取得・成績の基準である。

初期資格基準(入学してくる選手の高校での成績)

NCAAの新しい二〇一六年の基準では、高校生は主要一六科目のGPAが二・三でSATの点数が九〇〇点などという「組み合わせ」を満たせば、卒業後すぐに大学で選手として奨学金を受け、練習に参加し試合にも出場できる。基準は二〇〇三年に大きく変更されており、理論上は統一テストが全問不正解でもGPAが三・五五ならばよいことになり、統一テストの縛りがなくなった。二〇〇三年に基準を変えた理由は、大学を卒業する黒人選手の数を増やすことであった。しかし結果として、収益性の高いスポーツを通して、高等教育にアクセスできた黒人学生の数はほとんど改善されなかった。一九九九年から二〇〇二年において、ディビジョンIの男子バスケットボールにおける黒人の参加率[選手数の対学部学生数比率、または学部生一人当たりの選手数]は年に一・七%ずつ増えた(3)。しかし、基準が緩和されたあと、二〇〇三年から二〇〇九年では、年に〇・八%のみの上昇であり、半分以下に低下した。アメフトでは、一九九二年から二〇〇二年の間で年(平均)三・五%増加したが、二〇〇三年から二〇〇九年にかけては一年に〇・七%の増加で、緩和前の五分の一になった。ディビジョンIの黒人選手の卒業率[入学した大学を六年以内に卒業する比率]は、二〇〇三年入学の男子バスケットボール選手では四三%、アメフト選手では四八%で、男子バスケットボールは二〇〇二年入学生より一ポイント減、アメフトは一ポイント増であった(4)。

近年の統一テストの点数の軽視と高校での甘い成績づけによって、学力が低いのに出場資格を得る選手の数が増えている。これらの選手は一般的に、大学での勉学のための基礎的な学力やスキルを持っていないので、大学は財政が苦しい中、学習支援プログラムを増強させることが求められる。[5] 最低限の統一テストの点数も取っていないということは、選手と平均的な一般学生との学習経験の違いを拡大し、高等教育の高潔さを維持することを難しくする。その結果、選手が学士号を取得できたとしてもその価値は減じてしまうことと、大学が教学での欺瞞を犯してでも選手の出場資格を維持するという事態が招かれる。

教学での欺瞞は、学力が不充分で入学してきた選手の出場資格を維持するための支援の中で、主として次のような形で行われる。（一）楽勝学科［勉強量の少ない科目が多い学科］を専攻させる。（二）［三年になったら専攻を決めなければならないが、それまでは］学士号取得に関係がなくてもよいから、簡単な科目を履修させる。（三）成績評価が「甘く」課題の量が少ない教員の科目を履修させる。（四）スポーツ部が雇う家庭教師、監督・コーチ、事務職員が代わりに宿題をする。結果として、アメフトとバスケットボールの大多数の選手には、充分な教育が施されない。裕福なスポーツ部は数百万ドルをかけて、出場資格を維持するための学習支援プログラムを行っていて、専門の家庭教師や学習アドバイザーを雇っている。

教学での欺瞞は高校でも起きている。お金と引き換えに成績を改竄する私立学校がある。選手は、その制度を知り、改竄された高校のGPAが統一テストの低い点数を相殺してくれると考える。その結果、成績がインフレ化してしまう。

二〇一六年八月からNCAAは、奨学金をもらい、練習に参加し、試合に出場する条件として、高校でのGPAを二・〇から二・三に引き上げ、現在では大学の四年生になったときに主要一〇科目を履修していることも義務づけている。NCAAはまた、以前の基準ならば資格を得ていた選手のために、学業レッドシャツ制度（Academic Redshirt）をもうけた［学業一年生待機制度。大学の選手は在学年数にかかわらず最長四年しかプレーできない。有力選手がいつまでもプレーしては戦力が不均衡になるからである。勉学の理由でなくてもプレーの技量を高めてから四年間プレーするため一年目は試合に出ず、五年間在学して二年目からプレーする選手を「レッド・シャツの新人」と呼ぶ。赤いユニフォームのネブラスカ大学のアメフト部で背番号をつけない選手が始まりだったからだと言われている」。GPAの最低基準である二・三をクリアできない選手は、最初の一年間は奨学金をもらい練習に参加できるが、試合には出場できない。不思議なことに練習時間の制限はなく、学習支援や補習を受ける義務もない(6)。

一年生選手に対して統一テストの必要最低限の点数を求める基準を復活させたり、同等の数学と英語の学力基準を設けることは、少なくとも選手が基礎学力を持てることを保証する。大学が独自に選手と一般学生に同じ入学基準を設けることも、まっとうであろう。統一テストの最低基準を設けないのならば、大学は入学許可の前に補習を受けさせるなど、より効果的な方法で学力不足の新入生選手の問題に取り組まなければならない。これをせずにいると、アメフトと男子バスケットボールで多数を占める黒人選手の搾取［収益をあげるためにプレーさせるが、教育の恩恵を充分に与えない］と、出場資格を維持するための教学での欺瞞を犯し続けることになる。

NCAAの初期資格基準を改正すれば、蔓延する問題と文武両立という現実的でない期待は解消されるはずである。すべての一年生選手が大学での学業を達成するために最も大切なことは、選手が監督からの歓誘に惑わされず、自分の学力に合ったレベルの大学に進学することである。大学スポーツにおける教学の高潔さを推進する教員有志の組織であるドレイク・グループは、大学が勧誘する選手の学力を前年の新入生全体の平均から一標準偏差だけ低い水準以内に収めることを提唱する。それを下回る選手は、一年生の間はチームへの完全な合流はできないようにする(7)。選手の学力を平均的な一般学生と近づけることで、選手は大学によく溶け込むことができ、学業の義務と求められる練習時間とのバランスも取れる。監督は、一年間プレーできなかったり練習時間が制限されるのならば、学力の低い選手の勧誘に慎重になるであろう。

NCAAの初期資格基準は、最も好意的に言っても「非効果的」であり、最も批判的に言えば、教学での欺瞞と、主にアメフトとバスケットボールの黒人選手に対する搾取を強くもたらすものである。高等教育界がこの現実から目をそらし続けるならば、商業化が進んだディビジョンⅠのスポーツの深刻な倫理的腐敗への対処は手遅れとなるであろう。もしも健全さを回復する可能性があるとすれば、学力基準というパズルを解く方法は次のとおり明らかである。（一）高校による甘い成績づけやお金と引き換えのGPAの改竄が起こらないように、統一テストの最低基準を用いる。（二）新入生の選手と一般学生の学力を合致させる。（三）英語読解、数学、学習スキルを大学がテストして、不充分な選手には補習を受けさせる。（四）集中的な補習が必要な選手にはスポーツの時間を減らしたり、出場資格を一年間停止したり履修授業数をフルタイム学生より少なくすることを認める。（五）勧誘した学生の入学審査免除については客観的な立場の教員による監視を行う。

継続資格基準——GPAと卒業に向けた確実な進捗

NCAAは現在、表3－1にあるような継続資格基準を設けている。これらの基準は、累積GPAが二・〇という一般学生に広く適用されている学力基準を無視している。一般学生が学業不良とみなされないためには、卒業したい専攻の学科［アメリカでは入学前に専攻を決めるのではなく、在学中に専攻を決め卒業に必要な単位を修得する］で最低限のGPAを維持しなければならない。NCAAは選手に対しては二年生の初めで累積GPAが一・八、三年生の始めで一・九であればよいとしている。累積GPAが二・〇という基準そのものが学業での不正行為への誘因を減らすわけでないが、選手が一般学生と同じように勉強することを期待するための第一歩である。

表 3-1　NCAA による卒業に向けた単位取得進捗状況の必須条件

教学の必須条件	2 年目の初め	3 年目の初め	4 年目の初め	5 年目の初め
学期	セメスターでもクォーターでも 6 単位の履修登録	セメスターでもクォーターでも 6 単位の履修登録	セメスターでもクォーターでも 6 単位の履修登録	セメスターでもクォーターでも 6 単位の履修登録
学年	セメスターなら 18 単位、クォーターなら 27 単位の履修登録	セメスターなら 18 単位、クォーターなら 27 単位の履修登録	セメスターなら 18 単位、クォーターなら 27 単位の履修登録	セメスターなら 18 単位、クォーターなら 27 単位の履修登録
単位	どの専攻でもよい	特定の専攻の学士号につながる単位	特定の専攻の学士号につながる単位	特定の専攻の学士号につながる単位
単位取得進捗度	セメスターなら 24 単位／クォーターなら 36 単位を取得	学士号取得に必要な単位数の 40％を取得	学士号取得に必要な単位数の 60％を取得	学士号取得に必要な単位数の 80％を取得
GPA	卒業に必要な GPA の 90％（2.0 ならば 1.8）	卒業に必要な GPA の 95％（2.0 ならば 1.9）	卒業に必要な GPA の 100％（2.0 ならば 2.0）	卒業に必要な GPA の 100％（2.0 ならば 2.0）

出所：http://www.ncaa.org/about/division-i-progress-toward-degree-requirements

卒業率の尺度

一九七二年の高等教育法を基にした連邦卒業率(Federal Graduation Rate, FGR)と、NCAAが開発した卒業率(GSR)には重大な違いがある。FGRは一般学生のデータもあるが、GSRは選手のみが対象となっているので、一般学生との比較ができない。FGRは、秋学期に入学したフルタイム学生がその大学を六年以内に卒業する比率である。高等教育法は、連邦政府の奨学金制度に参加しているすべての大学に対して、FGRを集計して発表し、性別、民族・人種別のデータを細かく分析することを求めている。[8]

高等教育法による開示は、いかなるタイプであってもスポーツ奨学金を出している大学に義務づけられている。スポーツ部のFGRは、大学全体であっても種目別であっても、スポーツの奨学金を受けている選手のみが対象である。対象となる選手は全員、奨学金をもらっていて、秋学期に入学したフルタイムの一年生である。[9] 入学時には奨学金をもらっていなかったり、編入してきた選手は一般学生としてカウントされる。選手であろうと一般学生であろうと、入学した学生がその大学を卒業することは、大学が成功しているかどうかの最も重要な尺度である[中退が多いことは、教学での厳しさという好評価でなく、教学でのケアが足りなかったり、そもそも勉強についてこられない学生を入学させた入学審査のミスの現れである。また、学生はその大学に不満を持つと転校してしまうので、卒業率が高い大学は評価できる大学である]。

FGRに限界があることは認める。秋学期入学のフルタイムの学部生が対象で、編入生や復学生を含まないからである。しかし、全米の大学について存在する唯一の尺度であり、奨学金を与えて歓誘した選手と一般学生とを比較できる。しかし、NCAAはこの尺度を使わない。代わりに、独自に考案したGSRを用い、NCAAはこちらのほうが学業の成功をより効率的に測定できると言い張っている。

GSRの対象は、やはり奨学金をもらっている選手だけである。しかし、在学し続けていたら出場資格がある学力を維持したまま[その大学でのスポーツや学業に関心を失い]、転校していった学生は含まない。奨学金対象者で転入してきた学生は含める。結果として、FGRに比べてGSRは対象となる選手が四〇%近く多く、またほとんどの大学でGSRの値はFGRよりも二〇ポイント近く高い。留意すべき点は、GSRは一般学生を対象には集計されていないので、選手と一般学生との比較ができないことである。

GSRのほうがFGRよりも問題が多い。GSRは転校していった選手について調整を加えるが、実際にその学生が転校先を卒業したかは調査していない。GSRは転校していった選手は数に入れていないので、大学が学業やスポーツで成績が芳しくない学生に対して安易に転校を勧めることになる。より複雑なことに、選手はフルタイム学生でなければならないので六年以内に卒業しやすく、GSRのほうがFGRより値が高くなる。FGRでは、仕事を持っている学生がフルタイムで入ったのにパートタイムに変わり、七年以上かかって卒業する場合は値が低くなる。NCAAはまた、一万一〇〇〇人のアイビーリーグ校生や士官学校生の選手も含めてGSRを計算し、スポーツ選手全体の卒業率として発表している。それらの学校の選手はスポーツ奨学金を受けておらず、選手として入学許可をもらったわけではない。つまり、FGRでは適切に選手ではなく一般学生とみなされるタイプの学生なのである。GSRに卒業率の高いアイビーリーグ校や士官学校の選手を含めることで、NCAAは卒業率が高いと主張している。さらに、女子選手は収益性の高いアメフトや男子バスケットボールの選手よりも卒業率が高いので、すべての選手を対象に集計することにも問題がある。

ディビジョンIのGSRは、二〇〇八年入学の選手では八六%にまで上昇した。前年より二ポイント高く、過去最高である。「選手は教室で大きな進歩をとげている。NCAAとメンバー大学は成功に興奮している」とエマート会長は述べた。さらに「選手が学士号を取得するのを支援するために、われわれの教学での改革が果たした役割を誇りに思う。われわれは、選手の卒業への努力を支援するポリシーと規則を今後も推進していく」とも語った。[10] GSRは男子選手の数値の低さを見えにくくし、一般学生との比較もできないので誤解が生じやすい。

だからこそ、NCAAはGSRという一般市民に選手の卒業率は一般学生よりも高いと誤解させる卒業率尺度を生みだしたのだ。表3-2は、二〇一五年のバスケットボールのマーチ・マッドネス出場校のFGRとGSR

である。

個々の大学の低い卒業率を隠しているにもかかわらず、NCAAは合算したGSRが高いことを誇り、選手は一般学生よりも教室で結果を出していると主張している。FGRの最新データは二〇〇七年入学生の六年以内の卒業率であるが、全米で選手のFGRが六六％、一般学生のFGRが六五％、選手のGSRは八二％である。[11]報告された六六％というFGRはすべての選手の合計であり、過熱が懸念されている男子バスケットボールは四七％、アメフトは五七％と低い値である。多くの選手は奨学金を受けているが、一般学生はなかなかもらえない［授業料の高い名門私立大学は大学自身が寛大な奨学金を出しており、むしろ州立大学で授業料が負担になったり、アルバイトに忙殺されるために中退する学生が多い。選手は経済的理由で中退することは免れている］。転校した選手のその後は報告せず、低い卒業率を高く見せる調整（プロに行った選手を含まないなど）を行うことで、GSRは正確な卒業率を測定できていない。

GSRは選手の卒業率を過大評価する以外にも、高等教育の世界における重要な論点をそらす。たとえば、ビムパー（Albert Bimper）は二〇一三年のアメフトのボウルゲームに出場した七〇大学のうち、半数以上の大学で黒人選手のGSRが白人選手よりも二〇ポイント低かったことを指摘した。四分の一の大学では、三〇ポイントも低かった。[12]

同じように問題なのは、裕福なスポーツ部はGSRを自分たちに有利なように調整していることだという。たとえば大学は、スポーツで活躍していない、学業成績もよくないアメフトやバスケットボールの選手を「アメとムチ」で追い出すことがある。大学はそのような選手に奨学金を更新しないことを告げるとともに、［第5章で述べるように選手の引き抜きを防ぐため転校には規制があるが］転校に条件を課さないと約束して選手に転校を勧める。選手はサマースクール［夏休み期間に開講される夏学期］の受講で成績を多少改善して、大学のGSR（またはAPR）にも影響を与えないで転校していく［スポーツ選手の奨学金を打ち切ると、彼は経済的に苦しくなり卒業できなくなるかもしれない。しかし、出場資格のある学力水準を持った選手が転校してもGSRの計算には含まれないので、卒業できそうもない元選

大学名	FGR			GSR	
	一般学生（%）	男子バスケットボール選手（%）	男子バスケットボール選手－一般学生（ポイント）	GSR（%）	男子バスケットボール選手のGSR－FGR（ポイント）
ノースカロライナ州立	73	54	-19	80	26
ノースダコタ州立	53	92	39	85	-7
ミシシッピ	58	36	-22	75	39
ミシガン州立	78	62	-16	73	11
メリーランド	82	82	0	100	18
ルイジアナ州立	67	36	-31	50	14
ルイビル	51	38	-13	58	20
ラファイエット	89	64	-25	90	26
ケンタッキー	59	40	-19	89	49
カンザス	62	43	-19	100	57
アイオワ	70	64	-6	100	36
インディアナ	74	8	-66	42	34
アイオワ州立	69	13	-56	64	51
ハンプトン	58	54	-4	67	13
ゴンザガ	82	73	-9	91	18
ジョージア州立	50	70	20	77	7
ジョージア	83	33	-50	71	38
ジョージタウン	93	38	-55	70	32
イースタンワシントン	46	13	-33	72	59
デューク	94	67	-27	100	33
デイトン	76	62	-14	100	38
デビッドソン	92	85	-7	100	15
コースタルカロライナ	46	50	4	80	30
バトラー	74	75	1	100	25
バッファロー	69	64	-5	64	0
ベルモント	68	100	32	100	0
ベイラー	73	73	0	92	19
アーカンソー	59	25	-34	55	30
アリゾナ	61	50	-11	82	32
オーバニー	65	54	-11	80	26
				平均＊	24
ハーバード＊＊	97				

出所：NCAA, "2013-14 Graduation Success Rates and Federal Graduation Rates" (https://web3.ncaa.org/aprsearch/gsrsearch)
*2004 年から 2007 年の新入生が 6 年以内に卒業した率の平均
** ハーバード大学はスポーツ奨学金を出していない（バスケットボール選手のデータなし）

表 3-2　連邦卒業率（FGR）と NCAA 卒業率（GSR）の差異（2015 年のマーチ・マッドネス出場校）

大学名	FGR			GSR	
	一般学生（%）	男子バスケットボール選手（%）	男子バスケットボール選手−一般学生（ポイント）	GSR（%）	男子バスケットボール選手の GSR − FGR（ポイント）
ゼイビア	78	67	-11	89	22
ワイオミング	54	25	-29	64	39
ウォフォード	82	62	-20	91	29
ウィスコンシン	83	33	-50	40	7
ウィチタ州立	43	25	-18	64	39
ウェストバージニア	57	62	5	89	27
バージニア	93	64	-29	82	18
ヴィラノヴァ	90	69	-21	100	31
バージニア・コモンウェルス	54	62	8	87	25
バルパライゾ	71	67	-4	90	23
ユタ	58	42	-16	88	46
シンシナティ	60	8	-52	43	35
ノーザンアイオワ	67	42	-25	60	18
ノースカロライナ	89	54	-35	88	34
カリフォルニア（ロサンゼルス）	90	43	-47	60	17
カリフォルニア（アーバイン）	85	30	-55	82	52
アラバマ（バーミンガム）	47	50	3	53	3
テキサスサザン	12	50	38	52	2
テキサス	80	41	-39	100	59
セントジョンズ	57	60	3	83	23
スティーブン・オースティン	44	56	12	53	-3
サザンメソジスト	77	69	-8	75	6
サウスダコタ州立	66	55	-11	63	8
ロバートモリス	58	33	-25	54	21
パデュー	70	46	-24	73	27
プロビデンス	86	47	-39	67	20
オクラホマ	66	60	-6	77	17
オレゴン	67	56	-11	73	17
オクラホマ州立	69	9	-60	30	21
オハイオ州立	81	36	-45	53	17
ノースウェスタン	94	75	-19	82	7
ノートルダム	95	85	-10	100	15
ニューメキシコ	46	46	0	64	18

手には大学を去ってもらったほうが、GSRが下がらず大学にとっては好ましい。したがって、シーズン中は低いGPAのままでも、サマースクールの授業料は奨学金でカバーしてあげて、ここで成績を上げて出場資格レベルの成績にしてから転校してもらうのである」。この策略は、学力不足の選手を頻繁に勧誘し、勝利による経済的利得が大きいアメフトと男子バスケットボールにおいてしばしば行われている。また、裕福なスポーツ部はサマースクールと転校によるごまかしなしでも、選手が出場資格を維持できるように、学習支援スタッフを抱えている。

したがって、NCAAはこの統計上の信頼性が低いGSRを尺度として用いることをやめるべきである。NCAAは、一般学生のために「大学によって採用されている一貫性のある卒業率の尺度」であるFGRを教学の達成基準として用いるべきである。FGRはこの原則を満たす唯一の尺度である。高等教育は、選手と一般学生の勉学での成果を同じ尺度で測るべきであろう。GSRは一般学生についてデータがない。したがって、選手と一般学生の比較ができない。

学業進捗率(APR)

二〇〇三年に制定され二〇〇五年から使用され始めた学業進捗率(APR)は、直接的には選手の在学資格を、間接的にはGPAの最低基準と学士号に向かっての満足できる単位取得状況を含む、選手の学業資格を測る。NCAAの考案した甘い卒業率尺度であるGSRのリアルタイムでの予測でもある。NCAAによれば、「奨学金をもらっている選手は、大学に在学していれば在学ポイントが一ポイントもらえ、学業成績が出場資格を満たしていれば資格ポイントが一ポイントもらえる。チームの合計点を全員がこれらのポイントがついた場合の満点の点数で割り、一〇〇〇をかけたのが、チームのAPRである」[13]。九〇〇点であったAPRの最低ラインは二〇一四―一五年度には九三〇点に引き上げられ、この点を下回るとポストシーズンの選手権試合に出場できなくなる[14]。下回った場合、最低点をクリアするまで、年度ごとに段階を追って三段階のペナルティが課される。

第一レベル——チームは週六日でなく五日、二〇時間でなく一六時間の練習しかできない。減らした一日と四時間は勉学に充てる。

第二レベル——レギュラーシーズンの試合数の減少。

第三レベル——監督の資格停止、奨学金の減少、NCAAメンバー資格の停止などの処罰は、NCAAの学業成績委員会で決定される。

APRはGSRと同様の欠点を持つ。裕福な大学は、そうでない大学に比べて既存のルールを迂回して選手の出場資格を維持することができる。規模が大きく裕福な大学は多くの学科を有しているので、簡単に学士号を取得するための選択肢が多い［学科が多ければ楽勝学科も見つけやすい］。裕福な大学は、アメフトのように選手数の多い種目では、スポーツができるだけでなく、成績の良い学生もチームに入れてチームのAPRが下がらないようにする。APRの最低レベルをクリアできず制裁を受ける大学にFBS所属大学は入っていないという事実から、APRには問題があると批判を受けている。選手にやさしい授業や専攻を選択するよう指導したり手厚い学習支援を与える以外にも、FBSの大学は次のような方法でAPRをごまかすことができる。

●サマースクールも奨学金でカバーして、選手のGPAを上昇させ、出場資格を維持した形で転校してもらってAPRにマイナスにならないようにする。これは裕福な大学にはできても、黒人大学やディビジョンIでも規模の小さなFCS所属大学やアメフトを行っていない大学ではできない。

●初期資格基準を満たしていなくとも、選手に学習障害があることを示せれば、初期資格基準の免責を受ける。フルタイム学生であるために一二単位を履修しなければならないことも免責されうる。選手が卒業に向かって進捗していることを巧みに書いた免責申請書を作成すれば、学習障害が認定され、学士号につながる単位数だけを取得することで継続資格基準を認めてもらえる。スポーツ部の職員の腕次第である。

ガーニー（Gerald S. Gurney）とサウソール（Richard M. Southall）は以下のように言う。

今日の大学スポーツを取り巻く環境を乗り切るのは、簡単なことではない。しかしながら、規則遵守を担当する職員数の差は、FBS所属大学と貧しい黒人大学では顕著である。たとえば、オクラホマ大学には、法律家も含めて一一人の専門スタッフがいる。同様に南カリフォルニア大学には一一人の遵守担当職員がいる。アラバマ大学には八人いる。テキサス大学のリスク管理・法令遵守部は七人のフルタイムの専門スタッフを擁する。逆に、人材の限られた大学には専門スタッフがほとんどいない。たとえば、アーカンソー大学パインブラフ校は二人、ハンプトン大学は遵守担当が一人（一人なのにコーディネーターという職名である）に学習支援担当が三人である。ミシシッピバレー州立大学では遵守担当職員は一人である。

スタッフの大規模化によって、「無限の資源を有する」大学は厳しい入学審査の免除や例外適用の申請書を書いたり、選手の単位取得の進捗状況をチェックしたりすることを専門とする職員を擁する。ビッグ・トゥエルブ・コンファレンス所属のある大学では、典型的な一年間の仕事として、規則遵守担当の弁護士が一件の初期資格基準の審査の免除と七件程度の履修単位数または進捗状況の審査の免除・例外適用の申請を行う。このような仕事に特化した職員を持つことは、大学が不名誉な制裁を受けたりポストシーズンの試合に出場できなくなったりすることを避けるために必要である。職員の仕事量が多く人数も限られている黒人大学には、スポーツ部のこのような業務に取り組む人的資源がない。NCAAの出場資格の書式に関する細目の多さに圧倒されてしまい、審査免除を申請することは不可能である。[15]

●APRをごまかすために用いられる二つの例外が、医療での例外と学期休学の例外である。ガーニーとサウソールは次のように言う。

選手本人・家族の怪我や病気によって学習ができなかったことが証明されれば、APRの対象から除外される。精神的な疾病で履修を取り消したり、パートタイム学生になった場合も、学位取得の進捗状況のチェックの対象から外れる。たとえば、アルコール中毒、うつ病、薬物中毒は学習を不可能にする疾病とみなされる。また、選手は、出場資格のある期間中に一回だけならば、一学期かそれ以上休学してよい。資格のあった選手が教学上の不正行為によって停学になった場合でも、休学と同じ扱いでAPRの対象から除外できる。[16]

このような申請手続きもやはり職員の多くの労力を必要とする。

●裕福な大学は出場資格の期間が終わったのに卒業していない学生に奨学金を与えて、とにかく退学を思いとどまってもらい、卒業させることによってAPRの点数をごまかすことができる。このようなAPRの水増しは、貧しい大学では不可能である。裕福な大学の例がカリフォルニア大学バークレー校であり、最近、出場資格の期間が終わったのに卒業していない学生のために、卒業達成プログラムを始めた。[17] 多くの大学では、スポーツ部運営の費用が上昇しているので、卒業達成プログラムを行う財政的余裕はない。

APRとGSRを引き続き使っていくことは「悪徳商法」である。GSRは良好な学業成績の状態で転校する学生は含まないが、全体としては（編入してくる学生、アイビーリーグ校や士官学校の学生を含むから）より多くの学生を対象として取り込んでいるので、好ましい尺度だというNCAAの主張は、GSRが一般学生との比較ができないものである以上、重視できないしすべきでもない。

結果として、GSRの導入以来、選手の卒業率は劇的に向上した。しかし、NCAAが成果をアピールする中で見落とされているのは、ディビジョンIのアメフトと男子バスケットボール選手は依然として一般学生よりも卒業率が大きく（三〇―四〇ポイントも）劣っていることである。いくつかのチームでは卒業率がゼロである。簡単に言えば、商業的スポーツにおいてのみ発揮される能力しか持たない選手、つまりアメフトと男子バスケットボール選手は、一般学生に比べて学位取得の可能性が著しく低いのである。選手の受ける教育の質以前の問題である。

NCAAによりただ繰り返し主張されるのは、GSRは「選手の学業の進捗状況を正確に測定している」のでFGRより優れた指標だということである。GSRの数値に執拗に言及することによって、NCAAのメンバー大学はマスコミにこの新しくより好ましい尺度であるGSRのみを使用するよう求めている。意図的か否かは別として、NCAAのAPRとGSRという尺度は、マスコミ、ファン、一般市民を混乱させている。卒業率と学業レベルの向上をアピールするためにGSRとAPRを使うことが、NCAAのマーケティング、PR活動であることは間違いない。しかし、これらは成功しているスポーツ部が出場資格をいかに維持しているかの尺度以外の何ものでもない。そしてこれらは教学上の不正行為をますます助長し、出場資格ポイントと在学ポイントを狂ったように求めることで高等教育の価値を落としめてきた[18]。今ひとつの毎年の卒業率の尺度は、大学スポーツ研究所（College Sports Research Institute, CSRI）が開発した調整済卒業率（Adjusted Graduation Gap, AGG）である。AGGはフルタイムからパートタイムになった学生の回帰分析により、各大学の卒業率を統計的に推定、調整するものである。この調整によって、アメフトと男子バスケットボールの選手の卒業率は、NCAAが報告している数字よりも実際にはかなり低いことが示された[19]。二〇一六年の報告書でCSRIは、パートタイム学生を考慮した卒業率を明らかにした。それによると、FGRとNCAA報告によるGSRとの数値のギャップは、ディビジョンIの男子バスケットボール選手についてはかなり大きく（三六・四ポイント）、かつ拡大傾向にある。AGGは二〇一一年の最初の報告書以来、下降傾向にあり、NCAAによる卒業率上昇の主張とは対照的である[20]。

FGRが使われる場合でも、選手と一般学生の比較を難しくする要素が依然として存在する。たとえば、FGRは一般学生については家族の問題、病気、学習障害などを考慮しない。選手はフルタイム学生でなければならず、奨学金を得ているので働かなくてよいなどの理由で、卒業することに関して一般学生よりも有利である。さらに選手は、優れた学習支援プログラムの恩恵を得ている。ＦＧＲはこれらの違いを考慮していない。実際、フルタイムで入学した学生が、パートタイムになって六年では卒業できなくなることがあるが、これもカウントされるので、一般学生のＦＧＲは低くなる。選手が入学七年目以降に復学して卒業した場合もカウントするようＦＧＲを改定すべきだという意見もある。多くの一般学生は復学して卒業しているが、ＦＧＲは調整していないのだ。しかし、ＦＧＲは大学が簡単には数字をいじることができない点で有益である。つまりこの点で、ＮＣＡＡはＦＧＲを用いるべきなのである。ＦＧＲはスポーツ部の違反すれすれの行為を妨げるからである。最後に、チームのＡＰＲは過去の選手の在学と出場資格維持の記録に基づくため、基準をクリアできなかった場合に科される制裁（ポストシーズンの試合の出場禁止など）は当該チームではなく、その責任のない今のチームに科されてしまう。選手でなく大学が罰せられるべきである。

　ＧＳＲと連動しているＡＰＲは、そもそも欠陥のある尺度であるＧＳＲをリアルタイムで予測するためのものであり、使用をやめるべきである。裕福な大学によってごまかしが行われやすいことに加えて、ポストシーズンの試合から追放することは、貧しい大学と、大学が学力不充分な選手を勧誘したことに責任のない現在の学生を不当に罰することになる。もしＮＣＡＡが累積ＧＰＡ二・〇を継続資格基準として強制するのならば、正しい方向への第一歩であるＦＧＲを用いれば、大学と監督に彼らが選手を勧誘したときに約束した教育をきちんと提供することに責任を持つよう求めることができる。ＦＧＲは六年以内の卒業率を測るものなので、［現在在籍している選手の卒業率を測るという］同時進行型の尺度ではないが、ＦＧＲを尺度として用いて、恒常的に選手を卒業させることができない大学や監督を罰することは、卒業率のより適切で意味のある使い方である。

　卒業率の向上に向けて望ましい効果を生む鍵は、現行の一年更新の奨学金をどのような組み合わせでも最大五年間は与えてもよいという条件［プレーできるのは四年間］に代えて、次の条件で初めから四―五年間の奨学金を義務づけることである。（一）選手の学士号取得までの期間を考慮する。（二）各学期にフルタイムで履修する学生と整合性の取れたやり方で学位取得への連続的な努力をする（二〇一二年の規定改正で、ＦＢＳはすでに四年間の奨学金を給付し始めている)。大学に対しては、卒業の見込みがある選手を勧誘し、選手が在学中に学業で成功を収めるために予算を使うことを奨励するべきである。

監督のAPR

二〇一〇年、NCAAは監督のAPRを創設した。これは監督に付随するAPRのデータベースである。ディビジョンIの評議会からの依頼で設置された「学業業績委員会」によってつくられたもので、APRの透明性を高め、選手の学業成績に関する監督の説明責任を強化することを目指している。(21) 監督APRはこれまで指揮を執ったチームのAPRと比較するために、そのスポーツの平均APRを併記する。監督代理はデータの対象にしない。ただし、現行の監督APRの基準は、NCAAのAPRに基づいているので根本的に誤っている。NCAAは現行の監督APRを廃棄して、監督が勧誘した選手が大学を六年以内に卒業する比率をわかりやすく示す新しい尺度に代替すべきである。

2 透明な学力基準の必要性

大学スポーツにおける教学の高潔さは、教学の「抑制と均衡システム」［暴走を抑止する］と透明性のある基準を必要とする。これらの安全弁によって、単に出場資格が維持されているというだけでなく、実際に学習が行われていることが保証される。「連邦教育権保護法(Federal Education Rights Protection Act, FERPA)」は個人情報の保護法である。大学はしばしばFERPAを盾にして、アメフトや男子バスケットボール選手の教学での腐敗と搾取を一般市民から隠蔽《いんぺい》し、良い結果のみを公開していた。大学は成績の良い選手のことをマスコミに流すが、単位の取りやすい専攻に集中している選手の数については説明しない。FERPAはまた、スポーツ部のスタッフ、監督、場合によっては一般教員による教学での不正行為について、大学が知らないという事態を可能にする。さらに、一般市民は選手の履修科目、担当教員の名前、一般学生とチームのGPAについて知らないので、NCAAが公表している選手の学業の進捗状況を評価することができない。真の教学の改革は、一般市民への説明責任がないかぎり起こり得ない。(22)

選手の教育記録に関して、合算した匿名のデータでさえも公開できないというのは理由がわからない。成績の開示では選手の氏名を明かさなければ、選手に損害はもたらされないし、誰のプライバシーも侵されない。FERPAの法律の条文に背かないし、立法の精神とも矛盾しない。個人のデータを合算した形だけでも公開されれば、選手の履修選択、教員と専攻の選択、学習アドバイザー、チームのGPAが明らかになり、大学における不適切な行為が暴かれるだろう。学生の氏名を特定しなくても、こうした情報は選手の特定の専攻への集中、怪しい内容の授業、オーバーン大学やノースカロライナ大学で起きたような問題を明らかにしてくれる。

3 アメフトとバスケットボール選手の専攻

教学の高潔さの問題は、ディビジョンIのスポーツの活動時間が選手の勉強時間や質の高い教育を求める能力を侵害しているという制度的矛盾の中でもつれあっている。NCAAの「大学モデル」は、選手、とくにアメフトとバスケットボール選手が、彼らのプレーでの貢献に対する公平で意味のある対価として、学士号に向かって質の高い教育機会をキャンパスで受けていないかぎり正当化され得ない。

二〇〇八年に『USAトゥデイ（*USA Today*）』紙は、選手の専攻について調査し、大学全体で選手が特定の学科に集中していること（「クラスター化」）を示した。クライン（Steven Cline）はカンザス州立大学のアメフト選手で守備のラインマン［最前列で守る］であったが、スポーツ部の学習アドバイザーからアメフトに時間を割けるよう、勉強量の多くないカリキュラムの社会学を専攻することを勧められたので、獣医になることはあきらめて、社会学を学んだと述べた。彼は「カンザス州立大学でのすべての時間がアメフトと専攻に縛られていた。当時を振り返って思う。「自分は何のために大学に行ったのだろうか。のちの人生で役に立たない授業だった。（中略）私はアメフトを専攻していた」」。クラインは卒業できたが、インタビューの時点で肉体労働で生計を立てており、獣医になるため大学に入り直すことを考えていた。[23]

クラインや他の多くの選手が自分の希望する専攻を選択しなかったのは、自身の判断であり、責任だと言う人もいるかもしれない。だが、選手は過度なスポーツのスケジュール、怪我をして授業に出られなくなる可能性、通常の授業参加を不可能にする遠征、年間を通じての勉強する体力を残せない日々のトレーニングなどに直面している。NCAAの調査では、ディビジョンIのアメフト選手は、シーズン中に週に四三・三時間拘束される。試合に出してもらい、そして最も大切なことに奨学金を更新してもらうために、チームへの参加意識を示す必要があり、この程度の時間的拘束が求められるのである。[24] 二〇一五年のパシフィック・トゥエルブ・コンファレンスの調査によれば、男子・女子を合わせて選手は週に五〇時間をスポーツ関連の活動に費やしている。今ひとつの調査結果として、自由時間の欠如と、勉学で成功できるかどうかが選手の最も大きな懸念材料であることもわかった。[25] 全米労働関係委員会（NLRB）のノースウェスタン大学のアメフト選手の労働組合設立に関する公聴会では、選手が多大な時間をスポーツに費やす実態が明らかにされた。NLRBのシカゴ地区レベルでの裁定の報告書によると、ノースウェスタン大学のアメフト選手は週に五〇―六〇時間をチームの活動に費やしていた。[26] 長く過密なスケジュールとNCAAによる学業成績の基準によって、選手の選択できる専攻は限られたものになってしまう。しかし、このことはNCAAの約束する意味のある教育を本当に受けようと思ったら克服しなければならない多くの障壁の一つにすぎない。[27]

識字率の現実

歴史的に見て、基礎学力の不足はエリート選手の勧誘や入学審査において問題視されてこなかった。クレイトン大学のバスケットボール選手だったロス（Kevin Ross）は、高校卒業時に字が読めなかったことと、熱心に勧誘してくれた同大監督もそのことを知っていたことを告白した。ＡＣＴの点数が三六点満点で九点しかない彼を大学は熱心に誘った。彼のＡＣＴの点数は、同大学の一般学生の平均点よりも一四点も低かった。彼は通常の入学審査を経ずに合格した。識字能力がない青年が大学生活をいかに過ごしたかを想像するのは難しい。彼が受けた教育の経験と似たようなことは、他の選手でも見られたが、彼は三年以上にわたり巧みな履修アドバイスとスポーツ好きの教授の助けによって出場資格が切れるいっぱいまでプレーできた。依然として識字能力がないまま、一九八二年に彼は大学を退学して読み方を習うために、小学校に入った。そして世間が大学に批判を強めたので、クレイトン大学は基礎学力を学ぶためのオンライン私立高校（Westside Preparatory School）の学費を払った。一九八九年、ロスはクレイトン大学を契約不履行、精神的苦痛、教育面での背任行為で訴えたが、最終的に法定外で和解した。[28]

同様に、一九八〇年代にプロのアメフト人気選手だったマンリー（Dexter Manley）は、オクラホマ州立大学在学中に字が読めず、それでも四年間、出場資格を維持したと法廷で証言した。幼いころに学習障害と診断されてから、彼は特別クラスに入れられ、基本的な識字能力を身につけないまま成長した。他の多くの選手でもあることだが、小中高校の教師は彼を進級・卒業させた。彼はいつも前列に座り、出席はしていた。彼の魅力的な性格のおかげで教師は合格させていた。同じことが大学でも起きた。[29]

これらの事例は、不満を持った元選手や例外的な選手による告発ではなく、スポーツチームの勝利によって金銭的利得を得ることを望む強豪大学では、ますます頻繁に起きていることなのだ。ＮＣＡＡは、これらの事例にあてはまる選手の割合は小さいと主張するかもしれないが、収益性が期待される強豪大学のアメフト部や男子バスケットボール部には、基礎学力が不充分で、大学での学びの準備ができていない学生が大きな割合で見られる。[30]大学の学長は落ちこぼれそうな選手の存在を認識しているが、有名監督から熱心に頼まれて入学を認めてしまう。将来のスター選手を入学させないならば、学長は監督を支持していないとみなされる。

二〇一四年、一人の学長が珍しく正直に発言したが、事後に臆病さをさらすことになった。ミシガン大学のシリッセル（Mark Schlissel）学長が大学評議会で、「私たちは大学で学ぶ資格のない学生を入学させている。彼らにどんなに支援をしても、学業の質でも量でも毎年毎年の満足のいく進歩は期待できない」と述べた。彼の発言は選手をそろえるために学力の欠如が看過されていることを意味していた。[31]二日後、学長はアメフト選手の学力不足に言及したことに対して、監督にあわてて謝罪を行った。[32]

学力不足の選手を有力大学が入学させて搾取することは、奴隷制プランテーションのようで恥ずべきことだという識者もいる。[33]ＮＣＡＡは卒業率の向上と重要な教学改革を高らかに宣言するが、教室で成功するためのスキルを持たずに入学してくる基礎学力のないアメフトや男子バスケットボールの選手についての報道は続いている。二〇一二年、『クロニクル・オブ・ハイヤー・エデュケーション』誌は、字が読めないのにメンフィス大学でアメフトの出場資格を維持してきたケーシー（Dasmine Cathey）を特集した。彼は一二科目で落第したが、最終的には卒業した。[34]ケーシーや他の学力ぎりぎりの有望選手は、まったく不可能なのに、教室で一般学生と競い合うことを期待されている。結果として、彼らはこの難局をスポーツ部の学習支援プログラムの助けを借りて切り抜ける。プログラムは学習アドバイザー、家庭教師、学習障害の専門家を擁し、どんどん大きくなっている。選手は管理され、出場資格維持のためにあらゆる犠牲を強いられ、履修科目や専攻もしばしば制限される。収益の可能性、スポーツでの栄光という誘惑が、選手、スポーツ部の職員、教員に大きなプレッシャーをかけ、例外規定の創設、一回だけの許可、見て見ぬふりなど、教学における「灰色」の決定を促す環境を生み出す。この文化は、教学におけるごまかしと欺瞞のスキャンダルが蔓延していることからも明らかである。選手の出場資格のためにこうした文化がスキャンダルを引き起こすのはわかりきったことである。[35]

「私は学生のふりをした選手であった」

広く報道された「オバノン裁判」の控訴審では、選手の「肖像権（names, images, and likenesses）」を大学が商品に使用して得た利益の選手への分配が要求され、州・連邦の裁判所で新たに同様の訴訟が起きている。[36]「オバノン」の集団訴訟で関心を集めた原告側の冒頭陳述では、NCAAの主張するアマチュア主義と選手の現実との違いが紹介された。

私は学生のふりをした選手だった。私はプレーを続けられるよう、教学での出場資格基準をクリアするために必要最小限のことだけをしていた。[37]

頻繁に非難を浴びていることに気づいて、NCAAは法廷対策を強化している。二〇一三―一四年度にNCAAが費やした弁護士費用は前年から三七％増えた。法廷闘争はマイナスのイメージをもたらすので、NCAAは議会への陳情も積極的で、近年の攻撃に対して政府からの保護を獲得しようとしている。NCAAが議会の支援を望んでいることは、二〇一四年に陳情に五八万ドルも使っていることでもわかる。これは、その前の三年間の合計額よりも多い。[38] NCAAはチームに参加する学生は真剣に学習に取り組む機会を与えられる、という理想を維持しつつある一方で、選手にスポーツに対する報酬を与えることは一貫して拒否している。選手への支払いに激しく反対し、NCAAは選手はまず学生であるということに強く固執している。エマート会長は、選手のプレーへの報酬はスポーツ奨学金で大学に入学して「世界で第一級の教育」を受けられることであり、「私が会長であるかぎり、選手への報酬は支払わない。選手への金銭的報酬は私が断固として反対するものである」と述べた。[39] 彼はアマチュア主義を擁護しながら、一八〇万ドルの年収を稼いでいる。

4 教学における欺瞞

大学にとって、教学における欺瞞ほど、告発される問題の中で深刻なものはない。しかし、大学スポーツで起きていることについては、NCAAと大学の両方が説明責任を負わなければならない。

教学での不正行為から大学スポーツを守るNCAAの役割

近年のノースカロライナ大学、シラキュース大学その他で起きたことに刺激され、教学での欺瞞や不正行為から選手を保護することについてNCAAの責任が議論されている。NCAAの報告によると、二〇一四年は一件だったのが、二〇一五年は二〇件の教学上の不正行為があった。[40] さらに、NCAAの「教学委員会（Committee on Academics）」の委員長であるマクデイビス（Rod McDavis）オハイオ大学学長をはじめとする二〇人の学長グループは、二〇一五年六月に「選手による教学でのごまかしに関して、どの段階でNCAAが調査すべきかを明らかにするため」の提案を行った。[41] 一方、カンザス州立大学のシュルツ（Kirk Schulz）学長は、教学の監視は大学の役目だとして、NCAAは関与する必要がないと述べている。[42]

NCAAが関与している多くの訴訟のうち、ノースカロライナ大学の元選手によって起こされた連邦集団訴訟が「マッカンツ対NCAA」である。この裁判は、同大学の元学習アドバイザーであったウィリガム（Mary Willingham）が全米およびローカルのメディアに暴露した、同大学で二〇年以上にわたって広範に行われてきた教学のごまかしのスキャンダルを基に起きたものである。ウィリガムと歴史学科のスミス（Jay Smith）教授の共著書では、スポーツ強豪大学における教育の失敗が明らかにされた。[43] この裁判の原告団はアメフトと女子バスケットボールの元選手で、NCAAとノースカロライナ大学は「スポーツ奨学金を受けている選手に適切な教育を与えず保護を怠った」と訴えた[44]。

この申し立てに対してＮＣＡＡは、法規上、メンバー大学の犯す教学での欺瞞や、選手が意味のある教育を受ける機会がないことには責任がないと主張した。ＮＣＡＡはディビジョンＩマニュアルの中で一つの章をまるまる使って、教学での出場資格基準（academic eligibility）と規則だけでなく、過去の教学での欺瞞や規則違反の事例も載せ、いかに規則を執行するかも述べているにもかかわらず、このような主張をした[45]。スポーツが収益をもたらしつつ、学業成績に対しても熱心であるというＮＣＡＡの姿は、事実というより幻想である。前述したように、ＮＣＡＡマニュアルの第二・五項にあるＮＣＡＡの基本原則は、「大学スポーツ部プログラムは教育プログラムの重要な一構成部分として維持されるべきであり、選手は一般学生の一構成員であるべきであり、入学、成績、進級において選手はその大学の一般学生と同じ基準とポリシーで扱われるべき」である[46]。さらに、内規二・八・一は大学の責任を次のように定めている。

> 各大学は大学スポーツ部プログラムの実施に関して、ＮＣＡＡが適用する規則と規制に従うべきである。大学はプログラムを監視して、規則の遵守を確認し、遵守できていなければそれを明らかにしてＮＣＡＡに報告しなければならない。そのような場合、大学はＮＣＡＡに完全に協力して、適切な是正措置を取るべきである。大学の職員、選手、スポーツの利益を代表するその他の個人・グループもＮＣＡＡが適用する規則を遵守すべきであり、大学はその遵守に責任を持つべきである[47]。

加えて、内規一四は、出場のための教学での出場資格基準と、その規則を明記し、規則を大学の責任で遵守するようになっている[48]。内規一九はＮＣＡＡの執行責任を定義している[49]。内規一九・〇一・一において、違反行為取り締まりプログラムの使命は、ＮＣＡＡのメンバー大学間で高潔さとフェアプレーを支持し、違反が起きたら適切で公正な罰則を与えることであると述べている。そうであるならば、ＮＣＡＡが教学の高潔さを保つことに直接の責任がないと主張するのには違和感がある。
教学の質と選手の出場基準を維持するためにNCAAが果たす中心的な役割は、選手が競技に参加・出場するための初期資格基準と継続資格基準を設定し、チームがポストシーズンの選手権試合に出場できるかどうかを左右する学業の進捗度基準を確立することから導かれる。これらの学業成績に関係する規則は、教学の高潔さについてのプレッシャーを大学に与え、一般学生には適用されない選手向けの教育基準の設定につながる。これらの規則を採用するならば、NCAAはメンバー大学が選手を教学面で搾取しないよう強制する義務がある。それはNCAAの他のルールを強制しなければならないのと同じである。NCAAは、NCAAから規制を受ける大学によって構成されており、NCAAとメンバー大学は責任を共有しているのである。

なぜ大学だけでは責任を持てないのか

授業内容を提供する個々の教員や大学単独よりも、（大学教職員、大学の指導者、NCAAのような全米レベルのスポーツ統治組織、認証団体による）共同責任システムが説明責任を持つべきであるということについて、六つの正当な理由がある。

一．大学のブランドを守ろうとする利益相反――まず、大学は教学の高潔さを最優先して学生に教育を提供する、という主要な責任と相反することに関わっていることを認識すべきである。入場料とテレビ放映料をもたらす有力選手は、学力が劣っていても入学基準が常態的に緩和されている。大学のブランドイメージを守る幹部職員は、学生との不適切な関係から、性的暴行や刑事犯罪まで、公開されたら志願者数や卒業生からの寄付に悪影響を与えそうな教員の不正行為を隠すことで共犯である。同様に、幹部職員は成績の変更、単位を出すだけの幽霊授業、選手の異常な比率での「個人研究」の履修、選手の異常な比率でのオンライン授業や楽勝科目・専攻への集中などから目をそむけ、それらを発見できる監視システムをつくろうとしていない。

二．学習支援とアドバイスにおけるスポーツ部の関与――多くの大学では、しばしばスポーツ部が選手の学習支援プログラムや履修指導を行っている。ここでも大学は、選手の教学での恩恵よりも出場資格の維持というスポーツ部の利益が優先されていることを黙認している。幹部職員は、選手の教学での不正行為が出場資格の喪失、退学、マスコミによる不名誉な報道につながりそうなときは、処罰しなかったり処罰をきわめて遅らせたりする可能性がある。大学が監視役の教員を指名したとしても、そのような教員の選択は大学評議会でなく学長や事務局によって行われ、結果としてスポーツ推進派またはスポーツ部が受け入れてもよいと判断した教員が選ばれる。したがって、教学の高潔さを守るために、内部からと外部からの監視システムが必要である。

三．大学による教員の授業内容についてのまともな評価の欠如――従来、大学における教員の教授法や教育能力の定期的な評価は、教員の選手と一般学生の扱い方の違いを明らかにしない。優秀だが大学のスポーツ重視という考え方に特別な不満を持っていない教員は、そもそも選手から多くを期待せず甘い成績をつけるなどの不正行為をするかもしれない。そのような不正行為を見つけるために、教室を監視したりして学問の自由を侵害する必要はない。しかし、大学の監視委員会、全米レベルのスポーツ統治組織、地域の認証団体は、規定された監視機能を活かして選手と一般学生の成績を長期的に比較し、学生の扱い方の指標とする必要がある。

四．内部告発者の保護と独立した調査の欠如――ほとんど宿題がなく、学習成果をチェックする試験もない、厳格でない授業というのが教学上で欺瞞が働いている生々しい例である。スポーツ部の学習アドバイザーが選手のために厳しくない授業を探す中で、学生に何も求めない「個人研究」が提供されるようになる。これらの事例は、個々の選手や教職員の内部告発によって明るみに出る可能性がある。しかし、大学による告発者への保護が不充分なので、告発はなかなか起こらない。欺瞞が突き止められると、告発者の信頼性が非難され、限られた数の低い職階の教員や職員は有罪となったり業務を外されるが、幹部職員、監督、高給の教職員は守られる。罪があるのは内部告発者保護のポリシーを持っていない大学と、それを大学に求めてこなかった全米レベルのスポーツ統治組織や地域の認証団体である。NCAAのようなスポーツ統治組織は、利益相反を抱える大学と対峙して、告発や報告の内容を充分に調査する責任を受け入れなければならない。

五．選手の履修指導の監視の欠如――最もよく見られる教学での選手の搾取の形は、楽勝といわれてきた科目・専攻を選手に履修させる指導である。多くの大学は、選手が一般新入生向けのオリエンテーションに参加するのでなく、スポーツ部が選手向けに独自のオリエンテーションを行うことを認めている。学習アドバイザーはスポーツ部に直接雇われているか、スポーツ部から圧力をかけられた職員であり、選手の選択の自由を考慮せず、出場資格基準をクリアする確率を高めてくれる楽な科目や学科・専攻を懸命に探し当てる。この行為は、これらの授業を教える教員が特別な専攻を不適切に設置することによって起こりうる。繰り返すが、そのような行為を見つけるには、長期にわたる選手と一般学生のデータを調査する必要がある。この行為を防ぐには、選手への履修指導を詳細に監視する必要がある。

六．NCAAのメンバー大学を調査する際の利益相反――NCAAは独立した評議会によって運営される非営利組織ではない。メンバー大学によって運営され、本部職員はメンバーの意向を無視できない。各大学の代表は、他大学の審査において、ライバル校が競技のうえで不利になるよう厳しい判断を下したり、逆に自分がその立場になったときに甘くしてほしいので甘い判断を下す可能性がある。メンバー大学は次のような行為を通して、世間からの評判を守ったり、収益を増加し私益を勝ち取るため、共同体として行動する。

●学業成績の悪い選手もプレーを続けられるよう、初期・継続の資格基準を低く定める。
●卒業率と学業成績を、選手全体の数字しか開示せず、アメフトと男子バスケットボールの劣悪さを隠蔽する。一般学生と比較のできないGSRのような尺度を新しくつくって選手の卒業率は一般学生よりも高いと主張し、NCAAとメンバー大学のブランドイメージを守る。
●大学レベルでは、選手の学業状況を、スポーツ部や上層部から独立したテニュア取得［終身在職権を持ち大学が簡単に解雇できない］教員が検査・監視していない。
●スポーツ部との軋轢を避けるために、テニュア取得教員や大学評議会（高等教育機関は最終的に教学の高潔さを維持することに責任がある）に教学関係の規則を監視させない。
●教学面、その他における規則・規制違反の申し立てに対処する際、ライバル校の代表が執行に加わることで生じる利益相反を避けるために、独立した調査・裁定官を任命しない。
●教室における教員の学問の自由の保護と、教学における大学の自治裁量権を言い訳に、選手が関わる教学上の逸脱行為が報告されても調査をしない。
●選手が関わる教学での不正行為について充分な監視をしない。三―一〇年ごとに行われる他大学関係者の評価に基づく地域の認証団体による認証プロセスは、選手の不正行為を監視するには不充分である。監視システムは毎年継続して行われなければならない。さらに、地域の認証団体によって定められた大学スポーツの運営についての評価基準は強化される必要がある。

つまり、勝利と収益最大化を求める政治的状況を受け入れている大学が自分自身を律したり統治することは期待できない。すべてのNCAAの規則違反について、大学はNCAAが評価や調査を行う前に、まず自らを調査して処分を下し、改善策を講じる必要がある。NCAAは選手を不適切に競技に出場させ続けるための教学やその他の規則の実施には何も関わっていない、との主張は理にかなわない。大学評議会、NCAAのような全米レベルのスポーツ統治組織、ならびに地域の認証団体は、すべての選手を教学上の搾取から守るための「抑制と均衡システム」として行動する責任を共有しなければならない。

出場資格を維持するために選手が教学上での欺瞞や不正行為を犯すことを避けるため、多くの個々人（教員、家庭教師、学習アドバイザー、事務スタッフ）、大学、全米レベルの統治組織のすべてが大学スポーツ運営における教学上の高潔さを生み出す環境づくりに責任を持たなければならない。

授業を担当する教員は、授業を実際に運営し、学生に適切な内容を伝え、体験させる。学生を定期的に授業に来させ、公平に宿題を評価し、適切な試験を課してすべての学生に良質な教育を提供する責任がある。重要なのは選手と一般学生を同等に扱うことである。教員、専門家、学習アドバイザーは選手の履修と専攻の選択を、選手の資格維持の都合でなく、選手の関心と能力に沿ったものにする責任がある。教務課やそれに相当する部署（学籍課など）とNCAA教員代表は、選手の継続資格基準が満たされているかを確認する責任がある。家庭教師や学習アドバイザーなどの学習支援プログラムのスタッフは、学習支援を与える責任はあるが、学生の責任である宿題などを代行してはならない。教員は学生にごまかしや剽窃を禁止した規則を課し、違反を探し出す努力をする責任がある。そして監督は選手に、教学の責任と矛盾するような負担の大きな練習時間を求めるべきでない。

同様に、大学は約束した教育内容を教員が学生に提供しているか定期的にチェックし、すべての選手と職員に教学での欺瞞や不正行為とNCAAが適用する教学規則に関する責任について啓蒙する責任がある。大学は、教学の高潔さに関する違反に気づいた選手や職員に対して示す内部告発者の保護に関するポリシーを持つべきである。大学はまた、試験期間中には競技を禁止したり、スポーツのために欠席する授業数の上限を定めるなど、教学の責任に対する選手の能力を強化するポリシーを持つべきである。大学がどのコンファレンスに所属するかの判断は、まっとうな遠征スケジュールのために重大な意味を持つ。大学はNCAA教員代表とスポーツ管理委員会のメンバーである教員に充分な時間［授業負担や他の教務の軽減］を与え、監視と確認の責任を果たせるようにすべきである。加えて、大学は高校、私立進学校（preparatory school）、短大からの選手の成績書が偽造だという情報を得たり、そう信じるに足る理由を得たら、ＮＣＡＡの出場資格基準を適切に適用するため、成績書が本物かどうか確認することにも責任を持つべきである。

全米レベルのスポーツ統治組織であるＮＣＡＡは、初期資格基準が満たされているかをチェックするＮＣＡＡ資格認定センターを監督する責任がある。加えて全米レベルでの統治の責任を果たす中で、ＮＣＡＡは教学面での出場資格基準やスポーツ活動に費やす時間に関する規則（予定される試合の数、シーズンの長さなど）、大学によって制度化された教学での欺瞞や不正行為を発見することを可能にする（発見されないほうがよいのだが）データの透明性の向上とチェックを求める規則、大学による選手やスタッフといった内部告発者の保護、教学面における（学習プログラム、履修指導、出場資格の認定などにスポーツ部が関与することによる）利益相反の禁止などを定めるべきである。ＮＣＡＡは、外部の第三者による規則遵守の評価が必要であると規定で定めているが、メンバーどうしや第三者によるスポーツ部の評価（大学認証制度、毎年の教学面での審査など）を義務づける責任を果たしていない。議論の余地なく、最も重要な責任は、教学面の不正が行われているという信頼できる報告に対して迅速に調査を行い、裁定を下し、各メンバー大学の教学の高潔さを守ることである。最後に、地域の高等教育の認証団体は、スポーツ部の定期的・包括的な評価を、高等教育協会（Council of Higher Education）の認証プログラムの一環として行う責任がある。

共同責任の認識がなければ、スポーツを取り巻く教学の文化が有効に変革されることはないであろう。文化の変化がなければ、教学の高潔さは欠けたままであろう。

第4章 統治

大学学長はスポーツをつねに監視してきたし、必要ならば管理する能力も持っている。しかし、学長は大学スポーツを、しばしばスポーツ部部長とコンファレンスのコミッショナーに任せ、彼らのプロデュースするショーの観客になってきた。一方で、大規模なスポーツはますます繁栄し、NCAAとその指導部は選手や学生を守るために意見を言う組織というよりも、監督やスポーツ部スタッフの利益を守る同業者組合の性格を持つようになった。

1 学長の失敗

大学の学長が商業的目的と教学の目的との折り合いをつけようとする際に直面するジレンマについて、リード大学のフォスター学長は一九一五年に次のように予言している。

もしも大学スポーツが、スポーツの主たる目的に付随して寄与するものならばそれでよい。しかし、まずそもそも主たる目的とは何なのか、商業的なのか教育的なのかを決めなければならない。そして商業主義にすでに浸かっている大学にとって、そのシステムを維持しつつ同時にそれに対抗する精神を醸成することは難しいであろう。(1)

一世紀以上の間、大学の学長は、拡大する商業主義と、高等教育の核となる教学の目的との間の大きな利益相反をコントロールしたり抑制することに苦労してきた。本章では、NCAAの現行の統治モデルを通して、学長のスポーツ管理に関するいくつかの議論を検討する。NCAAのモデルは高等教育の良き受託者たることと両立可能であるか。大学学長は大学スポーツをキャンパス内でコントロールできるのか、それともコンファレンスや全米レベルの組織を通してコントロールすべきなのか。大学スポーツの将来は、これからもマスコミ、有力コンファレンス、スポーツ部部長が構想するべきなのか。大学スポーツ観戦という娯楽は今後も衰えず人気であろうか。誰が大学スポーツをコントロールすべきか。

フルーティ効果を求めて——高くつく賭け

大学の幹部は、収益性の高いスポーツは大学の知名度を高め、一般学生の質と量を高める手段だと主張し続けている。しばしばスポーツが大学の成功に貢献した例として用いられるのは、「フルーティ効果」である。一九八四年のマイアミ大学戦［原文にはコットン・ボウルゲームとあるが実際は十一月のレギュラーシーズンのゲーム］で、ボストンカレッジのフルーティ（Doug Flutie）は試合終了直前にフェラン（Gerard Phelan）への逆転ロングパスを成功させた。この奇跡的なプレーのテレビ中継の広告効果により、同カレッジの志願者が増加した。志願者が増えたので選抜が厳しくなって入学者の質も高まり、入学者の増加は授業料増収にもつながった（同大学の志願者の増加は伝説化しているが、統計的にはそれ以前から増加傾向であった）。学長たちはこの例のように、スポーツを通してローカル大学から全国区の知名度の大学になろうとしている。残念なことに、この欲望は学力の低い選手を入学させて出場資格を維持するための例外措置との妥協を正当化することにつながる。こうした高潔さを犠牲にする賭けに成功すれば、二〇一四年にアメフト全米チャンピオンになったオハイオ州立大学のように、学長は長期政権の礎を築ける。同大学は、一般学生の新入生の質を向上できた。新入生のACTの点数も高校での成績も上がった。優勝後、寄付金も増加して資産も大きくなった。[2] しかし、この賭けが高潔かどうかは誰も論じない。学長の高揚に反して、調査によればアメフトと男子バスケットボールの成功は、仮に入学生の質と卒業率を引き上げるとしても、一時的でしかない。「フルーティ効果」は神話かもしれないのだ。チャンピオンを目指し続けることはファンやブースター［資金を提供する熱狂的なファン］を引きつけるが、支出は増加し、教学の価値が犠牲になる。

この現象に興味を持った「大学スポーツに関するナイト委員会（Knight Commission on Intercollegiate Athletics）」は、スポーツの戦績、入学してくる学生の質、一般からの寄付金の関係を調査した。結論は、卒業生からの寄付金と志願者数はスポーツの戦績が良いと数パーセント上昇する。しかし、これらの増加は量的に小さく、永続しない。加えて、同様の調査をレビューした『エコノミスト（*Economist*）』誌によれば、「フルーティ効果」の長期的効果については研究者間で評価が分かれている。また、NCAAが依頼した調査（ライタン（Robert Litan）、J・オーザグ（Jonathan Orszag）、P・オーザグ（Peter Orszag）によるもの）は、スポーツへの支出と一般学生の質の間に関係を見出せなかった。[3] タッカー（Irvin Tucker）の別の調査では、スポーツでの成功と教員の質にも何の関係も見出せず、「フルーティ効果」の恩恵の欠如をさらに示すことになった。[4] スポーツの成功と志願者数、一般学生の質、卒業生からの寄付金との間には、それほど強く一貫したものではないが、統計的にプラスの関係がある。しかしこのことは、プラスになるのと同程度に、スポーツが不振だとこれらにマイナスの影響を与えることも意味する。さらに、スポーツの成功を求めるための支出の増加に加えて、大学がスポーツがらみの不正や教学でのスキャンダルにまみれるリスクもある。

しかし、どんな賭けだというのか。トップレベルのスポーツでの名声を求める大学は、高潔さが脅かされるというリスクも受け入れなければならず、勝利へのプレッシャーから逃れることはできない。ノースカロライナ大学が示す例によると、一五〇〇人もの選手が出場資格を維持するために名ばかりの授業を受け不正に出場資格を維持していたというスポーツと教学のスキャンダルによって五年間も悩まされた。辞任したソープ（Holden Thorp）元学長は、在任中に起きた一連の問題を振り返って「学長は大学スポーツという暴走するビジネスを運営する準備が充分にできていない」と述べている。彼によれば、「学長はスポーツ部部長にスポーツの管理を委ね（実際にそうなっている）、管理の失敗の責任もスポーツ部部長のものとするべきである」。また「学長がコントロールするというアイディアはわれわれからはなくなった。学長コントロールモデルは、腐敗も金儲け主義の増長も防げなかった。ＦＢＳ大学の学長の役目を率直に評価すれば、スポーツが学長の仕事の中の最重要課題だと認めることだ」とも述べている。(5)

アメフトと男子バスケットボールの誘惑

アメフトの一〇万人の熱狂的なファンで埋まった最新のスタジアムは、最高レベルの州立・私立大学の学長にとって、市民、志願者、寄付を考えている人への格好の宣伝材料である。たとえば、ネブラスカ大学は、試合前にスコアボードの一部で大学の教員の研究や教育での優れた実績を紹介する動画を流している。オクラホマ大学でも、各シーズンに一度、試合の前に全米学業奨学金受給者（National Merit Scholars）受賞者［全米レベルで成績優秀な高校生が大学進学のときにもらえる奨学金］が行進する。ローカル中継でも全米中継でも、テレビ放映は他の広報活動の何倍もの宣伝効果がある。アメリカ市民は依然として、大学が最高水準のスポーツ競技で熱狂的に競い合うことに魅了されている。今日のメディア社会では、一般市民の大学に対する印象は、一流研究大学であってもスポーツの結果やスポーツ評論家のコメントに影響を受ける。毎週、発表される大学のアメフトと男子バスケットボールの専門家による投票のランキングが、一般市民にとっての教育の質の印象に影響するのである。学長は大学を売り込むため、ゴールデンタイムに全米で放送される三〇秒の大学コマーシャル枠はのどから手が出るほど欲しい。それは大学を宣伝する場であり、学長としての仕事を果たしたことにもなる。ＥＳＰＮ（Entertainment and Sports Network）［ケーブルテレビのスポーツ専門チャンネル］はほとんど毎日、大学スポーツを放送しているので、さまざまな大学にも放映される機会が開かれているが、アメフトでも男子バスケットボールでも上位二五大学がとくにマスコミの注目を集めている。

大学の理事は、多額の寄付を見込まれて学長から任命される人も多いが、彼らもまた男子バスケットボールとアメフトでの勝利を誇りに思い、大学スポーツの栄光に魅了されている。大規模大学の学長は、スポーツの名声と栄光を追い求め、フルーティからの逆転ロングパスをキャッチできることを祈っている。クロス（George Lynn Cross）は、オクラホマ大学学長を一九四三年から六八年まで務めたが、ちょうどウィルキンソン（Bud Wilkinson）監督のアメフトチームが大躍進したときだった。クロス学長が州議会で予算の増額を要望したとき、議員から「なぜそんなに金が必要なのか」と尋ねられ、彼は「アメフトを自慢とする大学をつくりたいからだ」と答えたという。(6)

つかの間の希望の輝き

ＮＣＡＡにおいて、大学の学長が自らの意志を表明していた一〇年間があった。一九八四年、アメフトの強豪校を含めた四四の大学の学長が、ＮＣＡＡの規則制定に影響力を及ぼそうと「学長委員会（Presidents Commission）」を立ち上げた。委員会は、規則の提案や特別総会の召集の権限を行使した。一九八四年の学長委員会の立ち上げは、教学でのスキャンダル、スポーツ予算の急増、真剣なスポーツ改革の欠如に対する学長の不満を表したものであった。

委員会の最初の権力行使は、「高潔さを目指す総会」とよばれた一九八五年の特別総会で行われた。[7] 八件の提案がなされてすべて成立した。その中には、各大学が五年ごとに自己点検する「認証プログラム」を創設すること（実際に採択・実行されたのは一九九三年）、各大学が毎年、第三者による財務監査を受けること、スポーツ部も通常の部局と同じ予算手続きを踏むこと、NCAAの規則の執行・処罰のシステムを強化することが含まれていた。[8] その後まもなく、一九八九年のナイト委員会の提案には、大学スポーツに対する学長の監督権限のさらなる強化が盛り込まれた。ノートルダム大学のヘスバーグ（Theodore Hesburgh）神父・元学長とノースカロライナ大学のフライデイ（William Friday）元総長という二人の著名な教育者かつ大学のリーダーに率いられ、スポーツの統治に関する「ワン・プラス・スリー」モデルが提唱された。これは学長が、教学の高潔さ、財務の高潔さ、独立した認証［この三つとそれを束ねる学長のリーダーシップとを合わせて「ワン・プラス・スリー」と呼んだ］によってスポーツをコントロールするというものである。[9]

学長委員会とナイト委員会（メンバーの多くはNCAAの学長委員会の元メンバー）は協力して、続く四回のNCAA総会でも改革提案を成功裏に採択させた。まず、一九九〇年総会では（一）ディビジョンⅠの春のアメフト練習期間を短くする、（二）ディビジョンⅠのバスケットボールのレギュラーシーズンにおける試合数の上限を下げる、（三）ディビジョンⅡのアメフト奨学金の件数を減らす、（四）ディビジョンⅠとⅡの各大学は選手の卒業率をこれから入学する選手、保護者、（高校の）監督、一般市民に明らかにする、（五）選手のスポーツでの拘束時間をオフシーズン（練習期間）もシーズン中も短くする、という提案が認められた。[10] 変化は漸進的だが、学長はついに集団で力を行使したように見えた。

さらなる学長の勝利は、一九九一年の総会で、コスト削減に関してももたらされた。ディビジョンⅠのスポーツ奨学金件数の一〇％削減、全種目におけるコーチ数の制限、選手向けの寮や選手のみが居住するフロアの廃止、選手向けの食事の回数の減少、ディビジョンＩ昇格のハードルを高くすることが含まれた(11)。

一九九二年の総会でも、教学基準に焦点を合わせた学長の改革は勝利し続けた。初期資格の基準となる高校の成績において対象となる主要科目の数を増やし、学士号取得に向けての進捗状況とＧＰＡによる継続資格の基準を設け、高校のＧＰＡとＳＡＴ／ＡＣＴの「組み合わせ式」による選手の初期資格基準を設けることになった(12)。

学長委員会による改革案の核は一九九三年の総会で採択された、ディビジョンＩにおける「認証プログラム」である。大学全体が参加して透明性を保ち、包括的な自己点検を行い、他大学関係者による審査を受けて、期間を定めて指摘された問題点を修正する。これは一般的な大学統治の基本となる認証プロセスであり、学長委員会の提案はこれをスポーツでも踏襲しようというものである。学長委員会の提案では、認証のための自己点検は五年ごとに行われることになっていたが、ＮＣＡＡはのちに一〇年に一回にした。「認証プログラム」は、大学全体がスポーツ部プログラムの内部の仕組みを調査できる唯一のメカニズムであった。より重要なことは、もし問題が見つかれば、問題を修正するにあたって測定可能な目標、スケジュール、責任者を明らかにしなければならないことであった。修正のための計画を立てることだけなく、ＮＣＡＡからの除名、（ポストシーズンの選手権試合の）出場停止、認証結果の公表など、問題のある大学への罰則も含まれていた。少なくとも、認証を通らないことは対外的にも教員にとっても不名誉なことになる。

しかし、二〇一一年、エマート会長は「認証プログラム」を停止した。時間と費用がかかりすぎることが停止の理由としてあげられたが、背景には都合の悪いデータや問題のある行為を隠しにくくするこのプロセスを廃止してほしいというスポーツ部部長からの要望が見え隠れしている。とくに「認証プログラム」に伴う自己点検によって、大学がスポーツでの男女差別廃止を求めた教育法修正第九条を守れていないことや、とりわけアメフトとバスケットボールにおいて黒人選手に対して杜撰《ずさん》な入学審査を行っていたことや一般学生との成績比較データが明らかになったためである。たとえば、「認証プログラム」の自己点検では（一般入学基準を免除した）特別入学審査、試験の点数、ＦＧＲ、ＡＰＲ、ＧＳＲ、［退学・転校せずにその大学で進級する］在学率は、スポーツ種目別、男女別、民族・人種別にデータを取ることが求められた。[13] 内部統治システムと規則の遵守を確認するために、選手とスタッフ（監督・職員）における男女別、民族・人種別の構成比率も調査された。[14]「認証プログラム」の自己点検は、三巡目を終えたころにはキャンパスにおいて変革を生み出すようになっていた。[15]

NCAAの「認証プログラム」の終了は、一九八四年から九六年まで続いた学長委員会による改革の時代において最も重要な成果の廃止を意味していた。一九九六年のNCAAの統治システムの大改革の結果、学長委員会は廃止され、「認証プログラム」は二〇一五年から「大学別達成度プログラム」に代替された。「大学別達成度プログラム」は大学学長にただ提出するための数字の羅列以外の何ものでもなく、キャンパスの教員や一般市民には開示されず、説明責任を負わせるメカニズムもない。

学長は金権政治を受け入れるという「居眠り運転」をしている

FBS所属のコンファレンスのコミッショナーの尽力によって、一九九六年のNCAA総会では「一大学＝一票」という統治システムが終焉を迎え、学長委員会が廃止され、FBSに有利な代表が投票権を行使する連邦制の統治システムがつくられた。最も強力な統治組織としてNCAAの執行委員会が設立された。それはすべてのディビジョンの大学から構成されるが、一六人のメンバーのうち八人はアメフト有力校の代表であった。同様に、ディビジョンIの評議会もFBSの代表が半数近くを占めていた。この評議会にも学長は入っていたし、ディビジョンIIとIIIは評議会でなく学長協議会と呼ばれる学長の組織を持ってはいたが、実際は執行委員会とディビジョンIの評議会をFBSのコンファレンスのコミッショナーが支配していたので、彼らが学長メンバーにも影響力を及ぼしていた。

過去にNCAAの統治システムを再編したときと同様、最も商業化されたスポーツ部を持つ大学によるこの新しい、より窮屈な金権政治の体制は、最も裕福な大学がNCAAからの脱退をちらつかせて脅すことで認められた。学長委員会とナイト委員会は傍観者にすぎず、両者とも再編を支持した。もっとも、ディビジョンⅡとⅢの学長は脅しに屈して同意した。NCAAの『一〇〇年史（*In the Arena: The NCAA's First Century*）』の著者である、ネバダ大学リノ校のクローリィ（Joseph Crowley）元学長は、NCAAの再編とFBS（当時はまだディビジョンI−Aという名称）による乗っ取りあいで学長委員会が仲介したことを、次のように書いている。

驚くことではないが、再編への取り組みが進むにつれて検討課題ごとに立ち上げられた諮問委員会同士の対立が深まった。これらの委員会の調整役である監視委員会はこの対立を解消して一九九六年総会に出す包括的な提案を取りまとめようとした。学長委員会もまた妥協を成立させる重要な手段とされた。ディビジョンIがNCAAの将来を文字どおり完全にコントロールしようとすることに対して当初は、強い反発や怒りがあった。しかし、一旦、その怒りが晴れると、穏健な議論がもたらされ、重要案件について同意が形成された。ディビジョンⅡとディビジョンⅢ大学の最大の関心事は、新しい構造の下での財政面での権利であった。より幅広い関係者は、この構造が草創期からNCAAのメンバーを束ねてきた共有の価値観と参加意識という根本の概念に何をもたらすのかを懸念した。換言すれば、新しいNCAAをまとめていくのは何なのか、ということである。[16]

スポーツに対する学長の見かけ上の権力

今や廃止された学長委員会の提案と、現在も存在しているナイト委員会が提唱した学長コントロールモデルに従って、NCAAは二人の保守派の元学長を主要執行役員として雇った。どちらもディビジョンIのアメフトとバスケットボールの軍拡競争を抑えることはできなかった。加えて、スポーツ部プログラムの高潔さを目指す点においての学長の責任については口先だけの理想論が続いている。二〇〇四年のNCAAの統治システムの再編努力では、学長の指導力が強調され、執行委員会は「大学スポーツは高等教育に組み込まれなければならないという無条件の義務」を認めた。[17] これらの考え方は二〇一四年のＮＣＡＡの新しい再編理由の要約にも受け継がれ、次のことを目指していた。

●選手の教育経験が最高位に置かれるように、スポーツは高等教育の一部に組み込まれる。
●選手は趣味・気晴らしとしてスポーツに参加し、教学的、社会的、競技的経験のバランスを保つ。
●大学スポーツは高等教育の良質な経験のうえに付加価値をもたらすものと理解して、スポーツを管理する。[18]

一九九七年に発足したＮＣＡＡのディビジョンⅠの評議会は二〇一四年に再編され、二四人のメンバーは学長・総長が二〇人、スポーツ部部長が一人、女性上級役員が一人、大学からの教員代表が一人、選手一人である。[19] この新しい学長主導の投票システムは、それまでの教員代表やスポーツ部部長でも大学を代表すると考えていた「一大学＝一票」の原則から変化したことを示している。学長委員会によって一九八四年から一九九六年にかけて行われた改革のように、大学スポーツを修正するための学長からの劇的な変化の風が期待された。しかし、一九九六年に連邦的構造を構築して以来二〇年、反対のことが起きている。大規模な大学スポーツを悩ませ続けている歯止めのない商業主義、選手の厚生、教学の高潔さの問題を是正しようという試みはほとんどなされていない。実際、五大コンファレンスに規則制定の裁量権を与えて財務面で喜ばせるという二〇一四—一五年度の改革は、教学面でのコントロールから逸脱する大きなきっかけであった。ＮＣＡＡの評議会のメンバーである学長たちは、スポーツの華やかさやマスコミからの注目に惑わされているようである。彼らは商業化されたスポーツの利益のための「サクラ」〔中立を装う応援団〕でしかない。

その一方で多くの大学学長は、ブースター、寄付者、キャンパスでの有名監督からのプレッシャーに対して憤慨をあらわにしている。大学は、ＮＣＡＡのエマート会長がディビジョンⅠの自己点検を伴う「認証プログラム」をメンバー大学への負担の重さを理由にして廃止することを、ほとんど不満を言わずに認めた。[20] 二〇一五年、NCAAの執行担当副会長のダンカン（Jon Duncan）は、NCAAは前例のない二〇もの、流行病と言ってよいほどの数の深刻な教学での不正行為を調査中であると述べた。近年の教学での欺瞞の発覚は、大学の自己申告やNCAAの調査によるものでなく、内部告発者や地方のマスコミ取材の結果である。二〇一五年に二〇件を調査中といっても、教学での欺瞞がその年に突然増えたわけではない。マスコミとオープンな精神によってより多くの欺瞞が一般市民の目に触れるようになっていることを意味する。

大学学長は、個人としては大学スポーツに対して、熱烈なファン、激しい嫌悪、そのどちらでもないなどさまざまな態度を表明している。スポーツに関わるのは学長の好みでないということはきわめて簡単に理解できる。学長の在任期間は平均で六年である。スポーツ以外にもたくさんの課題と責任があり、スポーツの改革を口にすれば理事、寄付者、ブースターを敵に回すことなる。さらに、改革を口にした学長がその成果を上げることなく解任されたり契約を更新されなかった歴史も彼らは知っている。

したがって、二〇〇九年のNCAAによるFBS所属大学の学長を対象にした調査が明らかにしたように、学長は大学スポーツの改革やコントロールについて無力感を抱いている。この調査報告書はナイト委員会の依頼で作成されたもので、同時にスポーツを今後も維持していくために重要かつ必要な変化をどのように行うべきかの答えが見出されていないことも明らかになった。大学学長は、改革を目指す熱意の程度にかかわらず、利益相反のしがらみと寄付者や理事会からの政治的圧力を理解している。しかし彼らはスポーツによるスキャンダルが大学や関係者の将来に影響を与えることを知っているので目をそらしたいし、高等教育の課題にはスポーツ以外のものも多いので、学長はスポーツの問題には取り組まない。[21]

高等教育の中で高まるスポーツの重要性と学長にかかる巨大なプレッシャーは、筆者の一人も目の当たりにしたことがある。一九八九年にメリーランド大学の教学ならびに規則遵守担当の副スポーツ部部長として、男子バスケットボール部のNCAA規則違反を調査する任に当たっていたときのことである。スローター（John

Slaughter）はメリーランド大学カレッジパーク校の学長を辞して、オクシデンタル大学の学長となり、同校の新学長にはカーワン（William (Brit) Kirwan）が就任した。カーワンは元教学部長で人気があった。彼はのちにメリーランド大学機構［分校キャンパスも含む］全体の総長になったとき、筆者の一人（ガーニー）に『クロニクル・オブ・ハイヤー・エデュケーション』誌を見ていたら、直近で辞任した一一人の学長のうち九人がスポーツでの問題が原因だった。私はそこに入りたくない」と語った。

スポーツスキャンダルに関わりたくないという願いは叶わず、カーワンはメリーランド大学でも、のちに学長を務めたオハイオ州立大学でも、アメフト部とバスケットボール部の深刻な規則違反の問題に直面することになった。その後二〇〇〇年にカーワンはメリーランド大学機構の総長となり、ナイト委員会の副委員長も務めた。NCAAの内規二・一・一には、大学学長が大学で行われたすべてのスポーツの責任を取るとある。[22] しかし、メリーランド大学機構総長を退任する直前の二〇一五年のインタビューでカーワンは、大学学長が大学スポーツをコントロールできるか否かについて振り返って「スポーツは学長がコントロールできていない分野の一つだ」と述べている。さらに、多くの大学でのスポーツ部に対する自由放任主義が彼の言う「行き過ぎたスポーツ部の文化」につながっていることに触れ、「表面的にはコントロールしているが、アメフト強豪校の学長がアメフト重視をやめ、教学に資源を集中すると言ったらどうなるであろうか」「大学の理事会は仰天する。州議会も驚く。卒業生も動揺する。学長はそんなことはできない」と述べた。[23]

かつて［一九六〇年代から七〇年代にカリフォルニア大学バークレー校の学長、カリフォルニア大学機構の総長も務めた］カーは「ひとたび始めたら、スポーツという見世物は、人気スポーツの最弱チームでもマイナースポーツの最強チームでも打ち切られることはない。大学は、そのどちらも目指してはいない［つまり、人気スポーツの最強チームを目指している］ので、なおさらである」と述べていた。[24]

こうした学長への圧力は二〇一四年十二月、アラバマ大学バーミンガム校［強豪アラバマ大学の別キャンパスで独自にチームを持つ］でも明らかになった。今後五年間のスポーツ部の支出は年間四九〇〇万ドルのレベルに達し、アメフト施設の最新化だけでも二二〇〇万ドルかかるという報告書を受けて、大学はアメフトと二つの種目を廃止すると発表した。大学はすでにスポーツ部の予算の三分の二を補助していたが、ワッツ（Ray L. Watts）学長は猛烈な抗議を受けたので報告書を諮問しなおした。結果、二六〇〇万ドルの寄付が集まり、三種目とも廃止は取り下げられた。[25] もちろん、いくつかの大学はスポーツ重視の取りやめを発表し実行している。最近の例では、アイダホ大学が二〇一六年に、二〇一八年のシーズンよりFBSからFCSに降格すると発表した。

理事会と卒業生は、大学のスポーツ部管理に対して反発するので、多くのディビジョンIの大学は、スポーツ部を大学の管理下から外してしまう。スポーツ部部長と、アメフトとバスケットボールの有名監督は［教員組織の管理を受けず］学長直属の立場にあり、スポーツ部部長は大学の幹部会でしばしば学長と同席することが許される。スポーツ部部長が、副学長や教授会でなく学長に直接報告することが認められているとき、多忙でスポーツのことを知らない学長は、スポーツ部部長の報告を聞いても何もわからず何も指示できない。たとえ組織上は副学長や学生部長がスポーツ部部長の上に置かれても、彼らには監視の責任も権限もほとんど与えられず、スポーツ部部長は依然として学長と直接に話をする。コンファレンス教員代表、NCAA教員代表、学内のスポーツ諮問委員会委員は、本来は学長に提言する立場なのだが、実際は学長はスポーツ推進派や改革反対派の教員を注意深く選ぶ。そうして、ごまかしの監視組織がつくられる。さらに、大学のスポーツ諮問委員会には選手、裕福な卒業生など、大学としてのスポーツ部の説明責任に権限も義務感もない人が加わっている。これらの委員は、スポーツ部から試合の優待席や試合場の駐車スペースをもらったりする。また、遠征に帯同したり、選手と食事を共にしたりするなどのさまざまな特典が与えられる。このポジションが、大学評議会やその他の独立した教員組織によって選ばれたテニュア取得教員に取って代わられることは、スポーツ部が今まで行ってきたことが批判されたり暴露されたりするリスクがあるので、スポーツ部にとっては悪夢である。しかし、もし学長が教学での欺瞞を防ごうと思うならば、独立した教員の参画を義務づけることが現実には唯一の頼みの綱である。

五大コンファレンスの裁量権がＮＣＡＡ会長の力を減じる

二〇一一年十月、今後起こることの前触れとして、ＮＣＡＡのエマート会長は、奨学金の増額を提案した。授業料・諸費用、寮費・食費、教科書代に加えて在学に必要な費用二〇〇〇ドルを追加するというものである。ＮＣＡＡの評議会はこれに賛成したが、［中小の大学は財政負担が大きいので反対であったため］同年十二月の総会では否決された。裕福なコンファレンスは諦めずに、ＮＣＡＡとエマート会長に対して、脱退をちらつかせながら改正を迫った。そして二〇一四年八月の総会で、五大コンファレンスの六五大学に裁量権を与えるとともに、スポーツ部部長とコンファレンスの代表者に日々の運営の権限を与えるよう統治システムを改編した。(26)これらの大学の学長は、新しい統治システムが成功するためには大学とＮＣＡＡ内部で学長がコントロールを維持する必要性を強調した。

規則制定における裁量権という特権は、選手の厚生に関する特定の分野に限定されているが、そこには奨学金、選手の健康、選手の勧誘、食事、練習時間などが含まれている。つまり、ＦＢＳのスポーツ支援に遅れを取るまいとする他のすべての大学の競争努力は、維持不可能なレベルまで支出を増やすことになるだろう。(27)ボイシ州立大学のクストラ学長は、五大コンファレンスによる「権力掌握」は、ＮＣＡＡが少数の裕福な大学による支配を継続させようとしていることの表れと解釈している。「有力大学は膨れ上がったスポーツ予算でもまだ足りないと思っている。とくに最近、新興の中堅大学が有望選手の勧誘に成功し、有力校をしばしば倒し、ランキングをかき乱し、ときにはポストシーズンのボウルゲームに出場して収益をあげていることを苦々しく思っている」(28)。このアメフトとバスケットボールでの新たな階層化の中で、五大コンファレンス以外の財政の弱い大学には競争力維持のために選手に有力校と同じような恩恵を与えてさらにスポーツ部の赤字を増やすか、軍拡競争から降りるかという選びたくない選択肢しか残されていない。(29)

2　NCAAによる統治執行またはその欠如

　NCAAの統治構造と統治の基本的な考え方における重要な部分は、メンバー大学がNCAAの規則を違反したら、他のメンバー大学が罰則を決めるという執行プロセスにある。人気スポーツで成功することによる金銭的利得が大きくなるにつれて、競争で優位に立つためにNCAAの規則を破ろうという誘惑も指数関数的に大きくなっている。結果として、選手勧誘でのスキャンダル、教学での欺瞞、許可されるべきでない出場資格の認可などが、この二〇―三〇年で頻繁に起きている。NCAAの執行プロセスへの批判は、取り締まりに必要なヒト・カネの不足、一貫性の欠如、どの大学が調査されるかの選択の不透明さ、規則違反をした個人・大学に対する「法の適正手続き（Due Process）」の欠如、任意で場当たり的な実施などである[30]［NCAAは、法の適性手続きなしに生命、自由、財産を奪ってはならないという憲法で認められた権利を軽視し、被疑者に反論の機会を充分に与えずに処罰を決めていると批判されている］。選手への報酬を規制する効果がなく、一貫性のない規則が執行された例に、筆者の一人も直面した。有名アメフト選手が高級車レクサスを六週間乗り回していたのである。大学の規則遵守委員会はNCAAに対して、購入を決める前に長い期間試乗するのはどの顧客でもよく行われているというディーラーの言葉を説明した。ディーラーが六週間も試乗を許すなど、誰も信用していなかったが、NCAAはこの説明を受け入れた。

　テレビ時代が始まる一九五〇年代以前、NCAAのメンバー大学とコンファレンスは完全な裁量権を享受していた。NCAAは、執行が伴わなければならない規制や規則でなく、ガイドラインと原則を発表していただけであった。換言すれば、大学とコンファレンスは好きなことができた。NCAAに執行機能はなかった。

　一九五一年、NCAA審議会はメンバーの大学が懸念していた事柄について、一連の規則を制定した。そこでは、練習期間の制限、レギュラーシーズンとポストシーズンの試合数、教学上の出場資格、奨学金支給、執行システムなどが初めて定められた。これらの規則は一九五二年の総会で承認された。規則違反委員会（Committee on

Infraction）とメンバー大学管理委員会（Membership Committee）は違反の申し立てを聞き、調査を行う。その結果を裁定委員会（Council for Adjudication）に提出する。同委員会は保護観察処分、試合出場停止、除名などの処分を下す権限を持っていた。(31)

当初から、NCAAの執行システムは「法の適正手続き」を含んでいなかったが、裁判所もこれを認めていた。例えば、一九八八年の「ターカニアン（Jerry Tarkanian）対NCAA」の連邦最高裁判決で、NCAAは政府機関でなく民間組織であるので、［反論の機会や中立な裁定者による告発者への反対尋問などを保証した］「法の適正手続き」を踏まずに調査を行ってよいとされた。それでも、判決のあとに、NCAAは自身の執行プロセスを見直した。「執行と違反プロセス評価特別委員会（Special Committee to Review the NCAA Enforcement and Infractions Process）」がつくられ、合衆国元訟務長官［連邦政府が訴えられたときに政府を弁護する役職］のリー（Rex Lee）を長とした。リー委員会は調査対象となる個人と大学により大きな保護を与えるよう、以下の改善を助言した。

（一）申し立ての早期通知。違反の告発がNCAAにあったことを、調査が始まる前に当事者に知らせる。

（二）略式手続きの確立。調査の初期段階でも明白な違反だという裁定を下して大学に反論を諦めさせ、違反審査プロセスを迅速化する。

（三）面談を録音し記録を共有する。

（四）略式手続きでは解決できない重大な違反の場合、聞き取りには元判事など有力な法曹関係者があたる。NCAAは聞き取りのため係官を採用したが、現在ではその職は廃止されてしまった。より重要なことに、NCAAは完全に独立した事実審査官を置くという提言は採用していない。

（五）控訴プロセスを設ける。一九九三年にNCAAは違反控訴委員会（Infractions Appeals Committee）を創設した。(32)

ＮＣＡＡは聞き取りを録音することと、違反委員会と違反控訴委員会に外部の第三者を加えることには同意したが、独立した事実審査官の設置と公開での聞き取りには反対した。ＮＣＡＡは、公開聞き取りは違反を見つけて告発した人を怖気づかせてしまい、調査にマイナスになると主張した。また、独立した事実審査官の設置は費用がかかり、そのような人物は大学スポーツの複雑さを理解しないことを懸念した。しかしながら、現行のシステムでは、違反委員会も違反控訴委員会も委員はメンバー大学の関係者で、処罰の裁定に根源的な利益相反がある。彼らの判断はライバル大学の競技出場、利益の分配、選手勧誘、奨学金件数などに影響を与え、長期的に競争力をそぐこともできる。(33)

リー委員会の提言が、過去二〇年におけるＮＣＡＡの執行プロセスをより公平なものにしたことは間違いないが、いくつもの欠点がありＮＣＡＡの規則執行を悩ませている。独立した審査官と公開聞き取りの欠如という顕著な欠点に加えて、証人審問・反対尋問もこの「準」司法システムには欠けている。ＮＣＡＡの現行の「協力の原則」では、メンバーの大学は自らＮＣＡＡに規則違反を報告し、自ら調査して違反を特定して、ＮＣＡＡの調査を支援する。協力しなかったり、適切な是正措置を取らなければ制裁が重くなるという内容である。しかし、召喚の権利はない（連邦議会に認めてもらわなければならない）ので、大学は外部の第三者にＮＣＡＡへの協力や情報提供を強制することはできない。

個人と大学の権利を守るために強力なプロセスを構築する必要性は、いくら強調しても強調しすぎることはない。ＮＣＡＡからの処罰はさまざまな結果をもたらす。高等教育機関としての評価を傷つけ、監督やスポーツ部のスタッフは失職するかもしれない。選手は試合に出場できなくなり、奨学金を失うかもしれない。ＮＣＡＡの欠陥のある執行プロセスにはきわめて根強く広範囲にわたる批判が存在していることを考えれば、一般市民からのＮＣＡＡの統治機能に対する信頼を回復することが必要である。重大な帰結をもたらしうるすべての審査・裁定に関しての重要な改正の鍵は、違反発見のメカニズムと個人・大学を守る手続きを設けることである。ＮＣＡＡのスタッフやメンバー大学が審査して罪を認定し、罰を決めるというシステムを、独立した立場で

ＮＣＡＡに雇用された元判事による裁定に取って代えることも必要だろう。議会は証拠発見のために必要な権限をＮＣＡＡに与えてもよい。違反発見能力を高め、経験豊富な判事を起用すれば、法の適正な手続きと一貫性のある処罰が促されるであろう。

一方にＮＣＡＡとメンバー大学が存在して、他方にそこに属する選手がいて、両者の間に力の不均衡があることを認識することも重要である。一九七八年のアマチュアスポーツ法［一九九八年にテッド・スティーブンス・オリンピック・アマチュアスポーツ法と改称］により、選手の競技参加の権利を守るためにスポーツオンブズマン（監察官）と調停制度が導入され、それ以来、アメリカのアマチュアスポーツ選手は保護されるようになった。大学スポーツ選手の保護のためにも、同様の勧告制度や手続きに関するポリシーを整備する必要がある。大学において、スポーツ部の職員は奨学金の支給中止の判断に関する選手からの異議申し立ての裁定に関わるべきではない。大学やＮＣＡＡは、不充分なＧＰＡ、取得単位の不足など教学面での落ち度以外の理由の場合、選手に競技出場禁止の処分を下す前に、まず選手に対して、大学やＮＣＡＡの統治システムの中での法の適正手続きによる保護を与えるべきである。

大学や全米レベルの統治組織で必要な今ひとつの重要な要件は、告発者の保護である。ＮＣＡＡのメンバー大学の選手、教員、職員が、非倫理的行為や、ＮＣＡＡや大学が定めたスポーツ部プログラムの実施に関連した規則の違反を告発した場合は、大学や他の教職員による報復から保護されなければならない。

3　選手の統治への参加

ＮＣＡＡとメンバー大学は、これまでずっと選手が全米レベルのスポーツ統治組織の中で諮問的役割を果たすことを制限してきた。選手が彼らの投票権を認めない統治改革案に強く反対したので、ＮＣＡＡの評議会は二〇一四年総会で強いプレッシャーを感じ、選手に最小限の投票権を与えることを承認した。(34)二四人の評議員の中に、一人の選手が含まれた。その下の組織である四〇人のNCAA審議会の中には、二人の選手の代表が認められた。選手の代表は、NCAAの評議会の中では四・二％、審議会の中では五・〇％を占めるのみである。この程度の数では、選手は自分たちが貢献している組織の方向性に影響を与えることはほとんどできない（第1章末の付表1－1参照）。

NCAAは象徴として少数の選手代表に投票権を持たせたが、アメリカ・オリンピック委員会の統治モデルでは、選手は投票権の二〇％を有している。アメリカ・オリンピック委員会では、前述のオリンピック・アマチュアスポーツ法によって、評議会やすべての委員会において投票権の二〇％以上が選手に与えられることになっている。(35)

より大規模に選手の参加が進んだ統治モデルが実現すれば、選手が教学や教育での選択をスポーツ部に強制されないような規則をつくるであろう。強力な選手代表モデルは、選手に必要な健康や厚生を保護したり、選手が一般学生と同じようにアルバイトで稼いだり、弁護士・代理人に人生設計のアドバイスを受けたりする権利に道を開くであろう。

全米レベルのスポーツ統治組織とそのメンバー大学には、次のようなことから選手を保護する規制を設けて執行することが望まれる。

（一）肌の色、障害の有無、性別、出身国、民族、宗教、政治信条、性的嗜好による差別。連邦政府の差別禁止法制に従うべきである。
（二）選手に敬意を表さない指導方法や、怪我を招きかねない選手の扱い。
（三）安全でない環境、トレーニング、練習による怪我・傷害。不充分な医療管理。プロ指導者として非倫理的な行為。
（四）不充分な保険補償による金銭的損失。
（五）選手の立場に立たない、不公平な監督の判断による試合出場機会や奨学金の喪失。
（六）教学の高潔さよりも選手の出場資格維持を優先する入学審査、履修指導、学習支援。
（七）大学の選手がプロ選手になることや一般的な人生設計のアドバイスを受ける権利に関する不当な制限。
（八）一般学生と同じようにアルバイトで稼ぐ権利の不当な制限。

現役の、または最近まで現役だった選手はＮＣＡＡの組織の中で、これらの権利の拡大を主張するのに最適任であるはずである。

4　統治における教員の役割

現在、ＮＣＡＡはメンバー大学からの教員代表を、大学と教授会を代表する教員だとみなしている。[36] 八〇％の教員代表は学長が任命しており、大学評議会のような教員組織からの任命や承認を受けていない。教員代表は、教授会かスポーツ部以外の部署で常勤の地位を持っている教員でなければならず、大半がテニュア取得教員である。[37] 理論上は、教員代表は大学における教学の高潔さを守り、選手の教学上の厚生を維持・監視するために貢献する。通常、典型的には特別推薦で入学する選手を評価・承認し、各選手が大学で学生として成功できるようにする役割がある。教員代表は平均で七年間、その任にある。[38]

圧倒的多数は教員組織の同意なく、学長が任命していることに照らし合わせると、教員代表は教員の代表なのか、大学学長とスポーツ部の商業的利益の代表なのか、疑わしい。長い任期、選手への監視の欠如に加え、スポーツ部からのグッズ、遠征の帯同、大学によっては別途の手当、その他もろもろの教員代表が得る恩恵は、客観性と独立性を保つのを難しくして、本質的な利益相反の問題を生じさせている。

教学上の欺瞞が蔓延している今日の状況下で、多くの教員代表はたびたび自分の大学での教学の高潔さを守るという主要な責任を果たせずにいる。代わりに彼らはしばしば、スポーツ部の中心的な支持者の役目を果たしている。選手の成績、履修・専攻の選択、家庭教師による学習支援、学習アドバイザーによる履修指導を真剣に評価するには適切で公正なデータの分析が必要である。しばしば、教員代表は高潔さを保証するものとしての出場資格証明書にただ形式的に署名している。教員代表は、その任に長く就いていることが多いので、選手の高潔さをチェックするある種の権限と特権を自分は持っているのだ、という気持ちを持つようになるかもしれない。

教員代表の役割の再構築には、再任のない任期、金銭的報酬の廃止、試合の特別席・遠征の帯同・グッズの供与の禁止を打ち立てることが必要である。そして、教学の精神がスポーツに反映されるように、大学の評議会が教員代表を任命・選任する母体となるべきである。教員はスポーツにおける教学の高潔さを調査し保証する、より中心的な役割を果たさなければならない。大学間スポーツ連盟（Coalition on Intercollegiate Athletics, COIA）という団体は、この考え方に基づいて、スポーツ改革を目指すFBS所属の六四大学の評議会の連合体である。COIAは教学の高潔さと質、選手の厚生、大学におけるスポーツの統治、スポーツの商業化、スポーツ部の財務の健全性などの分野について、大学スポーツの改革のために声をあげている。大学スポーツの意義ある長期的な改革のための提言と、効果的な戦略の策定に取り組んでいる。[39] COIAは、大学スポーツにおいて客観的な教学の視点を確立しようとする全米規模の組織であり、この問題での教員間の対話を切り開こうとしている。

第5章

選手の健康と厚生

本章では、現行のスポーツ部プログラムに参加している学生の貢献と受ける恩恵とが教育的および倫理的に正当化できるもので、両者がバランスを取れているかを判断するために、選手と大学との関係を多面的に考察する。NCAAとそのメンバー大学は、学部学生が選手として競技に参加する資格としてさまざまな規則・規定を定めてきた。選手が競技に参加したいのならば、これらに従わなければならない。さらに、大学は選手が受けてよい恩恵や待遇を制限するNCAAの規則に従っているかぎりは、選手に対して一般学生が得られないような恩恵や特権を与えることができる。

しかし、そうした恩恵を与える一方で、大学は選手に対して、公式にであれ非公式にであれNCAAの規則を上回る過度な管理体制を敷くこともできる。スポーツの練習時間のせいで、選手は学業で求められている勉強量、授業選択の自由、一般学生が経験できる恩恵を手にしていないかもしれない。また、大学は選手を怪我やしごきから充分に守らず、充分な医療処置や医療保障を与えず、選手の身体的・精神的健康を危険に陥れることをしている恐れもあるのである。

1　教学と教育の選択肢の制限

教学の高潔さについて述べた第3章では、NCAAによって定められた教学の出場資格基準とそれに伴う大学の行為が、いかに選手の勉学面での成功にマイナスに作用するのかを説明した。それらが選手の教育機会をいかに制限しているか、さらに説明して強調する。

低い出場資格基準と落ちこぼれる選手

近年、筆者の一人は、NCAAの資格基準はクリアしたものの小学四年生以下の読解力しかない選手たちを調査した。ある選手の読解力は下位一%のレベルであった。大学の教科書を読むスキルのない選手がいかに大学教育を切り抜け、授業内容を理解できたのかは想像するのも難しい。

教学での低い出場資格基準は、基礎学力のないまま大学に入ってきた選手の学業に深刻な悪影響を及ぼす。NCAAの規則では、新入生と編入生向けの初期資格基準と、最低限のGPAと卒業に向けた単位取得状況を尺度とする継続資格基準とを定めているが、これらは高校スポーツにおける選手の出場資格基準よりも緩い。それはまた、一般学生の「通常の良好な学業成績」よりも低い。(1) たとえば、一般学生が卒業するには在学中の累積GPAが二・〇必要であるが、選手には二・〇を下回るという罪深い継続資格基準が許されている（二・〇は四年生の最初に達成すればよい）。まさしくNCAAの規則がそう定めているのである。学業成績が悪い選手ほど、この緩い規制に大きな影響を受ける。彼らは成績を上げるための勉強の時間を最も必要としているのに、それを練習、遠征、試合に費やしているからである。

さらに、選手が「フルタイム」であるための必要条件も一般常識とは異なる。毎学期一二単位［年間二四単位］を登録しなければならないが、一年生の最初の秋学期は登録したうちの六単位だけを取得すればよい。残りの一八単位は春学期と次のサマースクールに取得して、二年生の秋学期が始まるまでに二四単位を取っていればよい。さらに、NCAAの規定では、三年生の初めに卒業に必要な単位数の四〇%のみ、四年生の始めで六〇%のみを取得していればよい。フルタイム学生である選手に対してこのような低い学業成果しか求めていないことは、とても容認できない。より悪いことに、これらの最低基準によって、大学はスポーツ能力は優秀だが入学時の学力が低く、その後も教室では苦労している学生を、五年間［プレーできるのは四年間］まで搾取することが可能である。出場資格を維持するためには、限定された授業と専攻、いわゆる「出場資格のための専攻」と呼ばれるものしか選択できなくなり、学生に充分な教育を施さず収益性の高いスポーツでプレーだけさせるという意味で、搾取的な行為がなされている。

とくにディビジョンIの選手に対する次のような声が証である。

●スポーツでプレーすることが「専攻」である。
●すべての履修授業で単位を取ってGPAを高くすることは気にしなくてよい。奨学金でサマースクールに行き、楽勝科目で単位を取って落第した分の単位を埋め合わせ、GPAも向上させる。サマースクールに行くためキャンパスにいれば、すばらしい施設でトレーニングもできる。
●四年生になるまでGPAを二・〇にする必要はない。
●楽勝科目を取っておいて、学士号取得に必要な難しい授業は時間をかけて取ればよい。四年生の初めまでに学士号取得に必要な単位数の六〇%を取ればよい。四年間の出場資格を終えた五年目も奨学金があるので五年目に卒業を目指して勉強すればよい。

●次の学年の初めに出場資格を維持していればよい。そうすれば奨学金を失うことはない。

調査によれば、スポーツ部プログラムの中に教学を機能不全にする文化が制度として根付いていることは明らかである。一般学生と比べて、ディビジョンⅠの選手は（収益性の高いスポーツか否かに関わりなく）全体として累積ＧＰＡが低く、在学中の成績の向上も見られない。(2) 選手にプレッシャーがかかるディビジョンⅠのスポーツ文化は、選手の学業成績を上げようという意欲をそぐ。学業に対する選手たちの姿勢ともあいまって、一体化し、アドラー夫妻（Peter Adler and Patricia A. Adler）が呼ぶ「集団的な教学への無関心と学業成績の低下」を招く。(3)

特別入学審査が招く選手の学業の危機

ＮＣＡＡのメンバー大学は、一般の入学審査を免除して別の基準で審査する特別入学審査を行っているが、その対象は異常な比率で運動能力に優れた学生、とりわけ収益性の高い男子バスケットボール選手とアメフト選手に集中している。大学上層部とスポーツ部部長は、特別入学審査は学生の人種構成を多様にするし、音楽や演劇で秀でた特別な才能のある学生にも適用されているとしばしば述べる。ＮＣＡＡは誰を入学させるか、どのような学生の構成にするかを判断する大学の権利には介入していないし、またすべきではない。しかし、大学に与えられたそのような裁量権が選手の搾取につながってよいわけではない。ＮＣＡＡは、大学が学力不足の選手に出場資格を与えることを許すべきではない。事実、ＮＣＡＡは特別入学審査を大学が自由に行うことを認める際に、新入生や編入生の出場資格を制限したり、もし選手の統一テストの成績が悪く、数学、読解、その他のスキルが不充分で学習面でケアされる必要があるのに入学してきたのならば、練習時間を軽減したりする規則を簡単に採用できたはずである。しかし、ＮＣＡＡはこのような規則を定めていない。特別入学審査で入ってきて基礎学力が足りず、学習スキルの向上が必要な選手には補習や一年生時の練習時間の制限を課すことを義務づければ、選手が勉学で成功しやすくなる。同時に大学は、そのような選手を入学させることを避けるようになるので、有力選手の勧誘の仕方も変わってくるだろう。監督は選手の運動能力だけでなく、その大学の勉強についていけるかも考慮するようになるかもしれない。

これらの特別入学審査は、一般学生が経験しないスポーツ選手向けの一連の教学での妥協のサイクルの始まりである。選手に与えられた授業と専攻の選択肢は、一般的に大学が提供する教育機会のきわめて一部に限定される。学力が低い選手は学習アドバイザーによって、限られた学力でも単位を取得でき、卒業のための学業の進捗状況に関してNCAAの定めた最低限の出場資格基準を満たせるような科目の履修を強制される。結果として、のちの人生で役立つスキルの取得にはつながらない学びになる。

充分な学力を持って入ってきた選手さえも、特別入学審査が選手にきわめて頻繁に適用されていることがキャンパスに知れ渡っていることによって悪影響を受ける。教員は特別扱いを快く思っておらず、それが真実であろうがなかろうが、選手は学力がないという先入観を持つ。他の学生も選手に対して同じような態度を取る。こうして、一般学生よりも学力がないのに特別扱いされる、という典型的な選手像がつくり出されてしまう。

スポーツに求められる過剰な拘束時間の影響

スポーツによる過剰な拘束時間は、選手が求められる学業水準をクリアする能力、専攻や履修の選択、大学生としてのさまざまな経験へのアクセスなどを制限する。収益性の高いスポーツにおける拘束時間についての最近の調査が示したように、権力を持つ監督は、選手に練習とミーティングへの参加を最優先にすることを求める。典型的には、監督と学習アドバイザーが一緒になって、選手に練習時間とぶつかりそうな時間割をやめるよう促したり強制したりする。その結果、大学によって提供される教学の機会へのアクセスが制限される。さらに、遠征、試合、練習によって、選手は一般学生が享受している留学、集中講義、学外研修、講演会などの教育機会に参加することもできなくなる。有力コンファレンスは、テレビ中継のマーケットを拡大し放映権料をつり上げて収入を増やすため、広範な地域からメンバーを受け入れてメガリーグ化しているので、遠征の際の移動時間は減る気配がない。そして今度は、テレビ放映の収入をさらに増やすため大学も平日の夜でさえ試合を組み、選手の授業時間割は考えていない。

NCAAの規則では、スポーツによる拘束時間は一日四時間、週二〇時間以内であるが、これは神話にすぎない。選手は大学の被雇用者であるから労働組合を認めるべきだと第一三地区全米労働関係委員会（NLRB）に提訴したノースウェスタン大学のアメフト部の選手がいたが、これは良い例である(4)。遠征の移動時間、「自発的な」練習や映像を観てのミーティングは、二〇時間の中に入らない。練習のように見せないさまざまな偽装工作もなされており、とくにシーズン中は、選手の実際の拘束時間は規制を超過する。シーズンオフの期間でも毎週の厳しい拘束がかかる。選手は、シーズン中は週に一日、シーズンオフには二日、練習が休みであるはずだが、実際はそうではない（選手権試合の前は除く）。二〇一五年、パシフィック・トゥエルブの調査（四〇九人、男女ほぼ同数）では、選手は一般的なフルタイムの社員よりも少ない休日しか取れていないことに加え、次のことが明らかになった。

- 平均で、選手はシーズン中は週に五〇時間拘束されている。二一時間の練習、四時間の自発的な練習、四時間の筋力トレーニング、二二時間の遠征移動時間である。

表 5-1　シーズン中の 1 週間当たりの平均配分時間（2010 年）

種目	スポーツ			学業		
	ディビジョン I	ディビジョン II	ディビジョン III	ディビジョン I	ディビジョン II	ディビジョン III
野球	42.1	39.0	34.8	31.7	32.8	35.6
男子バスケットボール	39.2	37.7	30.8	37.3	35.8	34.8
アメフト（FBS/FCS）	43.3/41.6	37.5	33.1	38.0/38.2	36.8	37.9
その他男子スポーツ	32.0	31.3	29.2	36.0	36.3	39.7
女子バスケットボール	37.6	34.2	29.8	38.9	37.3	41.3
その他女子スポーツ	33.3	31.7	28.9	40.1	41.4	43.0

（単位：時間）

出所：NCAA, "Division I Results from the NCAA GOALS Study on the Student-Athlete Experience" presentation at the FARA Annual Meeting and Symposium, November 2011 (https://www.ncaa.org/sites/default/files/DI_GOALS_FARA_final_1.pdf)

● 五四％の選手がテスト勉強をする時間がないと述べている。
● 八〇％の選手が試合のために授業を欠席したと答えた。
● 練習時間が延びたら、授業は欠席することを強制されている。
● 練習や試合のために、授業時間外の重要な補習などに出席できなかったことがあった。
● 六〇％の選手が自由時間がないのが一番の悩みだと述べている。
● 七二％の選手が、学業でもスポーツでも睡眠時間の不足が成果が上がらなくなる一番の要因であると答えた。
● 七三％の選手が、試合に出たければ、「強制ではない」とか「自発的」な活動も実際には強制だと答えている。(5)

同様に、NCAAの三つのディビジョンを対象にした二〇一〇年の調査でも、週当たり七〇—八〇時間の活動時間に対して、選手はスポーツに現実的とはいえない時間を割くことを期待されており、学習や休息に充分な時間が割けていないことが明らかにされた（表5-1参照）。これらの調査によると、選手は充分な大学教育経験を享受する時間がなく、求められる学業を満足にこなせなくなるような疲労とプレッシャーを経験している。

選手の転校を規制する非合理的な規制

ホロウェイ（Murphy Holloway）は二年間、ミシシッピ大学で奨学金をもらって、バスケットボールをプレーしていた。彼は幼い娘のそばにいることが重要だと思うようになり、故郷のサウスカロライナに帰って、大学に通い、バスケットボールをしながら父親としての役目を果たそうとした。しかし、NCAAの転校規則では、転校した学生は一年間、新しい大学からスポーツ奨学金をもらったり、試合に出場してはならない。(6)一般学生は選手に比べて三倍の頻度で転校しており、もちろん罰則はない。[7]

ＮＣＡＡは、選手の他大学への転校と転校先について規制をかけている。転校すると、一年間は出場できない、その一年はプレーしたこととみなされて出場資格年数は延長されない、などの罰則がある。そしてディビジョンⅠかⅡからディビジョンⅠかⅡの他大学へ転校する場合は、元の在籍校の許可が要る。許可が下りなくても転校はできるが、その場合、一年間は出場できないだけでなくスポーツ奨学金ももらえない。転校の制限がほとんどないディビジョンⅢ内での転校の場合を除いて、選手は大学の許可があり、初めての転校であれば、転校後すぐにプレーできる。ただし、アメフトやバスケットボールなどの種目では認められていない［元の大学にスカウトされて入学したのではない、スポーツ奨学金をもらっていないなどの厳しい条件がある］。また、大学がこの転校を許可する権利を選択的に用い、同じコンファレンスのライバル大学には転校を認めないこともありうる。一般学生にこのような制限はない。

選手の転校の制限にはいくつかの理由がある。（一）大学は勧誘や奨学金で選手に費やした労力やお金が無駄になることを嫌う。（二）転校されると戦力が低下して収益が下がることを恐れる。（三）育てた選手を有力大学によって引き抜かれ、「草刈場」になることを防ぎたい。最初の二つの理由は、大学が選手を、スポーツをしながら教育を享受しようという学生としてではなく、労働力の一部として扱っていることを意味する。これらの理由は大学自身の利益のためで、選手の自由や厚生よりも大学の厚生を優先しているので、搾取的である。三つ目の「草刈場」になることを防ぐためというのは正当な理由だが、選手を奪い取りにきた監督や大学を罰するべきで、選手を犠牲にすべきではない。

一年間の出場禁止という転校規制を支持する者は、一年間の適応期間を設けることは選手にとっても好ましいと言う。しかし、収益性の低いスポーツでは転校後すぐにプレーできるのに、アメフトやバスケットボールではプレーできないというのは正当化できない。また選手は、転校先で試合に出場できなくとも練習したり試合に帯同することはできるので、拘束時間が元の大学にいるときよりも減少して勉学に割ける時間が増えるわけではなく、この禁止措置には合理性がない。換言すれば、（収益性の低いスポーツのように）大学が選手を即戦力として必要とも欲しいとも思わないかぎり、わざわざ一年間の出場停止を課すことは不要なのである。

一般学生では、四年制大学に入学後、六年以内に約二五％が他の四年制大学に転校する。[8] 選手ではない、教学や芸術に才能のある学生が転校しても罰則はない。これらの学生はさまざまな理由で転校する。たとえば、特定の教員の指導を受けたいとか、研究や芸術ならば弟子入りしたいと思っている学生は、師と仰ぐ教員が他大学に移ったらそれに続く。学生は、自分の受ける教育の価値を高め、才能を磨くため、必要なものを提供してくれる大学に転校する。選手も、個人的な好みやスポーツの経験に関係したさまざまな理由で転校を考えることがある。制限の詳細が何であれ、選手を自由に転校させないのは、一般学生が享受している自由と比べて疑問のある制限である。この不公平さはとくに、高給取りの監督がさらに高い報酬を求めて自由に移動しているアメフトとバスケットボールにおいて不愉快なことである。アメフトとバスケットボールで転校後一年間プレーできないという制限をかけるのは、監督と大学が有望選手に行った投資を守りたいというのが唯一の理由である。選手は、監督や他の一般学生が持つ他大学での可能性を求めるという自由を享有すべきである。そうさせないのは、大学が選手を所有する商品として扱っているからである。[9]

2 充分な健康管理の欠如

大学は選手の身体的・精神的健康の問題に充分に取り組んでいない。ドーティ（Stanley Doughty）がプロのアメフトチームのカンザスシティ・チーフスから解雇されたのは、南カリフォルニア大学時代に傷を受けたが充分に治療されてこなかった脊椎損傷のためである。大学は彼が必要とする外科手術費用を払わなかった。単に払う義務が規定上なかったからである。ＮＣＡＡのメンバー大学には、卒業まで残り一二単位だったのにプロ入りしたドーティのように、選手の期間が終わったり、卒業したり、退部した選手を長期的に支援する義務はない。また、怪我のためプレーできなくなったので、大学には在学しているがスポーツ奨学金がもらえなくなったケースもある。コートニー（Patrick Courtney）はノースカロライナ農工大学のアメフト選手であった。彼はシーズン前の練習でヘルニアになり、手術が必要になった。そしてチームに復帰後、また怪我をした。次の年、奨学金は更新されず転校せざるを得なくなった(10)。

選手への傷害保険は不充分で、相手と体が接触するスポーツでのぶつかり合う練習に対する国レベルの規制はないし、怪我を予防する、または怪我に備えるための医療措置や器具の準備も義務づけられてはいない。監督の専門職としての共通の行為規範もなく、このことがしごきや、表沙汰にはならないが選手を尊重しない練習環境につながっているのかもしれない。こうした選手保護に対する欠陥があることを真剣に認識する必要がある。なぜならば、一般市民は選手の怪我が一生、選手を苦しめていることを問題視し始めており、連邦政府も大学にいじめ・しごきのない安全な教育環境を保証する努力を求めているからである。われわれは、これらの重要な問題を検討しなければならない。

不充分な傷害保険の治療費給付

NCAAの規則は、メンバー大学に、スポーツに関係した怪我にかかる医療費をカバーする保険を保証するよう求めている。この保険はNCAAの傷害保険プログラムの免責額と等しいかそれ以上でなければならないが、大学自体がそのような保険を提供する必要はない(11)。規則によれば、保険は親か保護者の保険、本人の保険、大学の既存の保険によってカバーされてもよいとしている。つまり、大学が次に示すエール大学のようなポリシーを持つことは珍しいことではない。

●エール大学のスポーツ部は選手の怪我には医療保険を提供しない。
●選手の怪我の治療の医療費は、すべて（免責額、自己負担支払額など含む）選手が負う。医療費には、レントゲン、MRI、骨密度測定、血液検査、入院、リハビリ・理学療法、手術、緊急処置、緊急搬送、その他の医療専門職からのサービスなどが含まれる。
●エール大学の代表として正式練習中や試合中に怪我を負っても、医療保険はない。(12)

最もよく行われるやり方は、大学が選手自身または親が入っている保険を見せてもらい、大学側はセカンダリー保険［最初に支払われた保険金を使い切っても足りない分をカバーするための保険］を提供するか、追加の提供はしないか決めるというものである。大学のセカンダリー保険や本人・親の保険でカバーするのではなく、医療費全額と免責額をカバーする大学もあるが、［保険がカバーする部分のずれによって］次のような重大な事態も発生している。

●親の保険が、スポーツでの傷害を除外している。州外での治療費をカバーしない。すべての費用をカバーしない。
●大怪我をした場合、選手の医療費がＮＣＡＡの大怪我に備えた保険プログラムからの支払い下限額（九万ドル、もしも大学がＮＣＡＡの事故治療集団基礎保険（Group Basic Accident Medical Insurance program）に入っていれば七万ドル）を上回るならば完全に保証される［九万ドル以上いくらでも全額が出る］が、上回っていないとカバーされない。
●ほとんどの保険は、選手本人、親、大学のいずれが購入したものであっても、怪我をして二年以上を経てからの治療費はカバーしない。ただし、ＦＢＳのいくつかのコンファレンスは、卒業後四年間まで医療費をカバーすると発表した。
●選手の不具合について、それまで未発見だった病気のためか、スポーツが原因の怪我なのか、スポーツが原因でもそれ以前の状況が原因なのか、関係者の合意が得られにくい。
●大学による保険金と医療費の払い戻しは、免責額が高額の場合カバーできないおそれがある。このことは親が入っている保険でしばしば起こる。
●雇用や所得に影響を与える一時的または永久的な障害につながるような怪我はカバーされない。(13)

一般にNCAAは、各大学の医療費の制度的給付に関して「義務づける」というより「してもよい」という姿勢であり、すべてのディビジョンを対象とした規則のマニュアルは以下のとおりである。

一六・四　医療費——大学、コンファレンス、NCAAは、医療関連費用とサービスを選手に提供してもよい。(14)

したがって、たとえばインフルエンザの予防接種、医師の診断と治療薬など、実際にできるかできないかは別として、大学が望むならば、選手が早く回復して安全にプレーできるようになるためのさまざまな医療費をカバーすることもできるのである。治療費を提供する際、疾病や傷害の治療と矯正・回復措置との境界線は明らかではない。そのため、大学は次にかかる費用を支援してもよいが、義務ではない。

①医療保険
②試合・練習のための移動中の事故による死亡・身体機能喪失の保険
③薬物中毒のリハビリ
④摂食障害のカウンセリング
⑤将来の選手生活を不可能にする大きな障害。障害の原因となる疾病・怪我は、元選手の在学中、または高

校生が正式に招待されての練習中に発生したものも含む。大学または外部団体は、寄付、献金などで選手や選手候補生（高校生）を助ける基金をつくってもよい。集まった基金の全額は大学が管理し、すべてこの目的のためだけに使われるべきである

⑥視力矯正の必要な選手のための眼鏡、コンタクトレンズ、（目を保護する）ゴーグル

⑥健康診断（随時）

⑧医療処置（交通費・搬送費・その他関係費用を含む）。診療場所までの交通費、また夏の間、授業を取らず寮から出る場合、学内外施設での治療が必要ならばそこでの滞在費も含む。その場所での治療が必要なことを証明する書類が提出されるべきである

⑨手術、投薬、リハビリ、理学療法などの費用

⑩歯科治療[15]

選手の健康と安全に関係するこれらのタイプの費用は、NCAAが大学に対して強制しなければ大学が支出しないような大きな金額ではない。したがって、大学はテレビ放映料、一般学生からのスポーツ費、大学本体からの補助金、寄付金、入場料などの収入を、監督に数百万ドルを支払うためでなく、選手の健康と安全、選手の恩恵のために使うべきである。

さらに、有力選手の中には、男女バスケットボール、アメフト、野球、男女サッカーなどでドラフトを回避してプロ入りせず（ドラフトで指名されれば大学の選手としてプレーできない）、卒業するため大学に留まる人もいる。現行のNCAA選手特例傷害プログラム（NCAA Exceptional Athlete Disability Program）では、プロのドラフトで一巡目か二巡目に指名が期待される選手は、終身傷害保険（permanent disability policy, PTD）に入ることができる。将来の所得を担保に年額八〇〇〇ドルから一万ドルを借りて、その掛け金で保険に入り、在学中の怪我でプロとしてプレーできなくなれば、一〇〇万ドルから五〇〇万ドルが支払われる（未納の掛け金があればそこから差し引かれる[16]）［有望な

選手は三年終了時にスカウトされプロ入りする。卒業のため一年プロ入りを遅らせて勉強しつつプレーすることを選択した場合、四年生のときに怪我をしたらプロ入りできなくなり大損なのでこのような保険がある」。ＮＣＡＡは遺失所得補填の保険を提供していないが、選手は希望すればＰＴＤの付加事項として遺失所得補填保険をカバーしてもらえる。[17] これらの選手が稼ぎ出す収入と一巡目・二巡目で指名される選手の数の少なさを考えれば、ＮＣＡＡと大学はこのような保険の支払いを義務づけられるべきである

アメフトのプレーオフとバスケットボールのトーナメントだけでも一四億ドルを稼ぎ出すので、その収入はまずＮＣＡＡのすべてのディビジョンにおけるすべての大学の選手をカバーする傷害保険に使われるべきである。[18]

選手の健康保護を義務づけられない

ＮＣＡＡは、（一）監督による危険な指導の禁止、（二）予防のための基本的な健康診断の義務づけ、（三）医療関係者によって推奨された方針・措置や実践方法に従うことの義務づけ、をすべて規定していない。たとえば、ＮＣＡＡは毎年、『ＮＣＡＡスポーツ医学ハンドブック（*NCAA Sports Medicine Handbook*）』を刊行し、各大学にスポーツ部プログラム運営のガイドラインを与えている。[19] ハンドブックは最新の医療・安全ポリシーを提供することを目指しているが、ガイドラインにすぎない。

ＮＣＡＡの規則における健康と安全の原則は、大学が各選手に健康の保護、安全な環境の提供を行うことを求めている。この目的を達成し各大学が安全なスポーツ部プログラムを発展させることを支援するために、ＮＣＡＡのスポーツ競争上の安全措置・医療委員会（Committee on Competitive Safeguards and Medical Aspects of Sports）がＮＣＡＡのスポーツ科学研究所（Sport Science Institute）と協力してこのハンドブックを作成している。[20]

このような立場はＮＣＡＡが一九〇五年にアメフトの死亡事故や安全性に取り組むために設立されたスポーツ統治組織であることを考えれば、よく言えば予想外、悪く言えば無責任である。このＮＣＡＡの姿勢は、自らの法的責任を回避して各大学に押し付けている。

このハンドブックは、各大学がスポーツ部プログラムに適切なスポーツ医療のポリシーを構築するためのガイドラインから成っている。いくつかの事例をあげて最適な実践方法を紹介し、さらなる指針として参考となるスポーツ医療や法律関係の文献も提示する。これらの推奨方法は、大学が厳密に従わなければならない選手保護の基準を定めているわけではない。換言すれば、これらのガイドラインは法的責任を問われたりＮＣＡＡからの制裁を免れるために大学が従わなければならないという義務を記したものではない。しかしながら、大学はスポーツ部プログラムの運営にあたり、選手に合理的な配慮を行う法的責任があり、ガイドラインは法的基準の根拠の一部とされる可能性がある。[21]

ＮＣＡＡは毎年四五万人ものスポーツ選手の傷害発生率を測定しており、選手の健康と安全を守るには最適な立場である。一九八一―八二年度からデータを取っており、二〇〇四―〇五年度にはデイタリス・スポーツ傷害研究・防止センター（Datalys Center for Sports Injury Research and Prevention, Inc.）という独立した非営利組織と協力して、紙と鉛筆で行っていたのを、ウェブ上での傷害監視制度（Injury Surveillance System, ISS）に変更した。ＩＳＳは研究者に、調査のための分析データを提供する。大学は、練習中か試合中かを問わず、シーズン前、レギュラーシーズン、ポストシーズンにおいて発生した選手の怪我について、参加選手数と怪我の回復にかかった時間を二五種目にわたって報告する。[22] さまざまなスポーツで多発する怪我の調査と予防方法の提言のために、このＩＳＳデータを使って多くの研究が行われている。[23]

ＩＳＳのデータを使ったＮＣＡＡの調査プログラムによれば、全選手を合わせると毎年一万五六〇件の脳震盪《のうしんとう》が発生している。一一人に一人の割合で再発する。ほとんどのスポーツで、その大多数は練習中に発生しているが、起こる確率は試合でのほうが高い。アメフトは合計三四一七件と多いが、選手数が多いためでもあり、選手一万人当たりの発生件数では男子レスリング選手が一〇・九二件と最も高く、男子アイスホッケーが七・九一件、女子アイスホッケーが七・五二件で、アメフトは六・七一件である。[24] 心臓突然死は男子、黒人選手、バスケットボールで著しく高い。[25] 脳震盪、心臓突然死、その他のNCAAが調査した健康障害が何であるかにかかわらず、重要な点は、選手の健康を保護する義務があるのは大学だとNCAAが位置づけていることである。

NCAAは大学に対して、すべての選手の健康を保護しないとNCAAのメンバーになれないというポリシーを課してはおらず、つまり、大学に法的責任を負わせている。NCAAのハンドブックにあるすべてのガイドラインをすべてのメンバー大学のスポーツ部が守るよう義務づけることが必要であり、きわめて合理的であろう。スポーツ部プログラムを運営するうえで、(一)体重制限をクリアするためわざと水を飲ませないことの禁止、(二)医療目的での局部麻酔注射の許可、(三)激しい動作の過剰な反復練習やしごきのための過酷な練習によって生じやすい横紋筋融解［横紋筋細胞が血中に溶け出し腎不全を起こすこと。死に至ることもある］の恐ろしさについて監督が学ぶことの義務づけ、などは選択の余地がないはずである。脳震盪の対処法の制定をディビジョンⅠとⅡの大学には義務づけ、Ⅲには義務づけていないのは意味をなさない。アメフトのプロリーグ(NFL)は選手同士が接触する(ぶつかり)練習は週に二回までと定めているのに、大学アメフトでは各々のカンファレンスや大学に任せているというのは信じがたい。

同様に嘆かわしいのが、選手保護をしなかった場合にNCAAが自身とメンバー大学の責任を免じようとしていることである。選手のグループが脳震盪を防ぐ手立てが不充分だったとしてNCAAを訴えたとき、NCAAは和解の条件として今後、NCAAとメンバーの大学は一切訴訟から免責されることを求めた。裁判所はこの免責提案を認めず、現役および元選手は個人的に受けた怪我について裁判を起こすことができ、そこには接触・ぶつかり練習による脳震盪やそれに準ずる怪我の医療診断や治療とは関係しない健康障害の集団訴訟も含まれるとした。[26] 二〇一六年四月の本稿執筆時では、NCAAが「五〇年間にわたる医療診断に七〇〇〇万ドルを投じる。ただし、これは診断費用であって治療費用は別途請求されうる」という和解条件に応じるかどうかはわからない[27]〔NCAAは和解を受け入れ裁判所も二〇一六年七月に和解内容を認めた。二〇一七年の秋に、集団訴訟では必要な手続きである和解内容の最終確認のための聴聞（Fairness Hearing）が行われた〕。

監督は真のスポーツ指導者ではない

ツヴィヤノヴィッチ（Simon Cvijanovic）はイリノイ大学の四年生で、アメフトのレギュラー選手であった。彼は膝と肩に故障があったが、監督は出場を強制した。怪我の深刻さはツヴィヤノヴィッチには明らかにされていなかったが、痛みはあった。彼が出場を拒むと、監督は次の対戦チームのユニフォームを着せて練習を見学させるという嫌がらせをした。[28] また、ユタ大学の水泳チームのウィンスロウ（Greg Winslow）監督は、五年間にわたって選手に罵声を浴びせたり、精神的・身体的に虐待していたことを告発された。塩化ビニールパイプにくくりつけて潜水をさせて気を失わせたり、網袋を頭にかぶせて泳がせたりしたので、選手はこの体験のせいでカウンセリング治療を受けることになった。[29]

監督が真のスポーツ指導者として安全な指導環境を維持することを、NCAAはすべてのメンバー大学に課していない。選手に敬意を払わない、負けたり上達しなかったりさぼったりした場合に体罰を与える、教室で教員が行うことが許されないような行為を行う、という監督の権力が存在するスポーツ文化を大目に見たり擁護したりすることはもはや適切ではない。沈黙を守りロッカールームでも文句を言わないことで監督の誤った行動が認識・報告されないという、恐怖と慣習に基づいた掟は受け入れられない。より広く報道された例としては、ラトガース大学のバスケットボール部のライス（Mike Rice）監督が、ボールを選手に投げつけたり、同性愛を罵ったりするという選手の虐待を理由に解雇されたものがある。これは不満に思っていたチームのスタッフが、練習中の病的なまでの犯罪的行為の一部始終をビデオに撮って公開したため、明るみに出たのである。監督が解雇されたあとで、選手たちは安心して裁判を起こすことができた[30]。威嚇する、威張り散らす、奨学金を更新しないと脅すなどの手口は、選手に教育上まともとはいえない環境をもたらすとともに、このような行為に対する選手からの告発も巧みに封じ込めてしまう。

監督が選手に対して権力を乱用するもう一つの例が、不適切な関係を迫ることである。教室における教員同様、監督も関係を迫るための地位の乱用は厳しく禁止されるべきである。国レベルの調査により、女子学生の五人に一人、男子学生の一六人に一人が在学中に性的な虐待、嫌がらせ、暴行を経験したことが明らかになったので、二〇一〇年になってようやく連邦政府は、大学がそれらの事実を隠蔽することを防ごうと動き出した。全米レベルでの選手に対する性的虐待のデータはないが、散発的になされる報道は氷山の一角にすぎないであろう[31]。たとえば、ワシントン州の公立高校では、過去一〇年で一五九人の監督が、ほとんどすべてが男性だが、性的虐待、嫌がらせ、暴行の罪で解雇・譴責処分となった[32]。アメリカの水泳協会では七八人の監督・コーチが資格剝奪、七二人が規則違反を認定された[33]。体操協会でも八七人の監督・コーチが規則違反で永久的な資格剝奪となっている[34]。完全なオープン参加を認めているアメリカ・オリンピック委員会は、「監督の行動規範とスポーツの安全に関するプログラム（Coach Code of Conduct and a Safe Sport Program）」を立ち上げ、これらの問題に取り組み始めた[35]。大学スポーツではこのような動きがなく、全米レベルで大学スポーツの監督が行動規範に従うことが求められている。

選手に対する精神的・身体的虐待を引き続き受け入れるようなスポーツ文化のさまざまな要素は、議論され、廃止されなければならないことは明らかである。ＮＣＡＡのようなスポーツ統治組織は、この点で指導力を発揮しなければならない。選手は、そのような監督の行為を受け入れないように教育されるべきである。内部告発をした選手はＮＣＡＡによって保護されるべきだが、現在はそうでない。監督がある大学で専門職としてふさわしくない行為によって処分されたら、他の大学で監督になれないようにすべきで、規則違反行為が場所を変えて繰り返されることを防ぐために、大学やコンファレンスの枠を超えて適用される強力な制裁が必要である。

3 現在の収入と将来可能性のある収入への不適切な制限

現在のNCAAの規則は（一）出場資格のある間、学生が金を稼ぐこと、（二）プロスポーツ選手としての将来を相談すること、（三）プロとしての金銭的評価を試すことについて、不適切な規制をしている。さらに、NCAAとメンバー大学は、かつては選手の肖像権を大学とNCAAが、教育上、合理的に認められる範囲以上に商業的に行使することを、出場資格の条件として選手に認めさせていた。NCAAはこの条件を強制することはやめたが、いくつかのカンファレンスや大学は選手に肖像権の使用を同意させている。一般的に、大学スポーツの選手は、大学主催の芸術活動や教育プログラムに参加する学生と比べると、金を稼いだり人生設計のアドバイスを専門家から受けることについて同等の権利を持っていない。

過度に厳しいプロの定義と人生設計のアドバイスを受ける制限

NCAAはアマチュアを過度に厳しく定義して、選手が専門家からプロ入りを含めた人生設計のアドバイスを受けた場合、出場資格を失うとしている。優れたスキルを持ったプロ選手が大学の選手と試合をして競うのは、大学の選手に不公平である。そのために大学やNCAAが「プロ選手」を定義し、プロを締め出すことは、大学やNCAAの適切な権限の一部として認められるであろう。実際、プロスポーツと大学スポーツの明快な境界線を維持することは、NCAAの目的として明示されている。プロ選手とは、プロ雇用契約を結び、プロの試合に参加して報酬（ボーナスや賞金も含めて）を得る人である、またお金をもらえるか否かにかかわらず、プロのチームに参加している人である、という定義に異論はないであろう。問題は、NCAAがプロ選手の定義を明確に絞ったことではなく、「プロ化」について、過度に広い定義を意図的につくり出したことである。

たとえばNCAAは、アメフトとバスケットボールの選手に対しては、プロの公募に応募することを禁止している。また、選手が代理人や弁護士を雇って、アドバイスを得たり、自分の市場価値を推定してもらったり、プロチームとドラフト会議前に事前交渉（契約は結んでいない）したりすることを禁止している。良心的でない代理人から選手を守るという名目で、NCAAは大学が雇った専門家に選手が相談することは認めているが、選手が雇う専門家は認めていない。しかし、大学は選手がプロになるよりは大学でプレーを続けてほしいという利益相反がある［そのため、その選手がプロでやっていけるか、いくらくらい稼げそうか、について大学が雇った専門家は過小評価するかもしれない］。NCAAは、大学の選手がプロを目指すために行う多くの行動を、アマチュアとしての出場資格停止の理由にしているが、「アマチュア主義」というのは資産としての選手を大学が手放さないために生み出された概念である。

これらの過度な制限は、選手による特定の商品の推奨、モデルとしての活動における肖像権の行使、スポーツの知識や能力を使ってスポーツ教室で教えたりアマチュアチームのコーチになることなど、明らかにプロ選手であることを意味しない行為の禁止にまで拡がっている。

プロの選手としての大学の選手の扱い

四年間の奨学金を認めた二〇一二年の改革まで、NCAAは学業での奨学金を受ける一般学生と異なり、大学が奨学金を通して選手をプロとして雇うことを認めていたといえる。NCAAは一九七三年に奨学金の一年更新制度を導入したが、これは豊かな大学スポーツビジネスに優秀な選手を安く安定的に供給し続けるための仕組みであった。また、雇用者が被雇用者を管理するように、監督の選手への権限を強めるものでもあった。二〇一六年の時点でも依然として、大多数のディビジョンⅠとⅡの大学は、奨学金を一年更新としている。

選手のスポーツ奨学金は学業の奨学金と同じものであると主張するためには、内国歳入庁（ＩＲＳ）の定義を満たさなければならない。奨学金が免税され雇用の報酬でないとするためには、選手は学士号取得の候補者であり、奨学金は費用の範囲を超えてはならず、教育、研究、その他の大学に対するサービスへの対価ではないことが必要条件となる(36)［教員の教育・研究を補助するアシスタントに対する大学からのアルバイト料は課税対象である］。したがって、もし奨学金が一年間のスポーツでの貢献と見返りに更新されるのならば、ＩＲＳの定義を満たさない。

コモンローの定義では、「被雇用者とは雇用契約によって、他人の監督下または監督権限の制約下、他人のために何らかの貢献をして報酬を受ける人(37)」である。第一三地区の全米労働関係委員会（ＮＬＲＢ）がノースウェスタン大学のアメフト部の選手を調査したところ、まさにこの定義にあてはまることが明らかになった。具体的には、選手は大学という雇用者が定めたアメフト選手としての責務を果たすことを監督され、その責務で貢献したことと交換に奨学金という報酬を受けていた。これらの貢献は、選手の勉学や学士号取得の必要条件とは関係がない。選手はアメフトのために週に五〇―六〇時間を拘束されており、これはフルタイムの従業員の拘束時間よりも、また勉学に費やす時間よりも多かった。さらに、選手の奨学金を更新しないという監督が持つ権限は選手にとって現実の、また予期される脅しになり、監督は選手の生活にきわめて大きな支配力を及ぼしていた。

加えて、監督は選手の私生活もコントロールしている。素行についての規則を設け、それに違反すれば懲罰や奨学金剥奪の可能性がある。選手は住む場所、学外での就労、自家用車の運転、旅行、インターネットでの発信、マスコミへの発言、アルコール・合法薬物の使用、合法な賭けごとについて、監督からの事前許可が要る。これらの規則のいくつかは、選手と雇用者である大学をＮＣＡＡの規則違反を犯すことから守るためのものである、という解釈はあるが、選手の日々の生活に対する監督の過剰な干渉を正当化するものではない(38)。

監督の権力と監視を考えれば、一年更新の奨学金を受けている選手は、恣意的で気まぐれな更新撤回から充分に守られていない。奨学金は選手が入学を決める大きな要素であり、選手の家族の資金計画にとっても重要であるので、この保護は不可欠である。選手の奨学金の更新を、累積GPAや学士号取得に向けた単位取得状況といった透明性のある教学の基準に合わせることは、なんら問題がない。それは、一般学生向けの学業での奨学金や経済困窮者向けの奨学金と同様の基準である。そのような基準は、高等教育機関の主目的に直接関係するものである。選手の学士号取得までの四―五年間に支給される奨学金の維持基準を、卒業するまでフルタイムの授業負担をこなす、二・〇といった最低限のGPAを満たす、などとすることは合理的である。そうすれば、監督にとってもっと良い選手が現れたとか、監督が何らかの理由でその選手に満足していない、などの理由で打ち切られるという雇用関係から守られるだろう。たとえ奨学金をスポーツの実績で打ち切ることはできないと規則には書いてあっても、監督は多くの方法で選手を苦境に追い込むことができる。たとえば、選手にスポーツをやめることを勧める、監督が転校してもすぐにプレーできることを許可して転校を勧める、などである。チームやスポーツ部の定めた規則の違反や素行不良という理由で、奨学金を取り上げられることも珍しくはない。つまり、一年更新の奨学金は実質的には雇用関係であり、スポーツの結果次第で更新されなくなる奨学金はプロ契約と同じなのである。

ディビジョンIの大学では、二〇一二年以来、複数年の奨学金を与えることができるようになった。しかし大学の任意である。雇用関係の特徴すべてが検討されるべきだが、重要な第一歩は、一年更新といういわば随意雇用(employee-at-will)［期間を定めない雇用契約で、雇用者・被雇用者いずれかからでも自由に解約できる］を廃止して、四―五年間の支給を義務づけた、スポーツでなく学業成績を更新の根拠にする奨学金に変更することである。怪我などの選手のせいでない理由でスポーツができなかったために奨学金を打ち切ることは、禁止されるべきである。奨学金はまた、「チームの規則」や「スポーツ部のポリシー」に反したという恣意的で気まぐれな理由での打ち切りからも保護されるべきである。そのような規則は一般学生に適用されている規則よりも厳しいものであってはならないし、違反者には「法の適正手続き」が適用されるべきである。チームのルールを破ることは、懲戒処分にはなっても、奨学金の取り消しにまで拡張すべきでない。

この問題の核心は、課外活動に参加する学生の不適切な扱いにある。NCAAの規則では、監督が選手を被雇用者のように扱うことを許している。選手を管理するこのような環境は、監督による選手への威嚇や虐待につながる。なぜならば、監督が選手の経済的運命を握っているからである。監督の権力と自分の経済的運命の構図を理解した選手が、監督の権威や行動に異を唱えることは想像できない。少なくとも、これは健全な教育環境ではない。

非営利教育機関による選手の肖像権の不適切な侵害

NCAAとメンバー大学は、選手の肖像権を不適切に侵害しているだけでなく、非営利教育機関としては不適切な商業目的で使用している。一般に、スポーツも含めた課外活動は、学生の成長のため、各専攻の中で厳格に定められた必修・選択科目のほかに自分の関心を追究するために行われるものである。これらの中には音楽、演劇、舞踏といった舞台芸術活動や、スポーツなどが含まれ、一般公開の場合もあるし、関係者のみに公開される場合もある。一般公開で入場料が徴収されれば、課外活動の費用に充てられ、大学本体に還元され、場合によっては少ない金額ながら学生にも分配される。スポーツも含めて、多くの課外活動は一般学生から強制的に徴収される課外活動費によって補助されている。大学によっては、活動そのものが大学本体の予算や課外活動費で部分的に補助されているにもかかわらず、課外活動に参加する学生自身が一部の費用を負担しなければならない場合もある。

学生が正課・課外の活動に参加するということは、肖像権を大学に譲渡することを意味しないし、意味すべきでもない。もし大学が肖像権を大学や課外活動の宣伝や、テレビ、映画などの商業目的に利用したいのならば、学生の許可を得なければならない。もし学生が宣伝やテレビ放送に使われたくないのならば、学生は使用を拒否できるべきである。学生が肖像権によって発生する見返りを求めるならば交渉し、もし大学と条件が合わなければ学生は肖像権が関わる課外活動への参加を拒否する権利を持つ。しかし、この法律的にも常識的にもまっとうな肖像権の解釈は、大学スポーツには適用されていない。選手はスポーツチームへの参加の条件として、肖像権を放棄するよう圧力を受ける。ＮＣＡＡは肖像権を無償で放棄することが選手の出場条件であるという条項を、学生が署名する正式文書（NCAA Student-Athlete Statement）からは削除したが[39]、ＮＣＡＡメンバーの大学やコンファレンスの文書には残っている[40]。

　肖像権については、二つの点で選手に悪影響を与えている。第一に、ＮＣＡＡは、ＮＣＡＡ、コンファレンス、メンバー大学が選手に出場の条件として肖像権を放棄させるだけでなく、出場資格がある期間は第三者に譲渡することを禁止することを認めている[41]。出場資格がある期間は、肖像権の行使に関しては、大学による教育的、慈善的、非営利的な目的の広報活動に限られ、選手は報酬を得られない。一方で権利を譲渡された大学、コンファレンス、慈善的・教育的・非営利組織は肖像権の使用から利潤を得てもよい。第三者は次のようなやり方で利潤を得る。選手は定期的に大学のスポーツ関連行事や、コンファレンスやＮＣＡＡ主催のポストシーズン選手権試合に無償で借り出されるが、これらのイベントはテレビ放映料や企業スポンサー収入で数百万ドルを稼いでいる。これらのテレビ放送やネット配信によって、放映権所有者が得る広告料やスポンサー料は多くの関係者に恩恵をもたらす。さらに、多くのテレビ放映契約は再放映や再配信の権利を含み、また大学は選手が卒業したあとでも映像を基にドキュメンタリーや記録フィルムを作り販売する。ここでの問題は、選手は大学が収益を得るスポーツイベントへの参加から報酬を得るべきかということではない。むしろ選手がプレーした年よりもずっとあとにおける、記録映像の肖像権の管理の問題である。

　肖像権が課外活動以外の目的で利用されたり、またはネット配信がずっとあとに行われるときに、元選手が報酬を受けることの禁止は検討されなければならない。非営利組織が入場料や生放送・録画放映の放映料を取って課外活動を商業的に利用することは是認されるとしても、非営利組織が選手の肖像権を、選手から譲渡や無償使用の許諾を受けるわけでもなく、(学生の在籍期間を超えて)永久的に教学に関係のない事業として課税対象になる[附帯事業としてみなされない]商品の販売に使用することを認めるのは適切ではない。

多くの場合、その選手がプレーしている大学とは関係のないところでもその選手の肖像権を使用して利益を得る。たとえば、NCAAは選手の名前、写真、その他の情報を夏休みのスポーツ合宿のパンフレットに使い、収入の一部は監督などの所有権者に渡る。NCAAはまた、民間の個人や企業がスポーツスキルに関する本やビデオ、フィルム、電子媒体の製品を作る際に、手本となる選手の写真やイラストを使うことを「教育目的」ならば認めている。第三者である業者は金銭的利得を得て、選手は何も得られない。

第二に、NCAAは肖像権の使用を含む選手の就労を禁止している。例外は、たとえば選手がアドバイザーとして参画している夏休みのスポーツ合宿のチラシにその選手の写真が載ることである。副業規制にはたとえば次のようなものがある。

●選手は起業してもよいが、肖像権や選手としての名声を事業に利用してはならない[42]。

●選手は、大学の施設を使わないスポーツ教室でスキルや技術を教えて報酬を得てもよい。ただし、「プレー」をしてはならない。大学は、参加者、報酬の記録を保存しなければならない。報酬は参加者から直接支払われるべきで、第三者が介在してはならない。選手は自分の肖像権を行使してその有料スポーツプログラムの宣伝をしてはならない[43]。

●選手はモデルとして就労してはならない。ただし、大学入学前からモデルであり、スポーツ選手としての能力とは無関係であったのならばよい。商品の推奨はしてはならない。報酬は一般的な額から逸脱してはならない[44]。

●選手は肖像権を利用して商業的な財・サービスを宣伝、推奨、促進してはならない。また、個人的使用を通して特定の財・サービスを推奨してはならない。[45]

ここでの問題は、スポーツをプレーすることへの報酬でない場合、NCAAはキャンパス外での就労を制限する権限を持つかということである。全米オープンの競技やオリンピックスポーツでは制限していない。もしNCAAの関心が、スポーツ部を支援している第三者が通常の雇用に見せかけて許容できない金額の報酬を選手に与えることを防ぎたいことに向いているのならば、単に、学外での就労は報告する、報酬は選手のスキルと経験から見て妥当な市場価値とする、大学が持つ選手の肖像権を使用しない、という規則を定めることが合理的に思われる。

4 一般学生との物理的な距離と統合の欠如

ディビジョンⅠのアメフトとバスケットボールの軍拡競争の中で生じている最も嘆かわしいことは、選手専用で一般学生は享受できない寮、食堂、娯楽室、学習センター、コンピュータ室、ロッカールーム、空調付きトレーニングルーム、理髪店、練習施設、競技場などの豪華な施設の建設である。いくつかの例をあげる。

●オレゴン大学のアメフト部のスポーツ向上センター（Performance Center）は、一四万五〇〇〇平方フィートの建物で六八〇〇万ドルがかかった。[46] 娯楽施設のロビーには、つなげて一つの画像を大きく映すことのできる六四台の五五インチテレビがある。トレーニングルームはブラジル産のフローリングで、特注のアメフトゲームは、片方はオレゴン大学のユニフォームをつけ、相手チームの選手はそれぞれパシフィック・トゥエルブの各大学のユニフォームをつけている。理髪店、コーチのロッカールームにはテレビがはめ込まれた鏡がある。(47) オレゴン大学には、以前から屋内練習場、選手向け医療センター、新装のバスケットボール・アリーナ、選手向け学習センターがあった。(48) 新しいアメフト施設には映画館、アメフト歴史館、選手ラウンジとテラス、食堂、有力選手向けの個室になった学習室がある。(49)

●ウェストバージニア大学の選手専用施設は、男女のバスケットボール選手専用で、最高級のトレーニングルーム、練習場、コンディション調整室、スポーツ医療室、ミーティングルーム、試合ビデオ観戦室などの施設がある。(50) 競技・トレーニング施設に加えて、豪華なロッカールーム、ラウンジ、学習室を備えたバスケットボールの選手専用施設は、有力選手を勧誘する強みとなるし、ウェストバージニア大学とバスケットボール部が提供できる最高のものを示すことができる。(51)

●テキサス農工大学のアメフト選手のラウンジは五〇〇〇平方フィートで、便利なようにロッカールーム、トレーニングルーム、ミーティングルームがすぐ上の階にあり、ホールの向かい側には最新設備の選手専用学習センターがある。(52) ラウンジには、革張りの椅子やテーブル、大型で水平にまで倒せるラウンジチェアがあり、選手はワイド画面や高画質テレビを観ることができる。(53) 他にも卓球台、アメフトゲーム、プール、トランプゲームテーブル、最新鋭のビデオゲームができるゲームコーナーなどの娯楽設備がある。(54) 大画面テレビが部屋の四角に置かれている。(55) ラウンジの入口の左側には、選手向けにソフトドリンクとお菓子の自動販売機を備えた大理石のカウンターが置かれている。(56)

●クレムゾン大学はアメフト選手専用の五五〇〇万ドルの施設の計画を発表した。レーザー銃を使ったゲーム、ビーチバレーボール場、ミニゴルフ場、理髪店などを含む。(57)

選手向けの学習支援施設は、しばしば一般学生向けのものよりも充実している。ジムに備え付けの器具も一般学生向けよりも良い。体育館やグラウンドはバスケットボールや他のスポーツ部の専用で、一日のうち使われていない時間も多い。コンピュータ施設も最先端で、加えてiPadやノートパソコンが選手全員に支給される。

NCAAは選手専用の寮を禁止しているが、大学はうまく規則に触れずに選手を引きつける豪華な寮を建てている。たとえば、オクラホマ大学ではスポーツ部がヘディントン・ホール（Headington Hall）という寮を運営している。集めた寄付金も使って七五〇〇万ドルをかけ、五階建てで、NCAAの規則どおり三八〇人のうち五〇％は選手以外も入居している。この寮はアパートのような造りで、二寝室か四寝室で一ユニットであり、ユニットごとにシャワー・トイレ・冷蔵庫・電子レンジがあり、共用の中央食堂、コンピュータ室、学習室、大型テレビ観覧室、教員居住エリアがある。[58]

これらの豪華な施設や待遇は、選手と一般学生との間の差別を生むだけでなく、選手を一般学生から効果的に分離して、教員や一般学生が選手は特別だと思うキャンパス全体の雰囲気を醸成する。贅沢な待遇はまた、選手にも自分たちは特別で価値があると思わせ、学生生活やコミュニティの中の他の面でも特別扱いを期待させるようになる。教室での異なった有利な扱い、キャンパスの警察官からの寛容な扱い、卒業生やファンからの特別扱いへの期待につながる発端となる。選手を一般学生と統合しないことはまた、［学力がなく勉強する気もないのにスポーツ能力だけで入学したという］選手に対するマイナスのイメージが独り歩きして、選手が蔑視される風潮にもつながる。監督は豪華な施設と待遇は選手を勧誘するのに有利に働くと主張するが、かえって選手が優先するべき本来の学生生活からの恩恵にマイナスの効果をもたらしている。

5 「法の適正手続き」の不充分な保護

選手と監督・スポーツ部との間で権力が不均衡なのは、一般的に大学における政治的支配力によるもので、監督・スポーツ部は選手を出場停止や退部、奨学金の取り消しといった不当な扱いに追い込む。そのような不公平な扱いは、選手がチームの規則に違反したり、監督の指示に従わなかったり、素行が不良だったことへの処分とは限らない。たとえ選手が模範的な学生・市民であっても、監督が求めるプレーの水準に及ばなかったり、監督がもっと良い選手を獲得するために奨学金を使いたいと思ったら、監督はさまざまな手段で選手をチームから外し、プレーする資格を奪うことができる。選手は転校を勧められるかもしれない。また、監督はその選手が学業で苦労していることを知っていながら、わざと学習支援を消極的なものにして教学面での出場資格停止や、退学に追い込むかもしれない。あるいは、選手に奨学金が更新されないと告げる［選手は退学・転校を考える］かもしれない。公平な扱いを保護することが重要である。

奨学金の不適切な停止からの不充分な保護

選手が奨学金の不当な取り消しに対して抗議することを支援するため、NCAAは二つの選手保護規定を持つ。(一) 選手は奨学金を更新しないと知らされたら、異議を申し立てる権利を持つ。(二) 更新しない理由としてよくあげられる「素行不良」については、一般学生の処分の決定を担当する部署が決定する。しかし、これらの保護規定には深刻な欠点がある。

不幸なことに、奨学金取り消しの異議申し立てに関して、選手は異議申し立てを裁定する委員会の人員構成と審議のプロセスにおける利益相反から保護されていない。スポーツ部やスポーツを管轄する委員会の教員だけで異議申し立てを裁定することは禁止されているが、スポーツ部のスタッフは裁定する委員会の聞き取りや審議の場に臨席できる。さらに、裁定する委員会のメンバーにスポーツ部のスタッフが含まれていてもよい。

一五・三・二・三　聞き取りの機会——選手の奨学金が期間中に取り消されたり、次年度に更新されなかったり減額されたりした場合、また五年間の奨学金ならば次年度以降の一年または複数年で減額・取り消しが起きた場合、大学の通常の奨学金を扱う部署が選手に書面で聞き取りの機会があることを知らせる。選手から異議を述べたいという要求があれば、大学はすみやかに聞き取りの手続きを開始すべきで、それをスポーツ部やスポーツを管轄する教員委員会に委ねるべきではない。聞き取りの機会を知らせる書面には、異議申し立ての締切日も含めて、聞き取りに関する大学のポリシーと手続きについても併記すべきである。

一五・三・二・三・二　裁定委員会委員としてのスポーツ部のスタッフ――大学のスポーツ部のスタッフは、選手の奨学金の減額・取り消しについて聞き取りを行う裁定委員会（スポーツ部やスポーツを管轄する教員委員会からは独立して設置）の委員になってもよい。スポーツ部からの委員は常任委員であるべきで、当該選手の聞き取りのときだけ委員になるべきでない。(59)

しかし、たとえスポーツ部のメンバーが常任委員であったとしても、常識的で公平な「法の適正手続き」の立場からも、そして明らかな利益相反の面からも、そのような委員は自ら関与を辞退すべきである。

奨学金の取り消しと退部の理由となりうる、深刻な不正行為（素行不良）の疑いを扱うことに関して、ＮＣＡＡは、不正行為とは選手向けの特別な規則の違反ではなく、一般学生にも適用される規則の違反でなければならない、とは定めていない。スポーツ部は、奨学金の取り消し・減額の基準について、一般学生が受けている優秀な学業成績や経済的困窮度による奨学金に適用されているものをスポーツ奨学金にも適用するのが適切であろう。しかし、ＮＣＡＡはスポーツ部がより厳しくまた恣意的な基準を設けることを認めている。

一五・三・四・二・四　不正行為――大学は、選手が大学の一般の学生の規範担当部署が認定した不正行為を犯した場合、奨学金の取り消しまたは減額をしてもよい。ただし違反した規則そのものは、一般学生に適用されていないものでもよい。(60)

NCAAは、スポーツ部の規則と処罰ルールは一般学生に適用されるものと整合性が取れていなければならない、とも規定していない。監督は不合理に厳しい規則を定めることができるのである。しかし、選手は一般学生と異なる基準で縛られるべきでない。

公平な手続きなしに出場資格を失う選手

大学と個人にとって、NCAAの規則違反に伴う利害関係は重大である。しかし、マスコミは処罰による大学や監督への影響は報じるが、選手への影響はあまり報じない。大学はマスコミの報道によって不名誉な目に遭う。ペンシルバニア州立大学は、六〇〇〇万ドルの罰金をNCAAに支払った。ノースカロライナ大学の場合、最も入学が難しい大学の一つという評判が揺らいだ。［ポストシーズンの試合に出られないという制裁ならば］テレビ放映料収入も危機に瀕する。違反のあった時期の勝利数の取り消しという制裁ならば、監督の通算勝利数も影響を受ける。監督の謹慎・解雇もありうるだろう。選手への影響は目立たないが、同様に重大である。選手は出場資格を失い、奨学金も失うかもしれない。監督の不正によってポストシーズンの試合に選手が出られなくなったり、数年前の選手の不正によって現役の無実の選手がポストシーズンの試合に出られなくなり、被害を受けるケースもある。選手は不正に受け取った現金や接待などの利益供与を払い戻すように求められることもある。個人であろうと大学であろうと、名声と評判を傷つけられることで失うものは大きい。したがって、NCAAの執行手続きの潜在的影響力は大学にも個人にもきわめて大きい。

上述のように、結果が深刻であるならば、選手に与えられるNCAAの「法の適正手続き」の手順の基準は、少なくとも高等教育機関が学生の素行不良を処分したり、他のアマチュアスポーツの全米レベルの統治組織が選手の出場資格や処遇について決める際と同じように、選手に保護的な基準であるべきである。高等教育機関においては、当該学生に対して次の手続きが取られるのが一般的である。

●不正行為を特定して知らせる。いつ、どこで、どの規則を破ったのか。
●弁論を準備する時間を与える。
●中立な裁定機関において聞き取りが行われる権利を保障する。
●深刻な結果をもたらすケースでは、法律相談を受ける権利を保障する。
●不正行為の告発を反証し、自らの立場を弁護する証拠を提出する権利を保障する。
●証人が誰かを知る権利を保障する。
●聞き取り調査の結果が一人の証人の信頼性に依存する場合の証人への反対尋問を行う権利、証人の証言にアクセスする権利、その証言を否定する権利を保障する。(61)

アマチュアスポーツ法の二二〇五二二（a）（八）項は、大学スポーツ以外のアマチュアスポーツでの出場資格のケースに適用される。当該選手に対する次の「法の適正手続きの確認事項」が、一九八四年四月七日にアメリカ・オリンピック委員会によって制定されている。

●告発されている不正行為を特定し、書面で通知する。事実だった場合の処罰の重さの可能性についても知らせる。
●通知を受けてから聞き取りまでに、準備のための合理的な時間を与える。
●当該選手に不利な証言をする証人について聞き取りの前に知らせる。
●聞き取りは当該選手にとって出席が難しくない場所と時間で設定される権利を与える。
●聞き取りは公正・独立な事実認定者たちの前で行われる。
●聞き取りでの発言の際、希望すれば法律家などから助言を受ける権利を与える。

●口頭・文書で証拠をあげて主張する権利を与える。
●聞き取り調査の際に証人を呼ぶ権利を与える。証人は告発した側の人間でも構わない。証人に対して反対尋問する権利も与える。
●聞き取りが記録（文書記録）される権利を与える。
●立証の責任は告発をした側にあり、スポーツ統治組織または裁定者が、より高次の立証を支持したり、求めてこないのならば、告発者側は少なくとも充分な物的証拠を準備していなければならない。
●証拠の記録のみに基づく理由が記された書面での決定が適切な時期に行われる。
●控訴の手続きについて、書面で知らせる。裁定に不服な場合に控訴する権利、控訴が迅速に公平な規定のもとで行われる権利を与える。(62)

これらの手続き上の権利に加えて、アメリカ・オリンピック委員会は、出場資格の否定に対する異議申し立てへの迅速な判定が重要であり、また選手を罰しようとしている統治組織には利益相反の可能性が高いことを認識している。結果として、アマチュアスポーツの選手は、公平でない扱いから選手を保護するための訓練を受けた裁定者によって、拘束力のある仲裁というシステムで守られている。

NCAAは、これらの権利を選手にまったく与えていない。むしろ、NCAAは本来行われるべき告発した側と当該選手との複雑なやりとりのプロセスを踏む代わりに、選手の保護手続きを、その備えが充分にできていないメンバー大学に任せる形を取っている。選手にも監督にも（他の大学職員にも）、不正の告発がなされた際に情報を与えることが義務づけられていない。そのため、個人はNCAAと大学との間で行われるプロセスから文字どおり除外されてしまう。大学側は多くの法律家を擁しており、監督や職員は自腹で弁護士を立てることが許されているのに、選手は公平な第三者からの法的アドバイスを受けられないので、とくに弱い立場に置かれる。

告発された個人に「法の適正手続き」を与えていないことに加えて、NCCAの執行手続きの次の三つの原則は、選手の公平な扱いをさらに損ねる可能性がある。第一に、大学は、もしも選手が異議を唱えてそれが認められた場合でも、あとから最終的には学生側の違反が認定される可能性があることを知っている。NCAAのマニュアルの第一九・一三項は「地位回復」について次のように述べている。

> NCAAの法規・内規などによって出場資格を失った選手が、大学やNCAA、または両方に対する裁判所の地位回復命令や執行差し止め命令によって資格の回復を許された場合でも、この執行差し止めがのちに自発的に取り消されたり、停止されたり、覆ったり、また裁判所によって執行差し止めによる救済は無効と判断されれば、NCAAの評議会は一時的な地位回復によって利益を得た大学に対して、その大学と競争している他大学に対する公正さの理由から、一つ以上の処分を課す。[63]

マニュアルでは大学に対する処分として、勝利数、出場、記録、優勝など過去の事実を取り消すことのほか、将来のNCAAの選手権試合への出場の禁止、NCAAが分配したテレビ放映収入の返還など財務面での制裁があげられている。「地位回復」の手続きにより、結果として大学は、大学が選手の資格停止を決めたわけでなくても、自衛のためにその選手にプレーすることを許すわけにはいかない［仮に「地位回復」の命令が出たとしてもあとで覆ると面倒なので、選手をプレーさせないようにする］。

第二の問題は、NCAAの「協力の原則」である。これは一見、賞賛に値するようだが、NCAAが告発した選手は有罪である、という先入観を大学に持たせてしまう仕組みである。この原則は、「NCAAに協力的な大学に対しては罰則を決めるときに緩くするが[64]、非協力的な大学は、NCAA単独での告発となり厳しい処分の可能性がある[65]」というものである。NCAAが直接的または間接的に意図しているのは、NCAAによる告発に同意した協力的な大学は処分が最小限になるというものである。どうやら、大学がNCAAの告発に同意せず反論すれば、非協力的とみなされて、処分が重くなるようだと言っても間違いではない。「協力の原則」は大学が誰かを生贄《いけにえ》として差し出すことを促すが、それは実際には罪のない人かもしれないし、また協力的であることを示すために、そして立派なスポーツ部プログラムを真剣に運営していることを示すために、大学が下す処罰は同様の不正行為や規則違反で他の学生や職員が受けるものより重くなり、一貫性が取れなくなる恐れがある。NCAAとの「協力の原則」の中で、大学は自らの評判と上層部の利益を優先し、下層部の職員や選手の利益を軽視することになりかねない。

第三の問題は、大学はNCAAと情報を共有し、すべての代表者がNCAAに協力的であることが期待されているが、NCAAの調査スタッフは大学に対して同様である義務がないことである。

NCAAの執行スタッフは、通常は調査中には大学に問題となっている違反行為をやめさせるために、大学と情報を共有する。しかし、調査の高潔さを守るために、スタッフは大学にすべての情報を提供できるとは限らない。[66]

NCAAは匿名の情報源（秘密の情報源）からの情報を使って違反委員会による聞き取りの場で正式に告発することはできないが、大学に対して「協力の原則」をちらつかせて圧力をかける「初期調査の通告（Notice of Preliminary Inquiry）」においては、匿名情報を使うことができる。情報を得るための手段に関しては、矛盾する二重の基準がある。NCAAは、個人に強制して証言させたり情報を提供させることはできない。しかし、NCAAは「協力の原則」の権限を用いることによって、大学が選手や監督、職員に出場停止や解雇の脅しをかけてNCAA寄りの〔規則違反を疑われた側には不利な〕証言をすることを期待しているかもしれない。

NCAAの執行プロセスに対する批判の基本的な点は、選手が公正に扱われないことである。事実、大学は「地位回復」と「協力の原則」に関する尋常でない規則のおかげで、NCAAから告発されたらすぐに選手を資格停止だと明言しないとNCAAに睨まれるリスクを負う。大学は執行プロセスによって事実が明らかにされるのを待つよりも、ＮＣＡＡ側が選手の地位回復を宣言するまで待っているのがよい。その間は選手を資格停止にしておく。このシステムの下では、選手は無罪が証明され、個人の自由の保護を尊重するべき社会の中で理不尽な侮辱を受けたことが明らかにされるまでは有罪であり続ける。

要約すると、選手の健康、教育的・精神的な厚生の保護と公正な取り扱いの保証の欠如は、すぐに立証され、是正されなければならない。

第6章

変わらぬ不名誉——性別、民族・人種、障害の有無に基づく差別

一般市民はスポーツにおける女性差別を鋭く認識している。なぜならば、一九七〇年代に、スポーツで指導的立場にある人々が、学校・大学における女性スポーツに門戸を開こうとした一九七二年の教育法修正第九条に反対し、それはマスコミによって報道されていたからである。それは壮大なスケールの戦いであった。全米アメフト監督協会は、修正第九条と女子スポーツはトップレベルで争うアメフトの終焉を意味すると主張し、NCAAも加わって議会に対して、修正第九条が定める男女平等の成果を見る際にアメフトと男子バスケットボールを対象外にするよう陳情した。しかし、一般市民も議会もこの努力には応えなかった。女子体育と女子スポーツの指導者は、スポーツに参加すると、長期的に経済的、社会的、精神的、身体的に恩恵があるという実証研究結果を提示した［恩恵がある以上、女子にスポーツの機会がないことは許されなくなった］。いくつかの世論調査でも、親は仮に男子のスポーツの機会を多少減らすことになっても、自分たちの息子と娘はスポーツで同等に扱ってほしいと回答したし、修正第九条の緩和に反対する人は七〇%を超えていた(1)。不幸なことに、今日、男女差別はすでに解消

されたと考えている人がいる。しかし、決してそうではない。本章ではスポーツにおける男女平等の現状と、なぜ修正第九条による女子のスポーツ参加の進捗が停止してしまったのか、なぜ修正第九条は女性のスポーツ部管理職や監督の社会進出につながらなかったのかを考察する。

同様に、一般市民はディビジョンIのアメフトと男子バスケットボールの黒人選手が搾取されている（第2、3章参照）という疑念についても気がついているが、大学スポーツの選手の大多数は依然として白人男子であることは認識されていない。NCAAのどのディビジョンでも、選手権試合のあるほとんどのスポーツ種目において人種マイノリティは少数派であり、監督やその他のスポーツ関連職でも同様である。したがって、本章では人種マイノリティによるスポーツ競技の参加と雇用機会に関する現状、ならびになぜ民族・人種での差別がこれまで充分に問題提起されてこなかったかについて考察する。

NCAAが取り組むべき差別問題の三本目の柱は、障害を持つ選手のための機会である。本章では、障害を持つ選手のための機会を増やすことはおろか、障害を持つ人が大学スポーツ界で就労する機会を調査することにさえNCAAが関心を持たないのはなぜかを考察する。

NCAAの名誉のために言っておくと、二〇〇七―〇八年度から、NCAAはすべての大学とコンファレンスに対し、男女別、民族・人種別のスポーツ参加とスポーツでの就労データを集計して、NCAAの「スポーツ支援・参加・人種調査（Sport Sponsorship, Participation and Demographics Search）」のオンライン・データベース上で公開することを求めている。[2] データは三つのディビジョンの選手権試合のある種目すべてにおける選手の競技参加について、また大学における監督、コーチ、管理事務職の就労についても集計している。管理事務職は六つの階層に分かれており、スポーツ部部長、スポーツ部副部長、スポーツ部部長補佐、女性上級役員、事務職補佐、学習アドバイザーである。NCAA所属のコンファレンスの従事者は、コンファレンスの会長（メンバー大学の学長から選ばれる）、コミッショナー、副コミッショナー、コミッショナー補佐、部長（規則遵守担当部長や選手権試合運営担当部長など）と副部長である。データは、連邦政府の定義に基づいて競技参加者と組織の就労者について男女別、民族・人種別に集める。不幸なことに、データは全大学を合算した数値で公表され、各大学や各コンファレンスのものは公表されない。したがって、大学に入学予定の選手や被雇用者が各大学の包含性［多様な異なった人々を受け入れること］を知ることはできず、差別解消に遅れている大学が恥をかくこともない。

I　スポーツへの参加、受ける恩恵、就労において継続する男女差別

一九七二年の修正第九条は、体育を含めたすべての教育活動において、性別を理由とした差別を明確に禁止した。しかし、スポーツへの参加、選手の受ける恩恵、指導者としての就労における男女平等の達成に向けた進歩は遅々としている。さらに、修正第九条も、一九六六年の公民権法も、雇用における男女差別を禁止しているが、女性は依然として嘆かわしいほどに大学のスポーツ部やコンファレンスの事務局において少数派である。現在の女子選手・職員の状況は注意深く検討されるべきである。

スポーツにおける参加、待遇、恩恵での男女不平等

修正第九条成立以後の、女性の大学スポーツ競技への参加者の増大は著しいが、これは一九七二―七三年度の女子選手数があまりに少なかったせいでもある（表6-1参照）。

二つの例外があるが、修正第九条が掲げる男女平等の基本的な基準は、スポーツ選手の対学部生数比率（参加率）が男子と女子で同じであるということである。修正第九条が成立して四四年後の現在［二〇一六年］、男女の参加率が同じになるには、女子選手は一五万四一七六人少ない。[3] 二〇〇五―〇六年度から二〇一四―一五年度までの一〇年間に、男子スポーツ選手は四万八四九九人増えたのに対し、女子選手は四万一九四八人しか増えてい

ない。男子選手の増加率のほうが高いので、参加率での男女格差の拡大が将来起こりそうである。

二〇一二年、修正第九条の制定から四〇年を迎えたとき、NCAAの女子スポーツ委員会は、「女性の選手・監督・スポーツ部職員としての現状を示す調査結果を一つに集める」ことを命じた[4]。女子選手の競技参加と待遇についての主な発見は、次のとおりである。

- 女子高校生のスポーツ参加率は修正第九条以降、一〇倍に増加した。それでも、現在の参加水準は一九七一―七二年度の男子に及ばない。
- 高校でスポーツをしている女子生徒は三一〇万人以上にのぼるが、NCAAは一九万一〇〇〇人の女子スポーツ選手枠しか提供していない。
- 過去一〇年間において、男子の大学スポーツの選手数は四万八四九九人増えており、女子選手数の増加分の四万一九四八人に比べて六五五一人も多い。
- ディビジョンⅠは他のディビジョンに比べると選手における女子選手比率が高いが、それは四六%で、学部生における女子比率は五三%である。
- ディビジョンⅠの女子選手の比率は、学部生における女子比率よりも七ポイント低い。ディビジョンⅡでは一七ポイント、ディビジョンⅢでは一四ポイント低い。
- ディビジョンⅡは選手の対学部生数比率が男女で一番離れていて、男子が二〇ポイントも高く、一〇年前と同じである。
- 二〇〇一―〇二年度以降、ディビジョンⅢにおける女子の参加率は、男子よりも一ポイント下がっている。ディビジョンⅢには最も多くの大学が所属しているが、女子選手はディビジョンⅠよりも六〇〇〇人少ない。

表 6-1　女子選手数の増加

	男子選手	女子選手	男女選手の比率	学部生の男女比率
1972-73 年度	170,384 人	29,977 人	85% 対 15%	
2014-15 年度	276,599 人	212,479 人	57% 対 43%	男子 43% 対 女子 57%
増加率	62%	609%		

出所：NCAA, "Sport Sponsorship, Participation and Demographics Serach database, 2016"
(http://web1.ncaa.org/rgdSearch/exec/main)

●ディビジョンIは、参加率では男女格差が比較的小さいが、予算支出の割合は男子が六〇%、女子が四〇%である。

●スポーツ予算支出での大きな差が存在するのは、FBS所属大学においてである。奨学金を除いたすべての項目で、支出の七〇%が男子プログラムに支出されている。中央値では、男子チームの予算は女子チームの二・五倍以上である。FBS所属大学では、男子選手一人当たりの支出は女子の二倍である。

●FCS所属大学の支出では、男子と女子の差はFBS所属大学ほど大きくないが、依然として男子向けは女子向けよりも二ケタ多い[5]。

修正第九条の成立から四〇年以上が経つが、多くの大学において、女子スポーツは参加機会、待遇、恩恵において男子スポーツと同等とはいえない。

修正第九条への不満、訴訟、大学の自己評価——なぜ遵守されないのか

競争の激しいディビジョンIでもNCAA全体でも、データは修正第九条が掲げる男女平等の目標が実現からほど遠いことを示している。修正第九条は個々の大学に課されているのに、個々の大学の遵守状況は公表されていないことに注目すべきである。一九七五年にすべての大学が修正第九条の自己点検評価を行うことを義務づけられ、その後も法律に継続的に従うことが期待された。しかし、修正第九条を遵守しているかを定期的に評価して報告するような要求は、連邦レベルでも、NCAAのような全米統治組織レベルでも、地域の認証団体レベルでもなされてこなかった。国の「スポーツ公平公開法（Equity in Athletics Disclosure Act）」は、各大学に男女別の比較データをオンラインで毎年公表することを義務づけているが、修正第九条の遵守ができているかを判断するには不充分なデータである。スポーツに参加している男子と女子の人数、学部生の数は報告が義務づけられていて、

これがあれば選手の男女比が学部生の男女比に比例しているか計算できる。しかし、修正第九条にはこの比例の基準に対して認められた例外があり、それに関するデータは非公表である。同様に、スポーツ公平公開法による報告はスポーツ種目ごとのコーチの数、奨学金、給与支出の合計、選手勧誘のための支出、種目ごとの収入と支出を含んでいるが、修正第九条の遵守は定量的というより定性的に評価され、大学独自のものである。さまざまな理由に基づく多くの異なった対応が認められているため、このデータは遵守しているかどうかを判断するためには使えない(6)。遵守が疑わしい大学を特定することはできるが、最も信頼できるのは、実際の大学ごとの遵守状況の詳細な調査である(しかし、非公開である)。

こうした現実によって、一般市民は全体のデータを見て多くの大学が修正第九条を遵守していないと思っているが、大学の修正第九条の不履行が連邦教育省の公民権局(OCR)に告発されるか、裁判所に提訴されるか、大学が自発的に調査して公表するかしないかぎり、市民は大学の遵守状況を疑っても確信を持っては何も言えない。前述のように、NCAAのディビジョンIでは「認証プログラム」が一九九三年から二〇一一年まで存在し(現在は永久的な停止状態)、その中での男女平等の評価は、修正第九条の完全な遵守についての調査によりなされていた。

大学レベルでは、学長は男女平等の自己点検評価をやりたがらず、修正第九条遵守の調査などさらに気が進まない。なぜならば、結果が情報公開法などに従ってアクセス可能となれば、大学は裁判を起こされる可能性があるからである。修正第九条の裁判は、数は少ないが被告の大学は負けることが多く、自らの裁判費用、相手の裁判費用の負担、そして命じられた是正措置を実行する費用などが数百万ドルにのぼる。裁判所は一般に、原告への損害賠償でなく、大学に法令遵守を命じる。したがって、大学学長は、不平等の存在を隠したりデータをアクセス可能にしないことによって訴訟のリスクを回避することがある。これがNCAAディビジョンIの「認証プログラム」が廃止された本当の理由だと言われても理解できなくはない。

法律はすべての大学が修正第九条のための担当者を置き、異議に対する手続きを整備することを求めているが、この担当者は修正第九条の遵守状況を定期的に評価・報告するよりも、修正第九条の遵守に不満を持つ選手に対処するのが仕事である(7)。この担当者は、修正第九条の遵守に注力しているわけではない。むしろ公民権局に告発されうる修正第九条の性的嫌がらせの条項違反への対応に注力する。なぜならば、キャンパスにおけるレイプ・暴行は日常茶飯事だからである。現実問題として、ほとんどの修正第九条の担当者やスポーツ部部長は、いかに修正第九条の遵守を評価するかの訓練など受けていない。仮に受けていても、彼らはデータをすべて集めて二—三カ月で評価することに関して、スポーツ部のスタッフに頼っている。修正第九条の遵守を評価する作業は、複雑で難しいわけではないが退屈で時間がかかる。評価にはスポーツ参加、競技のレベル、選手の要望への対応、奨学金などが含まれるほか、次の一二点における待遇の男女差については、それぞれに四から六つの尺度としての変数がある。

一．器具・装備品の提供と維持・管理
二．試合のスケジュールと練習時間
三．遠征費・日当
四．大学が選手に割り当てて費用を負担する学習支援のための家庭教師
五．大学が割り当てて費用を負担するスポーツ部のコーチ
六．ロッカールーム、練習施設、試合場
七．医療・練習の施設とサービス
八．寮・食事のサービス
九．広報・報道
一〇．支援サービス
一一．選手の勧誘

理にかなっている。

したがって、修正第九条の遵守担当者と学長は、遵守監視の責任をすぐには果たそうとしないと仮定するのが理にかなっている。

一二．その他（妊娠への対応や寄付金集めなど）(8)

それでは内部告発は可能なのだろうか。スポーツ部は、学生や監督に修正第九条で遵守すべき点などを教えたりしない。特に、スポーツ部が自分たちは男子と女子を平等に扱っていないことをわかっているならばなおさらである。女子チームの監督と女子選手は差別的な扱いを最も経験する立場にいるが、彼らにはその疑念を確認するためのまとまったデータへのアクセスがない。たとえば、女子バスケットボール選手は、男子のチームが四種類のユニフォームを持っているのに自分たちは二種類しかなく、男子だけが強い相手と対戦するために一流ホテルに泊まり、スポーツ部から強くなるためのさまざまな支援を得ているという現実に直面しているかもしれない。しかし、修正第九条はスポーツごとの男女比較をしない。修正第九条はすべての女子選手とすべての男子選手を比較して、同じ質と量のユニフォームを提供され、同じように競技会に参加でき、同じ質のホテルを与えられ、同じような支援を受けているかなどを確認する。理論上は、大学が男子バスケットボールの選手を王族として、女子バスケットボールの選手は貧民として扱っても、男子選手全体と女子選手全体で王族と貧民の比率が同じならば問題ないのである。したがって、男子と女子での支出の大きな違いは、男女平等を遵守していないことを示唆しているが、個々の大学の遵守状況の分析がないのならば確かなことはわからない。

修正第九条では告発者への報復が禁止されているが、女子選手は権力のない立場にある。大学が男女平等の扱いをしていないとして修正第九条の遵守状況への不満を申し出ることは、奨学金の更新や支給が止まる、監督が指導してくれない、監督が試合に出してくれないなどの報復を招く恐れがある。選手の両親でさえ、娘が大学から報復されることを恐れて、公式な公民権局への告発や裁判所への提訴を思いとどまるだろう。同様に、女子チームの監督はしばしば、複数年契約ではないなど、権力上不利な立場にある。彼らは、自分が行う告発は支持が得られない状況を招き、批判的な年次業績評価がなされて雇用契約が更新されないかもしれないことを恐れる。修正第九条は内部告発者への報復を禁止しているが、報復はしばしば微妙な形で行われるので証明が難しい。したがって、女子チームの選手や監督が大学内部における修正第九条の告発プロセスや公式な公民権局への告発プロセスを通して男女の不平等を訴えるのは、彼らに対する信じられないほど耐え難い不公平な扱いと、彼らの例外的に勇敢な行為とが組み合わさったときにしか起こらない。事実、ほとんどの裁判は、大学が女子スポーツチームを廃止したり、修正第九条の問題を取り上げた女子チームの監督を解雇した結果として起きている。こうした極端な大学の行動に対してのみ、被害者の選手、親、監督は費用と時間をつぎ込み、怒りをあらわにしてでも、修正第九条での提訴に踏み切るのである。

教育省公民権局は修正第九条の執行責任を負うが、市民から出た不履行への不満に対応するスタッフと予算を持たず、独立した遵守評価を行う余裕はさらにない。公民権局が請け負う二〇―三〇件の独立審査（正式な告発が行われた結果ではない）はスポーツ公平公開法が義務づけた報告に基づくもので、遵守の程度が最悪レベルの大学を狙い撃つことはできるが、それを行うには政治的動機や予算に欠けている。

公民権局の執行に関係するもう一つのジレンマは、修正第九条の不履行による制裁は連邦政府からその大学への補助金をすべて停止するという非常に重大なものなので、適用されたことがないということである。告発者に対する公民権局のアプローチは、大学との和解に至らせることである。この和解では、大学が修正第九条の遵守における問題点を修正している間は第九条が遵守されていると認定する。制裁は課されない。公民権局は修正第九条の遵守不備に対する公式な申し立てを一定時間内に調査して解決する法的義務があるが、二〇〇〇を超える高等教育機関のスポーツ部プログラムを監視することはできない。高校はなおさらである。

これらの要因によって、高等教育機関は規則に従わなくても捕まらないほうに賭ける。修正第九条に基づく公民権局への申し立てと裁判は、大学に不正をやめようと思わせるには単に数が足りないだけでなく、制裁の厳しさも充分でない。大学の学長は「尋ねられなければ答えない」し、現状を直視することを避け、隠されているものまでわざわざ見ようとはしない。

女子スポーツの増設を遠ざける修正第九条の「第三の基準」

男子と女子のスポーツ参加者数（チームの数でなく学生数）は、修正第九条の核心部である。修正第九条には三つの基準があり、どれかを選択して満たせばよい。

一．男子・女子のスポーツ参加の機会が男子・女子の学部生数に比例して与えられていることを示す［選手の対学部生数比率（参加率）を男女で同じにする］。

二．参加率の平等が達成できなければ、これまでに、継続的に少数派の利益と能力にかなうようにスポーツ部プログラムの改善を行っていることを示す。

三．参加率の平等が達成できず、また上述のようなこれまでの継続的な改善を示すこともできない場合は、現行のシステムでも少数派の学生の利益と能力が充分に効果的に満たされていることを示す。(9)

これら三つの基準が存在するため、第三者は男女のスポーツ参加の数字を把握できず、その大学が修正第九条の遵守を達成しているか否かを判断できない。第一の基準は「比例基準」と呼ばれ、安全港のアプローチ［これを満たせば批判されない］だが、あまりにたくさんの大学が満たせていない。「第二の基準」を選ぶ大学はほとんどない。修正第九条が成立して四〇年以上が経っても、「第一の基準（比例基準）」という安全港に入ることができないのに、継続的に少数派の機会の拡大に向けて改善していると主張するのは難しいからである。「第三の基準」は別の話である。なぜならば、少数派の利益と能力を充分に効果的に満たすというのには抜け穴があるからである。「第三の基準」の判断基準は、教育省による公民権局のポリシーガイダンスによれば、（a）何らかのスポーツ種目において満たされない利益がある、（b）そのスポーツのチームを維持する充分な能力がある、（c）そのチームに競技での競争力が合理的に期待できる、である。[10] これら三つの条件があてはまるならば、公民権局はその大学が男子であれ女子であれ少数派のスポーツの利益と能力を充分に効果的に満たしていないと判断するであろう。

三二〇万人以上の女子が二〇一四—一五年度に高校対抗戦を行う正規のスポーツ部の活動に参加している。これは大きな数だが、一九七二年の男子高校生の選手数である三六〇万人に及ばない。二〇一四—一五年度は、四五〇万人の男子高校生選手がいた。[11] 女子は高校生全体の四九％を占めるが、スポーツ選手では四二％しかいない。修正第九条がいう比例の尺度では、「参加者ギャップ」は一一〇万人となる［章末に計算を示す］。高校は既存の種目のチームや参加者を増やしているが、女子のための新しい種目と参加の機会の拡大は行っていない。これは組織面での判断と財源の不足によるもので、どちらも修正第九条の不履行の理由としては受け入れがたい。女子のスポーツへの関心の欠如が理由ではない。レスリング、ラグビー、シンクロナイズドスイミング、ボウリング、水球など、高校でも大学でもあまり行われない種目でもオープン参加やオリンピック出場を目指して数十万人の女子がプレーしている。スポーツ選手になる見込みのある女子高校生の数は多いので、大学内にわずかな枠しか提供していない大学スポーツではまかなえない。二〇一四—一五年度でＮＣＡＡが二一万二〇〇〇人の女子スポーツ枠を提供し、[12] 他の団体である全米大学間スポーツ協会（National Association of Intercollegiate Athletics, NAIA）や全米短期大学スポーツ協会（National Junior College Athletic Association, NJCAA）などが四万人から五万人のスポーツ枠を提供しているだけである。本書の筆者らは大学スポーツに関わってきたが、過去四五年間で大学が新しい女子スポーツを追加したり、監督を新たに雇用したり、選手勧誘の予算を組んだという話はほとんど聞いたことがない。監督は勧誘の予算がなく自己負担にも限度があるので、優秀な女子選手を充分に集められず女子選手が増えないという。女子学生はスポーツへの関心や能力を充分に持っていないという主張は、裏付けのない神話である。さらに、スポーツ公平公開法の財務データは、女子スポーツが男子に比べて予算が不充分であることを示しており、男子学生に比べて二級レベルの扱いを受けるのならば、スポーツへの関心と能力のある女子学生が大学でプレーしないことを選択するのも理解できる。

本当の問題は「第三の基準」であり、公民権局は大学に抜け穴を教えている。

> 競争力の評価において、公民権局は地域での対戦相手の有無に着目する。地域の他の大学が行っている競技種目で当該大学が競争できるもの、当該大学が現在はチームを持っていないが地域の他大学が行っている種目などである。(13)

したがって、大学は女子の種目を増やせない理由として、レギュラーシーズンの通常のスケジュールで遠征を行う範囲に対戦相手がいないことをあげる。公民権局をはじめどの団体も、このことが真実か否かは確認しない。さらに、修正第九条の追加条項が、大学は対戦相手がいない地域でも「競争の発展に努めるべき」としていることを無視している。(14)

「第三の基準」について疑問のある適用の例をいくつかあげよう。たとえば、ディビジョンⅠに所属するすべてのアイビーリーグの大学は大規模なスポーツ部プログラムを運営しているが、女子の参加に関して大きく遅れを取っている（表6－2参照）。アイビーリーグ校はすべて女子ラグビーチームを学内のクラブとして持っているが、対外試合を行う正規の部とし

選手 男子	選手 女子	選手 合計（重複カウント）	均衡に必要な女子選手数	女子選手の参加者ギャップ *
624 (57.4)	464 (42.6)	1,088	648	184
753 (59.0)	523 (41.0)	1,276	720	197
734 (57.8)	536 (42.2)	1,270	658	122
583 (55.4)	469 (44.6)	1,052	568	99
529 (53.9)	453 (46.1)	982	509	56
717 (56.4)	554 (43.6)	1,271	741	187
530 (50.6)	518 (49.4)	1,048	558	40
493 (56.7)	376 (43.3)	869	448	72

（単位：人、カッコ内の数字は構成比）

* 男子選手数の対学部生数比率が変わらないと仮定したうえで、均衡に必要な女子選手数と現在の女子選手数の差。男子選手が女子スポーツの練習に参加しているケースは女子チームの選手数から除外している
［重複カウントでは、3種目に参加している選手は3人として数える。男子のアメフトやバスケットボールではそのような選手はほとんどいないが、女子にはいるので、重複カウントによって女子選手の数が「水増し」される］
［女子選手の参加者ギャップについて、たとえばペンシルバニア大学の場合、男子と女子とでスポーツ選手数の対学部生数比率を均衡させる女子選手数をXとすると、624/5005=X/5200であり、X=648人となる。女子選手ギャップはXと現在の女子選手数との差なので、648-464=184人となる。詳細は章末の訳注を参照］

て活動しているのはブラウン、ダートマス、ハーバードの三大学だけである。アイビーリーグ校にとって女子ラグビーのチームを持ち、対抗戦のスケジュールを組むことがどれほど難しいというのであろうか。

全米で最もスポーツ部の予算の大きな大学の一つである、テキサス大学オースティン校を見てみよう。選手の対学部生数比率を男女で同じにするため、増やさなければならない女子選手数（参加者ギャップ）は八四人である（表6－3参照）が、スポーツ部は「第三の基準」によって修正第九条を満たしていると主張している。テキサス大学はより多くの女子スポーツを加え、競技スケジュール組むことができるはずである。所属する表6－4のビッグ・トゥエルブ（実際は脱退があり一〇校）に話を持ちかけることができるのである。

ビッグ・トゥエルブに所属する大学の半数はテキサス大学と同じような状態にあり、女子スポーツの機会の拡大を必要としている。「第一の基準」で修正第九条を満たしている［表6－4の最右列の参加者ギャップがマイナスになっている］五大学のうち、三校が体操部を持っている。女子の参加者数が少ない大学は申し合わせて体操部を加え、レギュラーシーズンとポストシーズンの選手権試合のスケジュールを組むことができる。そもそもこれらの大学は予算があるので、コンファレンス以外の競技会への遠征もできるはずである。

「近隣に対戦相手がいない」という「第三の基準」のための言い訳は、ディビジョンⅠの大学だけでなく、ミシガン州大学間スポーツ協会（Michigan Intercollegiate Athletic Association）のようなディビジョンⅢのコンファレンスでも使われている。一校以外は大きな参加者ギャップを抱えている（表6－5）。少なくともこれらの大学は、申し合

表 6-2　アイビーリーグ大学の学部生数と選手数（2014-15 年度）

大学	学部生		
	男子	女子	合計
ペンシルバニア大学	5,005 (49.0)	5,200 (51.0)	10,205
プリンストン大学	2,688 (51.1)	2,570 (48.9)	5,258
ハーバード大学	3,624 (52.7)	3,250 (47.3)	6,874
ダートマス大学	2,120 (50.7)	2,064 (49.3)	4,184
エール大学	2,786 (51.0)	2,681 (49.0)	5,467
コーネル大学	6,976 (49.2)	7,206 (50.8)	14,182
ブラウン大学	3,041 (48.7)	3,200 (51.3)	6,241
コロンビア大学	3,926 (52.4)	3,570 (47.6)	7,496

出所：U.S. Department of Education, "Equity in Athletics Disclosure Act database" (http://ope.ed.gov/athletics/)

わせて同じ女子スポーツを加えれば、レギュラーシーズンとポストシーズンの選手権試合のスケジュールを組めるはずである。しかし、大学執行部はスポーツ部の言い逃れを認め続けるであろうから、修正第九条の不履行に対する公民権局への告発か裁判所への提訴がないかぎり、改革の動きは起こらない。

表 6-3　テキサス大学オースティン校の男子・女子選手数（2014-15 年度）

女子選手の参加者ギャップ =84*		
種目	男子	女子
野球	39	0
バスケットボール	19	16**
トラック競技	117	119
アメフト	126	0
ゴルフ	13	8
ボート	0	77
サッカー	0	28
ソフトボール	0	21
競泳・飛び込み	43	27
テニス	11	10
バレーボール	0	15
合計	368	321

（単位：人）

出所：U.S. Department of Education, "Equity in Athletics Disclosure Act database" (http://ope.ed.gov/athletics/)
* 男子選手数の対学部生数比率は変わらないと仮定
** 練習相手として参加する 12 人の男子学生は含まない

重複カウントで選手数を水増しする

女子スポーツの選手数は、多くの要因によって水増しされていることを指摘しておかなければならない。第一に、修正第九条の基準は重複カウントである。つまり、二種目に参加している選手は二人、三種目に参加している選手は三人として数えられる。さらに、クロスカントリーの選手はしばしば屋内・屋外トラック競技の長距離種目にも

選手			均衡に必要な女子選手数	女子選手の参加者ギャップ *
男子	女子	合計（重複カウント）		
285 (46.9)	323 (53.1)	608	396	73
274 (53.9)	234 (46.1)	508	214	-20
291 (49.5)	297 (50.5)	588	266	-31
342 (52.5)	309 (47.5)	651	332	23
304 (56.4)	235 (43.6)	539	459	224
335 (59.1)	232 (40.9)	567	274	42
368 (53.4)	321 (46.6)	689	405	84
278 (47.8)	304 (52.2)	582	277	-27
347 (47.9)	378 (52.1)	725	334	-44
299 (53.4)	261 (46.6)	560	247	-14

（単位：人、カッコ内の数字は構成比）

* 男子選手数の対学部生数比率は変わらないと仮定。女子チームの練習相手として参加する男子学生は含まない
** チアリーディングは含まない

参加するが、クロスカントリー、屋内トラック競技、屋外トラック競技は別の種目として数えられる。屋内と屋外のトラック競技選手はほとんど同じ選手である。大学はこれら三種目のチームを持つことで女子スポーツへの参加者数を増やし、別の種目を設けて監督を雇うことを避けられる。この三種目ならば監督・コーチも同じですむ。男子については、この三種目の全部または一部を廃止して（屋外トラック競技だけの廃止など）、参加率の男女差を縮めようとしている大学もある。NCAAのスポーツ参加についての報告書には「一九八八―八九年度以来、最も多く廃止された男子種目は屋内トラック競技で、三一九校が廃止した」[15]と示されている。このような解決方法は、法律の文面は満たすが法律の精神には反する。例として、ディビジョンIのあるFBS所属大学は女子の重複カウントと男子チームの廃止という手段を使っている（表6－6）が、「第一の基準」では修正第九条を依然として満たしていない。ネバダ大学ラスベガス校は、一九八一年に男子のクロスカントリー、屋内トラック競技、屋外トラック競技を廃止した。これらの三種目は女子選手が多く、ディビジョンIではクロスカントリーが平均で一七・六人、屋内トラック競技が四〇・二人、屋外トラック競技が三九・七人である。[16]

選手数の水増しはごまかしである。大学は各女子チームの監督に命じて五、六人の選手を追加登録させるだけで、新しい種目のチームも監督も施設もなしに女子選手数を増やすことができる。修正第九条を満たすためのこの手法に関しては多くの疑問がある。女子チームでは、監督一人当たりの選手数が多くなるのではないか。チームが大所帯になれば、女子選手は競技会に出られるチャンスが少なくなるのではないか。たとえば、大学が女

表 6-4　ビッグ・トゥエルブ所属大学の学部生数と選手数（2014-15 年度）

大学	学部生		
	男子	女子	合計
ベイラー大学 **	5,685 (41.9)	7,892 (58.1)	13,577
アイオワ州立大学	15,275 (56.2)	11,924 (43.8)	27,199
カンザス州立大学	9,387 (52.3)	8,569(47.7)	17,956
オクラホマ州立大学	9,190 (50.7)	8,931 (49.3)	18,121
テキサス・クリスチャン大学	3,317 (39.8)	5,009 (60.2)	8,326
テキサス工科大学	14,035 (55.0)	11,496 (45.0)	25,531
テキサス大学オースティン校	17,167 (47.6)	18,905 (52.4)	36,072
カンザス大学	8,511 (50.1)	8,484 (49.9)	16,995
オクラホマ大学	9,019 (50.9)	8,692 (49.1)	17,711
ウェストバージニア大学	11,434 (54.8)	9,429 (45.2)	20,863

出所：U.S. Department of Education, "Equity in Athletics Disclosure Act database" (http://ope.ed.gov/athletics/)

子ボートチームをつくり、七〇—一〇〇人が参加したとする。しかし、多くは初心者なので新人チームと二軍チームの扱いをして、NCAAの正式には大学対抗戦とみなされない軽量級ボート競技に参加させ、正式な大学代表チームとしては参加させない。正規の大学対抗戦の出場を経験するという点で、男子と平等の機会を与えられないことになる。

女子ボート部のいんちき

修正第九条は、男子と女子が同じレベルと比率で競技に参加することを求めている。たとえば、もしあるスポーツ部が男子の大学代表チームと二軍チームを持っているのならば、女子にも同じものが提供されなければならない。多くの大学で二軍チームが廃止される中、いわゆる代表チームが二つの競技レベルに存在することになる。女子ボートはこの点で罪深い。六〇—一〇〇人が所属しているが、半分は初心者で（新人チームとして競技する）、残りの半分が大学代表チームとして四人・八人乗りのボートで競っている。監督は初心者チームをオープン戦や軽量級ボート競技の選手として扱う「初心者チームは娯楽レベルでしかなく、代表チームのメンバーには数えられるが、実際には大学対抗戦に出るレベルではないし、実際に出ることもない」。

選手			均衡に必要な女子選手数	女子選手の参加者ギャップ *
男子	女子	合計（重複カウント）		
429 (58.8)	301 (41.2)	730	388	87
313 (60.5)	204 (39.5)	517	307	103
368 (58.5)	261 (41.5)	629	442	181
271 (51.4)	256 (48.6)	527	333	77
349 (59.5)	238 (40.5)	587	539	301
219 (59.2)	151 (40.8)	370	336	185
382 (68.6)	175 (31.4)	557	245	70
492 (72.1)	190 (27.9)	682	198	8

（単位：人、カッコ内の数字は構成比）

* 男子選手数の対学部生数比率は変わらないと仮定。女子チームの練習相手として参加する男子学生は含まない

軍拡競争の犠牲者——男子オリンピック種目と修正第九条の遵守

ネバダ大学ラスベガス校の表6－6のデータからは、大学は修正第九条を満たすために新しい女子スポーツを加える資金がないので、男子チームを廃止にしていると結論づけられる可能性がある。実際、男子スポーツ種目が廃止されるたびに、修正第九条の遵守が理由として槍玉にあがる。しかし、NCAAのデータからはこれを立証できない。男子と女子のスポーツ部の追加・廃止は、そのスポーツの人気、怪我の発生率とそれに伴う保険料、修正第九条の遵守、予算の制約などがつねに要因となる。ここではスポーツ部の数の純増減を見る必要がある。表6－7は、過去二五年間におけるNCAAの三つのディビジョンでのスポーツ種目数の増減である。最も裕福なディビジョンIで男子スポーツの種目数が減少している（廃止されるのはアメフトと男子バスケットボールではなく収益性の乏しい種目である）。この現象は、予算が小さいはずのディビジョンIIとディビジョンIIIでは起きていない。

女子スポーツの成長についてこれまで見てきたデータは、男子スポーツ部の廃止で浮いた資金が、女子選手の増加のために使われていないことを示している。むしろ増加するテレビ放映料などの収入と男子の収益性の乏しい種目の廃止で節約された資金は、ディビジョンIのアメフトと男子バスケットボールに投入され、軍拡競争を激化させている。これら二種目へのスポーツ予算の集中は表6－8に示されている。

表 6-5　ミシガン州大学間スポーツ協会所属大学の学部生数と選手数（2014-15 年度）

大学	学部生		
	男子	女子	合計
アドリアン大学	812 (52.5)	734 (47.5)	1,546
アルビオン大学	625 (50.4)	614 (49.6)	1,239
アルマ大学	614 (45.4)	737 (54.6)	1,351
カルビン大学	1,684 (44.9)	2,068 ((55.1)	3,752
ホープ大学	1,263 (39.3)	1,950 (60.7)	3,213
カラマズー大学	521 (39.4)	800 (60.6)	1,321
オリベット大学	561 (60.9)	360 (39.1)	921
トライン大学	1,146 (71.3)	461 (28.7)	1,607
セントメリー大学	（女子大学のため除外）		

出所：U.S. Department of Education, “Equity in Athletics Disclosure Act database” (http://ope.ed.gov/athletics/)

表 6-6　ネバダ大学ラスベガス校の男子・女子選手数（2014-15 年度）

	スポーツ選手（重複カウント）	学部生
男子	230 (45.8)	7,616 (43.9)
女子	272 (54.2)	9,724 (56.1)
女子選手の参加者ギャップ =22*		
種目	男子	女子
野球	35	0
バスケットボール	15	15
アメフト	108	0
ゴルフ	13	7
サッカー	27	31
ソフトボール	0	22
競泳・飛び込み	23	28
テニス	9	8
屋内陸上競技	**0**	**48**
屋外陸上競技	**0**	**48**
クロスカントリー	**0**	**47**
バレーボール	0	18
合計（重複カウント）	230 (45.8)	272 (54.2)
合計（重複しないカウント）	230	176
複数種目の選手数	0	96

（単位：人、カッコ内の数字は構成比）

出所：U.S. Department of Education, "Equity in Athletics Disclosure Act database" (http://ope.ed.gov/athletics/)

＊男子選手数の対学部生数比率は変わらないと仮定

表 6-7　大学スポーツ部数の増減（1988-2013 年）

種目	スポーツ		
	ディビジョン I	ディビジョン II	ディビジョン III
男子スポーツ			
増加種目数	623	1,185	1,819
減少種目数	943	739	1,184
純増	**-320**	**446**	**635**
全体		**761**	
女子スポーツ			
増加種目数	1,198	1,602	2,300
減少種目数	440	549	1,046
純増	**758**	**1,053**	**1,254**
全体		**3,065**	

出所：NCAA, *NCAA Sports Sponsorship and Participation Report 1981-82 to 2012-2013* (Indianapolis: NCAA, 2013)

特に注目すべきは、ディビジョンⅠでアメフト部を持たない大学は、スポーツ部の予算の四一％を平均で一五—一六人しか所属しない男子バスケットボール部に使っていることである。ディビジョンⅠの軍拡競争によって、修正第九条の遵守が難しくなるだけでなく、他の収益性の乏しい男子種目（多くはオリンピック種目）も犠牲になっている。

重複しないカウントを濫用して奨学金をもらえる女子学生をだます

大学が女子種目を新設する代わりにクロスカントリー、屋内トラック競技、屋外トラック競技の女子選手を重複して数えて水増しをしたがるもう一つの理由は、それが修正第九条遵守のための奨学金の計算に有利だからである。修正第九条は、スポーツ奨学金の男女ごとの分配は選手数の男女比率に従って行うことを求めており、違いがあっても一ポイント以内に収める、と定めている。理論的には、選手が男女五〇%ずつならば、少なくとも四九%の奨学金は女子選手にまわらなくてはならない。問題は、公民権局は不可解にも、大学に奨学金の平等さを計算するときには重複カウント［一人が三種目でプレーしたら三人として数える］でなく重複していない［一人が三種目でプレーしても一人として数える］選手数の値を使うよう指示していることである。「重複しない」という文言は、修正第九条の他のところでは出てこない。全米女性法律センター（National Women's Law Center）と女性スポーツ財団（Women's Sports Foundation）によれば、公民権局とＮＣＡＡは、公民権局調査マニュアルにある「参加者数を調査して調整する。（中略）二種目以上に参加している選手は一人として数える」[17]という文言を基準として各大学に使うよう求める、という誤りを犯している。

奨学金の受給については、前述のスポーツへの参加と異なり、何種目でプレーしようと奨学金は一人分だけしか受けられない。クロスカントリー、屋内トラック競技、屋外トラック競技の三種目に出場している選手は、スポーツへの参加者数としては三人だが、奨学金を受ける人数では一人である。[18]

重複して数えるか数えないかは、奨学金の計算では非常に重要である。表６－６で示したネバダ大学ラスベガス校の事例で奨学金を計算したのが表６－９である。また、教育省の「スポーツ公平公開法」によるデータベースを用いて、[19]二〇一三―一四年度におけるディビジョンⅠの一二六のＦＢＳ所属大学について、重複して数えた場合と重複しないで数えた場合の奨学金の額を計算してみた（士官学校は報告の義務はないので除外し、同じ数の反

表 6-8　ディビジョン I におけるアメフトと男子バスケットボールの支出の対スポーツ部予算比率（2012-13 年度）

サブディビジョン	アメフト	男子バスケットボール	2 種目合計	その他
FBS 所属大学	62	21	83	17
FCS 所属大学	47	16	63	37
アメフト部を持たない大学	0	41	41	59

（単位：%）

出所：NCAA, *Revenues and Expenses 2004-2013: NCAA Division I Intercollegiate Athletics Programs Report* (Indianapolis: NCAA, 2014)

対の性別の選手数も除外)。すると、女子選手が重複しないカウントに基づいた場合に受け取る金額は、重複カウントの場合よりも三二一五万一一五一ドルも小さかった。さらに同年の実際の女子の奨学金額を見ると、彼女たちは重複であろうと重複でなかろうと与えられるべき金額より少ない金額しかもらっていなかった。

[女子は多種目でプレーする選手が多いのでそれらを一人として数える] 重複しないカウントの使用は、大学の女子への奨学金の負担を減らし、男子の奨学金の額を水増しするためであり、一方の重複カウントは、ほとんどつねに男子に有利で女子に不利である。このことは、ごまかしが働いていることを裏付けているように思われる。たとえば、重複しないカウントでの選手比率を見ると、ディビジョンIのFBS所属大学の八五%において、女子が男子よりも低くなる。前述した女子のクロスカントリー、屋内・屋外トラック競技の三種目で重複が行われているためである。FBS大学で公民権局の[正規の]指導に従って奨学金を与えている大学はほとんどない。

- 重複カウントでの女子選手への奨学金の比率と選手数での比率が一ポイント以内の差に抑えられているのは一五校(FBS所属大学の一二%)しかない。
- 七七校(六二%)は、女子への実際の奨学金額が重複しないカウントでの計算額より小さい。
- 二一校(一七%)は、女子への実際の奨学金額が重複しないカウントでの計算額と重複するカウントとの計算値の間にある。
- 一二校(九%)しか女子への実際の奨学金額が重複するカウントでの計算額を上まわっていない。
- 六七%の大学において、女子の参加者ギャップが五〇人を超えている。新しい種目の女子チームを加えな

表 6-9　重複カウントと重複しないカウントでの奨学金支給(ネバダ大学ラスベガス校、2014-15 年度)

		件数	金額(ドル)
重複しないカウント	女子	176 (43%)	3,305,128
	男子	230 (57%)	4,418,431
重複カウント	女子	272 (54%)	4,170,722
	男子	230 (46%)	3,552,837

支給合計額 7,723,559 ドルのうち、重複しないカウントを用いることによる女子の損失は、4,170,722-3,305,128=865,594 ドルである

出所：U.S. Department of Education, “Equity in Athletics Disclosure Act database” (http://ope.ed.gov/athletics/)

いことにより、女子の奨学金の不足はさらに悪化している。
［重複カウントでは女子により多くの奨学金額を払わなければならず、それを上回る大学は少ない。重複しないカウントでは女子への奨学金額は少なくなるが、それをさらに下回る大学が多い］。

公民権局は現在、全米女性法律センターと女性スポーツ財団からの次の理由に基づく正式な要求を受けて、「重複しないカウント」をマニュアルから削除することを検討している。

一．「重複しないカウント」を使用することや、「参加」以外の定義を使用することに関して法的な裏付けはない。修正第九条の規定、「ポリシー解釈」（Policy Interpretation）、「各大学への通達」（Dear Colleague Letters）のほか、いかなる公民権局の正式な諮問文書にも存在していない。かつて廃棄された公民権局の執行手続きマニュアル、欠陥のある「Z-テスト」［人種による差別を統計的に証明しようとした試み］と同様に、今回の解釈も正式な政府の解釈ではない。とくに、連邦規則集三四巻一九六条三七項（c）に記された修正第九条の規定には、「大学はスポーツ奨学金の男女別支給に際して、選手数に比例した合理的な機会を与えなければならない」とある。参加者の定義と計算方法は公民権局の手引きの中では明確である。一九七九年の「ポリシー解釈」では、選手として参加したとされるカウントは次のとおりである。

a　レギュラーシーズン中に定期的に、大学のためにプレーをして支援（指導を受け、施設を利用し、医療やトレーニングのサービスも受ける）を受けている。
b　レギュラーズン中に定期的に、組織的な練習やミーティングに参加する。
c　出場資格を維持し、チーム名簿に載っている。
これら三つは同時に満たさなければならない。

d　怪我のため上記の三つのいずれかの条件は満たせないが、スポーツ能力に応じた奨学金を受け続けている。[20]

公民権局はこの「重複」カウントの定義（選手が複数の種目に参加する場合、すべての種目を個別に扱い、学生に与えられているスポーツの機会として数える）を用いて、修正第九条が求めるすべての面での男女同等の扱いを判定する。男子・女子選手が（設備、ユニフォーム、監督の指導を受ける機会、ロッカールーム、練習と競技の施設など）さまざまな分野において同じ比率で同じ扱いと同じ恩恵を受けているかを判定するときの定義である。

「ポリシー解釈」はまた、次のように規定している。公民権局は「主に財務の比較、すなわち選手への財政支援（奨学金）が男子と女子の選手数に比例して分配されているかを見ることによってこの条項の遵守を調査する。公民権局は奨学金の男女別の金額をスポーツに参加している男女の人数で割ることで、この基準の遵守状況を測定する。大学は、比較した結果が同等の比率である、または不平等な結果が差別以外の正当な理由に基づいた調整によるものであることが説明できるのならば、遵守していると判断される」。

二．重複しないカウントの使用は、次の二つの条件が共に満たされる場合のみ合理的である。（a）すべての男子・女子選手が満額の奨学金を受けている。（b）どの選手も満額の奨学金以上を受け取らない。連邦政府は、いかなる全米レベルのスポーツ統治組織の規則も修正第九条の下での男女平等を妨げることを認めていない。したがって、もしも選手が受け取る奨学金の額を制限（つまりどの選手も一定額以上を受け取れない）している規則が男女平等を妨げるならば、その規則の正当性は弁護されるべきではない［授業料・食費・寮費にかかる全額が支払われるのならば、何種目もプレーする選手を重複しないカウントによって一人と数えても、その学生にかかる費用がちょうど支払われるので問題はない。満額でない奨学金が支給されるのならば、一人で三種目プレーしたら三人分として数えられ三件の奨学金をもらわないと授業料・寮費・食費を賄えない。複数種目をプレーするのは女子で多いので、重複カウントによって女子選手を数えることで選手数は多くなるのに、重複しないカウントでは奨学金は一人分だけしか支給されず、不充分ということになってしまう」。

さらに、すべての男子選手と女子選手が満額の奨学金を受け取ることは現実にはあり得ない。選手の数はNCAAが許可する奨学金の件数を上回っている。満額をもらえる選手よりも、まったくもらえなかったり部分的にしかもらえていない選手のほうが多い。もしも女子選手が大きな額の奨学金を受けていたら、その陰にはまったくもらっていなかったり部分的にしかもらっていない女子選手がたくさんいるはずである。すべての選手が満額の奨学金をもらい、大学が男女のスポーツ参加比率について修正第九条を満たすとしても、複数のスポーツに参加している者を重複せずカウントすることは、公民権局が男女で異なる分配を正当化する要因と認めた場合しかしてはならない。

三．女子選手が受け取る奨学金の総額を制限するために重複しないカウントを用いることは、修正第九条の本質に矛盾し、不正を招来する。女子選手は全面的に男子選手と同様の扱いを受けるべきである。修正第九条はスポーツを種目ごとに比較するのでも、多種目の選手と単独種目の選手を比較するものでもない。上記のように議論した実践とデータから、奨学金の分配における男女平等の現状には大いに問題があると結論づけられる。

スポーツ支援の階層化の実際と女性選手を不平等に扱う方法

女子選手を差別するために最も頻繁に使われるメカニズムが、大学のスポーツ部が各スポーツ種目を階層化して支援にメリハリをつけることである。たとえば、大学がアメフトと男子バスケットボールを最優先スポーツとして多くの予算を割けば、このスポーツに参加する選手はより大きな恩恵と厚遇を受ける。

表6－10は、階層によって異なる恩恵が選手に与えられ、大きな額のスポーツ予算が最優先される種目に回されていることを示したものである。これはアメフトと男子バスケットボールの軍拡競争をさらに進めることを可能にするメカニズムにほかならない。しかし、次の理由から大学は、それぞれの予算は小さくても多くの種目でチームを維持しようとする。（一）スポーツ部の廃止は卒業生・保護者の反発を招く。（二）各大学は所属ディビジョンによって定められた数以上の種目でチームを持ち、競争しなければならないので〔本書第1章三七—四〇頁参照〕、廃止して種目数を減らすことには限度がある〔これは大学が収益性が期待できるアメフトと男子バスケットボールだけを強化するのを防ぐための規定である〕。（三）女子スポーツの廃部は修正第九条違反として問題になる恐れがある。

修正第九条は、各階層において男女の選手を平等に扱うことを義務づけている。各階層において、男子と女子の参加率は同じ（選手の対学部生数比率が同じ）でなければならない。概して、大学は各階層の中で男女の選手数よりも種目数を同じにしようとする。表6－11は、裁量的な種目の配置と、同じ階層の中でも男子と女子では選手数（奨学金件数）が平等でないことを示している〔大学が重視している第一階層には圧倒的に男子選手が多い〕。

NCAAのメンバー大学とコンファレンスにおける女性雇用の現状

監督の雇用状況に関して見ると、女子監督は男子チームの監督からは事実上、閉め出されている。全体で四%、ディビジョンIでは三%である。[21] 男子のクロスカントリー、屋内トラック競技、屋外トラック競技、水泳で女子監督の比率が低いのは、これらの競技では男女合同チームに対して監督が一人しかおらず、男性監督が多数を占めるからである。

同様の状況は男子チームのコーチにもあてはまる。男子チームのコーチの一〇%のみが女性である。[22] ここでも、

表 6-10　スポーツ部プログラムの階層

要素	第 1 階層	第 2 階層	第 3 階層
奨学金	・最大限 ・州内・州外の規制なし	・最大限の 50% ・州外は 3 分の 1 まで	認められず
監督	・フルタイムの監督 ・フルタイムのコーチ ・上限いっぱいまでのコーチ数	・フルタイムの監督 ・パートタイムのコーチ 1 人	・パートタイムの監督 ・コーチなし
選手勧誘	・全米規模 ・ほぼ全員がスカウトされた選手	・地域（西部、北東部など）レベル ・75% 程度がスカウトされた選手	・地域（西部、北東部など）レベル ・25% 程度がスカウトされた選手
施設	スポーツ選手専用（一般学生使用不可）の施設あり	上位 3 分の1の大学ではコンファレンス試合に優先的に使用される施設あり	シーズン中はスポーツチームが優先的に使用する施設あり
コンファレンス外の遠征	全米規模	地域レベル	州内

出所：Zotos, C., *Constructing a Tiered Sports Program for College Athletics*, 2006, p.23-Chart 1
(https://www.sportsmanagementresources.com/sites/default/files/inline-files/FINAL%20TIERING%20MANUAL.pdf)

表 6-11　男女別のスポーツの階層と 1 チームに許可される奨学金の最大件数

第 1 階層		第 2 階層		第 3 階層	
男子					
アメフト	85	水泳	20	テニス	12
バスケットボール	15	陸上	22		
サッカー	24	フェンシング	15		
		バレーボール	14		
女子					
バスケットボール	15	ソフトボール	25	陸上	22
ラクロス	27	バレーボール	15	スカッシュ	14
サッカー	24	水泳	20	クロスカントリー	12
		ボート	12		
		フィールドホッケー	26		
		フェンシング	16		
男子 124（60%） 女子 66（29%）		男子 71（34%） 女子 114（50%）		男子 12（ 6%） 女子 48（21%）	

男子 207：女子 228
（48%）（52%）

筆者作成

男女合同チームに対するスタッフは男性が多く、女性はその一員でしかない。多くの証拠が、女性は男子スポーツの指導者市場からは実質的に排除されていることを示している。

男性は女子チームの監督でも多数を占めている(六〇%)。一方で女性は、伝統的に女子しかプレーしないスポーツ(ソフトボールやフィールドホッケー)や、男女でルールが異なるスポーツ(ラクロス)では多数を占めている。[23] 同じNCAAのデータベースによれば、女子チームのコーチに関しては半数が女性である。

スポーツの女性指導者が少ない理由について、ラボイ(Nicole M. LaVoi)は以下のようなスポーツ部部長の説明をまとめている。しばしば被害者のせいにする[女性の指導者が少ないのは女性に原因がある]態度が見られるが、これらを実証するデータは欠如している。

- 女性は公募に応募しない。
- 候補になる女性指導者が少なく、質も悪い。
- 女性は他の職業を選ぶ。
- 女性は男性ほど指導者になりたがらない。
- 女性は男性に比べて仕事のために家族で引っ越すことを望まない。
- 女性は仕事よりも出産・子育てを選択する。
- 子供のいる女性はスポーツの指導に多くの時間を割けない。
- 子供のいる女性はそれほど仕事熱心でない。
- 女性は知識と専門性に欠けている。
- 女性は自信と自己主張に欠ける。
- 女性は仕事への意欲や自分の人生に対して責任を持つ覚悟に欠けている。
- 女性は一〇〇%確実でないと応募しない。

●女性はチームの環境に多くを望み、かなわないと泣き言を言う。
●女性は女性同士で足を引っ張り合う。
●女性は強い人的ネットワークを持たない。
●女性は男性に比べて情熱を使い果たし、早くやめてしまう。
●女性は求められる能力よりも、自分の能力のほうがかなり高いと思わないと応募しない。
●女性はスポーツの指導を重要な生涯の仕事と考えていない。
●女性は（女性なら自然と思われる資質だがマイナスに評価される）家族主義的すぎる。
●女性は批判・プレッシャーに弱い。
●女子選手が男性指導者を望む。(24)

女性監督はどんなことを経験しているのだろうか。女子チームの現・元監督の男女二五六五人を対象にした、最新の包括的な全米規模の調査は、微妙な形である場合もそうでない場合も含めて、雇用における男女差別を次のように明らかにしている。

●大多数の監督（現監督の七三％、元監督の七五％）が、監督の採用を決めるのは男性のスポーツ部部長だと回答した（二〇一四―一五年度でスポーツ部部長の八〇％が男性）。彼らが男性監督を好むので、監督に男性が多くなる。
●監督の仕事環境について、男女ともの監督の三分の一が成功するのに必要な資源（資金やオフィススペース）へのアクセスが不充分であると答えた。四〇％以上がスポーツ部は専門職の育成に充分に取り組んでいないと答え、五〇％近くが予算が不足していると回答した。
●女性監督の三一％が、修正第九条や男女平等について主張したら解雇の可能性があると感じている。男性監督の二〇%も自分の立場にマイナスの影響があると考えている。

●LGBTQ［性的少数者］の女性監督は修正第九条や男女平等の問題で最も立場が弱い。三四%が、もしこれらの問題について発言したら、仕事を失うリスクがあると考えている。

●女性監督の一五%、男性監督の九%が、同僚の中に明らかな「反同性愛主義者」がいると述べている。女性監督の三六%と男性監督の二四%は、反同性愛主義者のことを問題として取り上げるのは難しいと考えている。

●LGBTQの監督は、そうでない監督の二倍の割合で、職場に「反同性愛主義者」がいると感じている。また、LGBTQの男性監督の二九%、女性監督の二一%が、スポーツ部は反同性愛主義者について声をあげることを阻止していると答えた。これは、LGBTQでない男性監督の九%、女性監督の一四%に比べて有意に高い割合である。

●業務支援、契約とその継続・更新、昇進の能力と実際の昇進などについてはさまざまな回答があった。（一）現監督の六五%が男性のほうが監督になりやすいと答えた。（二）現監督の四分の三近くは、男性監督のほうが給与の値上げ交渉がうまくいくと感じている。（三）男性監督のほうが昇進しやすい（五四%）、複数年契約を結びやすい（五二%）、スポーツの好戦績が給与に反映されやすい（五三%）など、半数以上が男性監督の優位を述べている。

●男子チームの監督のほうが、女子チームの監督よりも一般に強い影響力を持つ。五六%がスポーツ部部長に対して、また五三%が予算配分に対して、男子チームの監督のほうがより強い影響力があると答えた。

●専門職としての昇進については、監督の性別によって回答が分かれた。（一）女性監督の八〇%が男性のほうが監督の地位に就きやすいと回答したのに対して、男性監督では三三%しかそう思っていない。（二）九一%の女性監督は男性監督のほうがスポーツ部部長と給与の交渉をしやすいと答えたが、男性監督では三四%しかそう思っていない。（三）女性監督の七〇%が男性監督のほうが昇進しやすいと答えたのに対して、男性監督では一九％しかそう思っていない。

●監督は性別によって批判のされ方に不公平があると考えている。（一）四分の一の監督（女性監督の二五％、男性監督の二七％）が指導・指揮の執り方で批判されていると回答した。（二）女性監督の三割は男女差別について発言したら報復があると考えており、二七％はそのような発言は事務局や同僚から「弱さ」として受け止められるであろうと答えた。（三）女性監督の四〇％以上が女性だから差別されていると答えたが、男性監督では二八％しかそう考えていない。（四）半数近くの女性監督が、しかし男性監督では四分の一強（二七％）のみが、同じ働きの他の監督に比べて自分の給与は低いと考えている。（五）女性監督は男性監督に比べて二倍の割合で、自分の監督としての評価は女性であることによって影響を受けていると考えている。

●地位の安定性と昇進の可能性について、大学スポーツ部という職場における女性監督の立場は、男性監督とは大きく異なっている。（一）女性監督の三六％が職の安定性は脆いと思っている。（二）女性監督のほうが男性監督よりも（四六％対三六％）契約書にない雑用をやらされていると感じている。（三）女性監督の五人に一人（一九％）は、同じ大学の男性監督のほうが専門職として成長する機会に恵まれていると考えている。（四）女性監督の二五％近くが男女差別のために監督の職に就けなかったことがあったと答えている。（五）女性監督の半数弱（四四％）が男子チームの監督に応募してみたいと答えている。[25]

女性監督が大学スポーツという職場で不公平感を抱いているのは明らかである。監督の地位以外でも、NCAAのメンバー大学では、給与が最も高くスポーツ部プログラムの活動に最も影響を与える指導的地位に女性を就けていない。

表6－12は、NCAAに送られる各大学の教員代表にも女性が少ないことを示している。教員代表はスポーツ部の職員でなく教員であり、スポーツ部部長の同意の下、学長が指名する。スポーツ推進派の教員で、スポーツ

部部長や学長の意向に沿って行動し、NCAAの総会やコンファレンスの会議にスポーツ部部長とともに出席する。また、スポーツの試合の切符をもらったり、ポストシーズンの選手権試合に帯同するなどの特典を得る。したがって、教員代表は大学スポーツ監視のための独立したポジションだとはみなされていない。教員代表に女性が少ないのは不可解だが、女性が教員代表になると大学スポーツにおける男女差別の問題を提起する可能性があると大学が恐れている結果かもしれない。

NCAAは、各大学に女性上級役員（SWA）を置くことを義務づけている。女性でなければならず、大学と

表 6-12　スポーツ部役職における女性比率（2014-15 年度）

職階	ディビジョン I	ディビジョン II	ディビジョン III	全体
スポーツ部上級管理職				
部長	**9**	**19**	**29**	**20**
副部長	**29**	**39**	46	**33**
部長補佐	**31**	**34**	**38**	**33**
女性上級役員	98	99	99	99
スポーツ支援担当				
キャリア・生活指導アドバイザー	71	67	80	72
トレーナー長	**18**	**31**	**39**	**30**
トレーナー長補佐	48	57	58	52
トレーニングコーチ	**14**	**10**	**20**	**15**
学習アドバイザー	62	60	51	61
事務職				
事業部長	59	68	69	62
規則遵守担当部長	51	58	52	53
器具担当部長	**11**	**12**	**18**	**13**
寄付金担当部長	**37**	**20**	**31**	**34**
施設担当部長	**14**	**12**	**23**	**16**
マーケティング担当部長	**39**	**34**	41	**38**
広報担当部長	**12**	**10**	**13**	**12**
広報担当部長補佐	**23**	**20**	**26**	**23**
入場券販売担当部長	**36**	58	67	43
その他				
業務アシスタント	92	95	97	93
大学院生コーチ（アメフトを除く）	48	44	50	47
インターン	43	44	**39**	42
NCAA 教員代表	**34**	**28**	**34**	**32**

（単位：%*）

*40% 未満の数値は太字で示した

出所：NCAA, "Sport Sponsorship, Participation and Demographics Search database" (http://web1.ncaa.org/rgdSearch/exec/main)

コンファレンスによって指名される[26][女子スポーツの専任ではない]。[このポジションを埋めておけばよいということになり]この地位は女性を傍流に置くために利用されるが、NCAAは少なくとも一人のSWAをNCAAの各委員会に含めることとしている。NCAAの規制において性別や人種を特定するポジションは、SWA以外にはない。SWAがスポーツ部の中で本当に上級職かどうかは、そのスポーツ部次第である。包含性について、NCAAは頑迷な定義をしている。恣意的に少なくとも一人の女性、一人の人種マイノリティを各委員会に含めるよう求めており、委員会全体で女性の比率を三五%、人種マイノリティの比率を二〇%にしようとしているが、全米の人口構成の比率には遠く及ばない。NCAAのマニュアルには次のようにある。

四・〇二・五　性別と多様性の要件——評議会のメンバーには少なくとも一人の人種マイノリティと一人の女性を含めるべきだが、[黒人女性を入れるなどで]一人の人物で両方の条件を満たすべきでない。協議会、教学委員会、その他のディビジョンIの(スポーツ委員会以外の)統治機関を合計して、少なくとも二〇%の人種マイノリティと三五%の女性が含まれるべきである。[27]

同じような寒々しい状況は、NCAAに所属するコンファレンスのスタッフにも見られる(表6-13参照)。コンファレンス会長は、コンファレンスごとの規定によって、所属大学の学長、スポーツ部部長、教員代表などの中から選出されたりメンバー大学の間で持ち回りをしたりする。会長に対し、所属大学での給与に上乗せされる報酬は、それほど大きくない。コンファレンスにおいても報酬のある他の職階を見ると、大学スポーツの指導者と同じ構図が見えてくる。地位が上がり報酬が高くなると、女性の比率が低くなる。

特定の性別が支配的な職業と同様に、スポーツ文化では同質性の再生産が行われているという研究結果がある。[28]階層のトップは白人男性である。人事採用プロセスを支配する中で、白人男性は自分と同じ属性の人を選ぶ。白人男性の特性が重視され、異なる民族、性別、文化の特性は組織の中で軽視される。もしも女性が組織に入ったら、彼女らはさまざまな形で傍流に置かれる。象徴的な地位でしかない女性上級役員に就く、監督になることは求められず、給与の低い目立たない地位にまわされて予算の小さなスポーツの担当になる、監督でなくコーチ、職員ならば勧誘担当や選手支援担当になる、などである。そこでは将来、監督や管理職になるための訓練や経験は得られにくい[29]。これらの問題は、女性が監督や管理職になるための教育・訓練組織を立ち上げても解決しない。そうした解決策は犠牲者である女性の資質に問題があるという発想に基づいており、NCAAはまさにこの考え方なのである。解決策は、差別を永続化させている白人男性による人事採用のプロセスと実際の採用行動にメスを入れるものであるとともに、モデルとなる人事のあり方や、実際の採用・雇用状況の透明性、本書の最終章で述べる改革案などに関する規制、認証基準と結びついたものでなければならない。

2 大学スポーツにおける参加と雇用機会の人種差別

NCAAのメンバー大学やコンファレンスにおいて、

表 6-13　コンファレンス事務局における女性比率（2014-15 年度）

職階	ディビジョン I	ディビジョン II	ディビジョン III	全体
選挙選出の会長	**23**	**5**	**21**	**19**
上級管理職				
コミッショナー	**20**	**13**	**32**	**24**
副コミッショナー	**39**	56	55	42
コミッショナー補佐	**33**	46	42	**38**
中級管理職				
部長	49	**36**	55	49
副部長	**31**	**0**	67	45
部長補佐	43	**0**	**29**	**39**
コーディネーター	**31**	**19**	**19**	**24**
事務職				
事務職員	92	100	77	89
秘書	50	60	60	56
インターン	49	59	41	50
学生アルバイト	**0**	100	100	100

（単位：%*）

*40% 未満の数値は太字で示した
出所：NCAA, "Sport Sponsorship, Participation and Demographics Search database" (http://web1.ncaa.org/rgdSearch/exec/main)

スポーツ選手と監督・職員の人種構成は、学部生やアメリカ全体の労働者の人種構成よりも、白人が多く民族・人種において多様性に欠けている。表6－14は全米教育統計センター（National Center for Education Statistics）によるアメリカの大学の学部生の男女別、民族・人種別の構成比である。ここでの議論は表6－14の構成比を基準にする。ある人種が当該スポーツの選手の構成比において学部生の構成比より高ければ「相対的に多い」、低ければ「相対的に少ない」と解釈する。

表6－15は、労働統計局（Bureau of Labor Statistics）によるアメリカ全体の労働者の人種構成である。スポーツ部の監督・職員については特に断らないかぎり、NCAAの「スポーツ支援・参加・人種調査」のデータベースを

表 6-14　高等教育における男女の民族・人種別構成比（学部生、2012 年）

民族・人種	男子	女子
白人	4,571,900 (59.3)	5,675,500 (56.7)
黒人	969,700 (12.6)	1,623,100 (16.2)
ヒスパニック系	1,173,000 (15.2)	1,593,000 (15.9)
アジア系	479,900 (6.2)	526,600 (5.3)
島嶼部出身	25,600 (0.3)	31,100 (0.3)
先住民	62,900 (0.8)	94,600 (0.9)
ミックス (2 人種以上)	193,900 (2.5)	261,300 (2.6)
その他	237,000 (3.1)	213,300 (2.1)
合計	7,713,900 (100.0)	10,018,500 (100.0)
男女比	43.5%	56.5%

（単位：人、カッコ内の数字は構成比）

出所：U.S. Department of Education, National Center for Education Statistics, *Digest of Education Statistics 2013*, NCES 2015-011 (2015), p.428, Table 306.10, "Total Fall Enrollment in Degree-Granting Postsecondary Institutions, by Level of Enrollment, Sex, Attendance Status, and Race/Ethnicity of Student: Selected Years, 1976 through 2012" (http://nces.ed.gov/pubs2015/2015011.

表 6-15　アメリカの労働人口における男女の民族・人種別構成比（2014 年）

民族・人種	男子	女子
白人	68.4	67.6
黒人	9.1	11.9
ヒスパニック系	15.0	12.8
アジア系	4.8	4.9
島嶼部出身	0.3	0.3
先住民	0.9	0.9
ミックス (2 人種以上)	1.5	1.6
合計	100.0	100.0

（単位：%）

出所：U.S. Bureau of Labor Statistics, Labor Force Characteristics by Race and Ethnicity, 2014, BLS Report 1057, November 2015, p.9, Statistics: Table 1, "Employment Status of the Civilian Noninstitutional Population 16 Years and Older by Gender and Race, 2014 Annual Averages" (https://www.bls.gov/opub/reports/race-and-ethnicity/archive/labor-force-characteristics-by-race-and-ethnicity-2014.pdf)

用いた。(30)

民族・人種マイノリティ選手のさらなる少数派化

ディビジョンIのアメフトと男子バスケットボールの見慣れた映像から、大学スポーツ中継の視聴者が大学スポーツの選手は人種マイノリティが中心だという印象を持っても不思議ではない。事実はそうでない。表6－16と表6－17は、二〇一四―一五年度におけるNCAA選手の男女別・ディビジョン別の民族・人種構成比である。スポーツ選手は白人が多く、ディビジョンIの男子選手以外は、その比率は学部生の平均（男子五九・三％、女子五六・七％）よりも高い。最も選手数が多く競合者の多いディビジョンIIIでは、七五・一％の男子選手が白人である。一方、ディビジョンIとIIの男子では、学部生の平均（一二・六％）に比べて黒人選手の存在が目立つ。

しかしながら、これらのディビジョンごとの合算データは真実を語ってはくれない。三つのディビジョンを合わせて種目ごとに調査すると、次のように人種マイノリティの男子選手は少数の種目に集中する傾向がある。

- 白人男子選手は九二％の種目（二四種目中二二種目）で相対的に多い。
- 黒人男子選手は一七％の種目（同四種目　アメフト、バスケットボール、屋内・屋外トラック競技。これらは最も競技人口が大きい種目である）で相対的に多い。
- ヒスパニック系が相対的に多い種目はない。
- アジア系は二一％の種目（同五種目　フェンシング、馬術、体操、スカッシュ、テニスだが、テニス以外は競技人口が小さい）で相対的に多い。

アメフト、バスケットボール、屋内・屋外トラック競技は黒人が相対的に多く、男子スポーツにおいて競技人口が大きい上位四種目である。そのため、学部生の黒人比率が一二・六％にすぎないことを考えると、とくにディビジョンIとディビジョンIIでこれらの種目に黒人選手が集中している（人種マイノリティが二桁の構成比を占める種目は他にない）ことは特筆すべきといえよう（表6－18参照）。

選手人口と、アメフトとバスケットボールの黒人男子選手の連邦卒業率（FGR。NCAAが用いる卒業率GSRは、一般学生について統計を取っていないのでスポーツ選手と一般学生との比較ができない）に関する調査を勘案すれば、ディビジョンIの黒人男子選手、とくにアメフトとバスケットボール選手の教学上の搾取は深刻な状態であることが明らかになる。表6－19は、二〇〇七年に入学した学生が六年以内に同じ大学を卒業した卒業率（FGR）を人種別に示したものである。

NCAAのディビジョンIの多くの選

表 6-16　男子選手の民族・人種別構成比 (2014-15 年度)*

	全体	ディビジョン I	ディビジョン II	ディビジョン III
白人・非ヒスパニック系	66.0	58.9	60.5	75.1
黒人	20.1	26.5	25.6	11.5
ヒスパニック系	5.5	4.8	6.8	5.3
アジア系	1.4	1.3	0.9	1.9
先住民	0.4	0.3	0.6	0.3
島嶼部出身	0.4	0.6	0.4	0.2
ミックス (2 人種以上)	2.9	3.7	2.8	2.3
その他	3.4	3.9	2.4	3.5

(単位：%)

出所：NCAA, "Sport Sponsorship, Participation and Demographics Search database" (http://web1.ncaa.org/rgdSearch/exec/main)
* 永住権を持たない留学生は除く

表 6-17　女子選手の民族・人種別構成比 (2014-15 年度)*

	全体	ディビジョン I	ディビジョン II	ディビジョン III
白人・非ヒスパニック系	74.0	68.2	71.9	81.0
黒人	11.5	16.2	13.3	5.8
ヒスパニック系	5.0	4.8	6.9	4.1
アジア系	2.0	2.0	1.3	2.6
先住民	0.4	0.4	0.7	0.3
島嶼部出身	0.3	0.4	0.5	0.1
ミックス (2 人種以上)	3.3	4.4	3.2	2.4
その他	3.3	3.6	2.4	3.5

(単位：%)

出所：NCAA, "Sport Sponsorship, Participation and Demographics Search database" (http://web1.ncaa.org/rgdSearch/exec/main)
* 永住権を持たない留学生は除く

手は奨学金をもらっていてアルバイトをしなくてよいこと、一般学生が享受できない手厚い学習支援プログラム（家庭教師、学習アドバイザー、コンピュータ室、学習室など）の恩恵を受けており、奨学金でサマースクールの科目を取ってそれまで低迷していたGPAを改善できることは認識すべきである。加えて、彼らには出場資格の維持という最低限の学業成績を保つための動機もある。したがって、他の条件を一定にして、これらの有利な点を考慮すれば選手は一般学生よりも卒業率が高くなるはずであり、実際そうなっている。

黒人選手はアメフトとバスケットボールに集中しているので、この種目の卒業率を、とくに競争の激しいディビジョンIの有力校について調査するのはきわめて重要である。ハーパー（Shaun R. Harper）は二〇一六年の調査において、NCAAが合算したディビジョンIのデータを使って黒人選手は黒人の一般学生より学業で優れていると主張することを強く批判している。

NCAAは、テレビコマーシャルでディビジョンIの黒人男子選手が一般の黒人学生よりも卒業率が高いことを喧伝している。これはディビジョンI全体ではそうであるが、アメフトやバスケットボールの強豪校であり、数百万ドルを生み出すボウルゲームやバスケットボール・トーナメントでプレーしてハイズマン賞［学生アメフト最優秀選手賞］受賞者も多く出している、五大コンファレンスの所属大学に関してはあてはまらない。これら六五大学では、黒人選手の卒業率は黒人の一般学生より五ポイント低い。また、平均で四六・四％の黒人男子選手が六年以内に卒業しておらず、大きな損失である。(31)

表 6-18　黒人選手が相対的に多い男子スポーツの人種別構成比（2014-15 年度）

	ディビジョン I		ディビジョン II		ディビジョン III	
	白人	黒人	白人	黒人	白人	黒人
バスケットボール	27.0	62.6	36.2	54.2	57.6	31.4
アメフト	40.4	47.3	44.1	46.0	67.3	20.0
屋外トラック競技	57.4	28.0	58.4	26.8	71.4	14.9
屋内トラック競技	57.6	28.9	63.6	25.1	72.4	14.7

（単位：%）

出所：NCAA, “Sport Sponsorship, Participation and Demographics Search database” (http://web1.ncaa.org/rgdSearch/exec/main)

ハーパーの結論は、ディビジョンⅠで最も裕福かつ競争の激しいアトランティック・コースト・コンファレンス、ビッグ・テン・コンファレンス、ビッグ・トゥエルブ・コンファレンス、パシフィック・トゥエルブ・コンファレンス、サウスイースタン・コンファレンスに所属する六五大学のアメフトと男子バスケットボール選手の卒業率の調査によるものである。ハーパーによるこれらの大学を対象にした二〇一六年の調査では、次のことが明らかになった。

● 二〇一四―一五年度において、黒人男子は学部生の二・五%を占めるだけだが［調査対象の大学は大規模州立大学が多いので一般学生の入学難易度は高く、黒人学生の比率は低くなる］、アメフトでは五六・三%、バスケットボールでは六〇・八%を占める。
● 六年以内に卒業する黒人男子選手は五三・六%であるが、スポーツ選手全体では六八・五%、黒人男子の一般学生は五八・四%、学部生全体は七五・四%である。
● マイアミ大学とノースウェスタン大学しか黒人男子選手の卒業率が選手全体の卒業率を上回らない。
● 三分の二の大学では、黒人男子選手の卒業率は一般の黒人男子学生の卒業率よりも低い。
● ノースウェスタン大学しか黒人男子選手の卒業率が学部生全体の卒業率を上回らない。(32)

また、データは人種マイノリティの選手、とくにアメフトとバスケットボールの黒人選手は、特別入学審査で入学する傾向が強いこと、(33) 卒業率が低く、(34) スポーツ選手全体や一般学生全体と比較して学力も低いこと、楽勝な科目や専攻に集中する傾向があることを示している。これらの特別入学を許可された選手は、学力の高い一般学

表 6-19　ディビジョンⅠの男子選手の連邦卒業率（FGR）（2007年入学生）

	スポーツ選手	一般学生
全体	66	65
白人（男女共）	70	67
黒人（男女共）	56	46
白人男子	64	65
黒人男子	52	41

（単位：%）

出所：NCAA Research Staff "Trends in Graduation: Success Rates and Federal Graduation Rates at NCAA Division I Member Institutions," PowerPoint presentation, October 2014.

生と教室で競うことなどできない。彼らには補習プログラムが与えられるが、そこでの努力は読解、作文など教学でのスキルを高めるよりも、出場資格を維持するためのものである。

白人が支配的でスポーツのさかんな大学においてしばしば語られる神話として、選手は学力が不充分でもスポーツ能力のおかげで名門大学に入り、友達をつくり有力な同窓会に入って著名人とも知己となり将来の人脈をつくることは、それだけで勉学に勝るとも劣らぬ価値がある、という主張があるが、それは強く否定されるべきである。これが暗示する意味は、学力の不足している選手は大学が勧誘の際に約束してくれた教育を受けられなくても、恩恵は充分に受けている［だからよい］ということである。

黒人男子選手の学力や卒業率の低さを語るとき、二つのことに注意すべきである。第一に、男女を問わず、黒人選手は身体的には優れているが知的には劣っているというイメージが形成されてしまうことである。このことは、黒人選手が出場資格を維持するために特定の楽勝科目や限られた数の楽勝な専攻、スポーツ推進派で成績評価の甘い教授の科目に集中するという非倫理的なクラスター化を正当化してしまう。第二に、白人が圧倒的に多い大学に在学するという経験が黒人選手に与える影響を認識し、精査しなければならない。八〇%の黒人学生は白人中心の大学に通っている。この値は第二次大戦前では一〇%であった。ホーキンス（Billy Hawkins）によれば、黒人選手にとって人種差別、人種面での孤立、疎外感の経験がいかに学業成績や卒業率に関係したかを明らかにした研究結果はまだない(35)。

人種マイノリティの女子選手のスポーツ参加の傾向は、男子と基本的には同じだが、教学面での問題はいくらか小さい。すべてのディビジョンを合わせて種目ごとに人種多

表 6-20　黒人選手が相対的に多い女子スポーツの人種別構成比（2014-15 年度）

	ディビジョン I		ディビジョン II		ディビジョン III	
	白人	黒人	白人	黒人	白人	黒人
バスケットボール	33.9	53.6	50.4	37.1	70.8	17.1
ボウリング	58.2	28.2	55.3	35.1	87.8	7.8
屋外トラック競技	58.4	28.5	68.1	19.9	77.5	9.9
屋内トラック競技	58.5	28.1	63.0	22.1	76.5	10.0

（単位：%）

出所：NCAA, "Sport Sponsorship, Participation and Demographics Search database"
（http://web1.ncaa.org/rgdSearch/exec/main）

様性のデータを調査すると、男子と同様に、女子の人種マイノリティ選手は選手権試合のある特定のスポーツに集中していることが明らかになる。

●白人女子選手は九六％の種目（二五種目中二三種目）で相対的に多い。

●黒人女子選手は一六％の種目（同四種目　バスケットボール、屋外トラック競技、屋内トラック競技、ボウリング。ボウリングは全体で五七二人しか選手登録がないが、黒人スポーツ文化であり伝統的な黒人大学では人気がある）のみで相対的に多い。

●ヒスパニック系の女子選手は四％の種目（二五種目中一種目　全体で三九人しか選手登録がないシンクロナイズドスイミング）で相対的に多い。

●アジア系の女子選手は二〇％の種目（同五種目　シンクロナイズドスイミング、フェンシング、スカッシュ、ゴルフ、射撃だが、ゴルフ以外は参加者は少ない）で相対的に多い。

表 6-21　ディビジョンⅠの女子選手の連邦卒業率（FGR）（2007 年入学生）

	スポーツ選手	一般学生
全体	66	65
白人（男女共）	70	67
黒人（男女共）	56	46
白人女子	76	70
黒人女子	63	50

（単位：%）

出所：NCAA Research Staff "Trends in Graduation: Success Rates and Federal Graduation Rates at NCAA Division I Member Institutions," PowerPoint presentation, October 2014.

男子スポーツと同様、黒人女子選手はバスケットボール、屋内トラック競技、屋外トラック競技、ボウリングに集中した（表6－20参照）。そのほかバレーボールで黒人女子選手が一〇・一％を占めている以外では、他のどの民族・人種マイノリティも二桁の構成比のものはない。黒人女子選手の卒業率は黒人男子選手に比べれば一一ポイント高いが白人女子選手に比べると一三ポイント低い（表6－21参照）。

男子・女子を問わず、人種マイノリティの選手は少数のスポーツに集中し、数種目を除けば白人選手が圧倒的に多いことは、スポーツ文化の形成について、注意を要する。選手が他の選手と交際する時間の多くを費やす相手は、白人同士でも人種マイノリティ同士でも、同じ人種である。大学のスポーツ部プログラムが包含性を持っているということは、ほとんど不可能である。とくに特定の種目で黒人選手ばかり活躍していることがマスコミに取り上げられ、このイメージによって若い世代も憧れを持ち、選手になることを目指すので、種目間の不均衡は解消されにくい。人種マイノリティが特定の種目にのみ集中するのは、彼らが貧しい階層の出身で都市部の住民の中に多いこと、多様なスポーツをする経験は経済力に依存すること、地域にそのようなスポーツの施設が充分にないことが要因である。NCAAと大学のスポーツ部は、これらのスポーツ経験の不均衡を改善する役割を担っているか。もし包含性という点を重視しているならば、答えはイエスであるはずだ。

大学スポーツにおける民族・人種マイノリティの職員の雇用

まず第一に、高等教育機関のフルタイム・パートタイムの教員は圧倒的に白人であることを理解しておかねばならない（表6－22参照）。人種マイノリティの選手ならびに一般学生は、意思決定の権限を持つ人の大多数が白人という環境に入り込まなければならない。

この多様性の欠如は、大学のスポーツ関連部署やコンファレンスの職員の構成にも見られる。これらの職員は教学的でないプログラムに携わっているが、奨学金や教室外での拘束時間をコントロールしているので、人種マイノリティ選手の学生生活により大きな影響力を持つ。したがって、NCAAのメンバー大学に人種マイノリティの監督が少ないということは、白人の多い大学で人種マイノリティの選手がいかに扱われるかということについて、重要な意味あいを持つ。白人の監督は（ディビジョンⅠとⅡのアメフトとバスケットボールを除いては）白人の選手を勧誘する傾向があり、典型的な同質性の再生産がなされる。

しかし、人種マイノリティが集中している種目を見れば、圧倒的多数の白人の監督とスタッフが人種マイノリティ選手に対して白人選手とは異なった扱いを

表 6-22　高等教育機関における教員の民族・人種別構成比（パートタイムを含む、2013 年秋）

民族・人種	構成比
白人	79
黒人	6
ヒスパニック系	5
アジア系	10
先住民	1 未満
ミックス（2 人種以上）	1 未満

（単位：%）

出所：National Center for Education Statistics "Fast Facts: Race/Ethnicity of College Faculty - Fall, 2013" (2015). (https://nces.ed.gov/fastfacts/display.asp?id=61)

している文化があることに気づく。この異なった扱いは、ディビジョンIのアメフトとバスケットボールの監督の地位が不安定なため、彼らは学力が低くてもよいのでスポーツ能力の高い選手を勧誘しなければならないという強いプレッシャーを感じていることに起因する。その結果、NCAAのメンバー大学では、そうした選手の入学審査での特別扱いが普通になり、その対象は一般学生に比べて黒人の比率が高い。そのような学生が入学して授業を受け始めたら、スポーツ部は選手に出場資格基準をクリアする最低限の成績を取らせなくてはならないというプレッシャーを感じる。その後の悲惨な結果は予想できるだろう。ドミノが次々と倒れていくさまは、［頭脳明晰な人の例である］ロケット科学者でなくても簡単に予想できる。すなわち、楽勝科目・専攻に選手が集中する、学力の低い学生に対して学習アドバイザーが学習障害であると判断して成績不良を寛大に扱う、教学担当部署でなくスポーツ部が管轄する多数の家庭教師が選手を手助けする、などである。

しかし、明らかになっていない隠れた影響がある。圧倒的多数を占めるスポーツ部の白人スタッフが、黒人学生はスポーツ能力は高いが学力は低いというイメージをつくって広めてしまうことである。一般的に、白人の教員の下では白人学生と黒人学生の成績の差が大きくなるという調査結果もある。白人の教員は「黒人学生の学業に期待しなくなり、彼らの家族や文化にまで敬意を払わなくなる傾向を生み出すなど（中略）マイナスイメージを醸成する強力な社会的環境」からの影響を受けている。[36] 白人監督は、白人男子選手に接する時と比較して、人種マイノリティ、女子、LGBTQの選手には敬意を払わず、異なる態度をとるという調査結果もある。[37] スポーツ部の雇用データは、この観点から批判的に調査される必要がある。ここでの問題は、それが実際に存在するとしても、監督やスタッフの雇用での差別ではない。重要なのは、白人が圧倒的多数を占める大学、スポーツ部、NCAA事務局、規則を制定し執行する大学・コンファレンス教員代表組織における人種マイノリティ選手の扱われ方である。スポーツと教学の管理者層と指導者層において白人が占める割合は、表6－23と表6－24に示されている。

NCAAの本部職員についても、人種マイノリティの採用に関して同様に嘆かわしい状況にある。セントラ

表 6-23　スポーツ部監督・職員の民族・人種別構成比（2014-15 年度）

職階	白人	黒人	ヒスパニック系	アジア系	その他＊
指導者職					
監督	86.9	8.7	1.9	0.9	1.6
コーチ	78.5	14.7	2.5	1.0	3.3
スポーツ部上級管理職					
部長	87.3	9.8	1.7	0.5	0.7
副部長	87.1	9.5	1.6	0.6	1.2
部長補佐	86.0	9.4	2.3	0.9	1.4
女性上級役員	85.5	10.4	2.0	0.8	1.2
スポーツ支援担当					
キャリア・生活指導アドバイザー	74.1	21.3	2.3	1.0	1.3
トレーナー長	91.3	3.4	2.6	1.5	1.1
トレーナー長補佐	87.0	4.9	3.1	2.6	2.3
トレーニングコーチ	81.9	11.5	2.2	1.2	3.3
学習アドバイザー	69.8	22.8	3.2	1.8	2.4
事務職					
事業部長	84.4	8.8	3.3	1.8	1.8
規則遵守担当部長	82.6	12.8	2.7	0.7	1.2
器具担当部長	82.0	10.4	4.7	1.2	1.7
寄付金担当部長	88.4	7.1	1.9	1.2	1.4
施設担当部長	84.1	9.5	4.6	0.6	1.1
マーケティング担当部長	84.5	8.4	2.4	2.0	2.7
広報担当部長	92.0	4.9	1.1	1.4	0.7
広報担当部長補佐	91.5	3.3	1.9	1.6	1.7
入場券販売担当部長	84.9	9.4	2.5	1.4	1.9
その他					
業務アシスタント	83.9	9.7	3.7	0.9	1.7
大学院生コーチ（アメフトを除く）	82.4	10.5	2.7	1.2	3.2
インターン	79.1	13.2	2.7	1.3	3.7
NCAA 教員代表	89.7	7.4	1.1	0.9	0.9

（単位：%）

出所：NCAA, "Sport Sponsorship, Participation and Demographics Search database"
(http://web1.ncaa.org/rgdSearch/exec/main)
＊ 島嶼部出身者、先住民、ミックス（2 人種以上）を含む

ルフロリダ大学のスポーツ多様性・倫理研究所（Institute of Diversity and Ethics in Sport）の『二〇一四年版男女比・人種比に関する報告書——大学スポーツ編（*The 2014 Racial and Gender Report Card: College Sport*）』によれば、NCAA本部の雇用状況は次のようである。

●人種マイノリティと女性の役員（最高執行役員、執行副会長、上級副会長、副会長）の数は二〇一三年も二〇一四年も四人であった。人種マイノリティは黒人である。

●その下の管理職ポジションでは、人種マイノリティの比率は二〇一三年が一七・一％、二〇一四年が一八・一％であった。黒人は二〇一四年は一五・七％で、二〇一三年に比べて〇・二ポイント下がった。二〇一四年にはヒスパニック系が一人いて、一・二ポイントの上昇であった。アジア系は二〇一三年から一・二％のままである。

●さらにその下の専門職レベルでは、人種マイノリティの比率は二〇一三年の二〇・四％から二〇一四年は二〇・二％と微減した。黒

表 6-24　コンファレンス職員の民族・人種別構成比（2014-15 年度）

職階	白人	黒人	ヒスパニック系	アジア系	その他 *
会長（学長など 108）	91.7	7.4	0.9	0.0	0.0
上級管理職					
コミッショナー（136）	93.4	3.7	0.7	2.2	0.0
副コミッショナー（175）	82.9	16.0	0.6	0.0	0.6
コミッショナー補佐（141）	87.2	8.5	2.1	1.4	0.7
中級管理職					
部長（146）	84.2	10.3	2.7	1.4	1.4
副部長（22）	100.0	0.0	0.0	0.0	0.0
部長補佐（71）	78.9	12.7	4.2	1.4	2.8
コーディネーター（514）	87.4	8.2	3.7	0.6	0.2
事務職					
事務職員（63）	81.0	9.5	4.8	4.8	0.0
秘書（52）	92.3	3.8	1.9	1.9	0.0
インターン（135）	69.6	22.2	5.2	1.5	1.5
学生アルバイト（4）	25.0	75.0	0.0	0.0	0.0

（単位：%、カッコ内の数字は人数）

出所：NCAA, "Sport Sponsorship, Participation and Demographics Search database"
（http://web1.ncaa.org/rgdSearch/exec/main）
* 島嶼部出身者、先住民、ミックス（2 人種以上）を含む

人は二〇一四年も二〇一三年と同じ一五・八％であった。二〇一三年から二〇一四年にかけて、ヒスパニック系は一・八％から一・四％に、アジア系は二・八％から二・七％に微減した。白人は七九・六％から七九・八％に微増した。(38)

NCAAの本部職員は、教学の高潔さから選手の勧誘や出場資格の違反まで、規則遵守の調査を通して選手に影響を及ぼす。職員の認識や考え方がこれらの責任を果たす際に重要になる。

雇用での差別と人種マイノリティの学生への影響力という点で、圧倒的多数を占める白人の意思決定者による判断に疑問を呈し、大学で最も弱い立場にあるディビジョンⅠのバスケットボールとアメフト選手に対して教学の機会を与えずに搾取していることの説明責任を求めなくてはならない。アメフトやバスケットボールに加えて、人種マイノリティが集中していないスポーツの人種マイノリティ選手の卒業率と学業成績にも、より一層注目しなければならない。

3 忘れられた選手――障害を持つスポーツ選手の機会

一九七三年のリハビリテーション法は、一九七二年の教育法修正第九条と同じ構造をしている。連邦政府から資金援助を受けている教育機関・プログラムは、障害の有無を理由に差別をしてはならず、差別すれば連邦政府資金を失う。教育省は一九八〇年の法律で一般的な規制を定め、なかでも中等後教育において、スポーツを含むすべての課外活動にも適用することを発表した。

一〇四・四三　学生の扱い――一般

（a）障害はあるが能力的に問題のない学生が、障害を理由にスポーツへの参加とその恩恵の享受を拒否されてはならない。教育、研究、職業訓練、住居、健康保険、カウンセリング、奨学金、体育、スポーツ、リクリエーション、移動、その他の課外活動、およびその他の中等後教育の支援・恩恵・サービスを受けるという活動の中で、差別されることがあってはならない。[39]

しかしながら、修正第九条の条項と異なり、二〇一三年の「各大学への通達」により大学のスポーツにおける義務が明確にされるまでは、詳細なガイダンスはなかった。[40]「通達」が出されたきっかけの一つは、障害を持つ学生にスポーツの課外活動が提供されていないことを指摘した政府説明責任局（U.S. Government Accountability Office）の報告書だった。[41]女子選手に男子チームの入部テストを受けることを認めた修正第九条と同様、「通達」も、障害を持つ学生に大学代表チームの入部テストを受ける機会を与え、学生が最大限の能力を発揮できるようにすべきである、としている。障害を持つ選手は、スポーツ部が提供している既存の対応策で満たされないならば「個別の配慮」を受ける権利を与えられなければならない。課外活動の性格の根本的な変更につながらず、障害を持つ選手を不当に有利にしない（義肢・義足などの補綴《ほてつ》物が競争上の有利とならない）かぎり、必要ならば、競技のルールを変えることも考慮すべきである。[42]たとえば、耳の不自由な選手はスタートの際に視覚で合図を得なければならないであろうし、片腕がない選手は平泳ぎの両手でタッチするというゴールの決まりを免除され、目の不自由なクロスカントリー選手には伴走者がつき、耳の不自由な選手には手話通訳者がつくべきである。障害を持つ選手に出場を認めないという判断は、根拠のない懸念（車いすは体育館の床を傷めるなど）や先入観（学習障害を持つ選手はプレッシャーの中ですばやく判断する能力がないので団体競技に向かないなど）に基づいてはならない。

修正第九条は、男子チームの入部テストに受からないために女子選手が本来なら認められるべき競技する権利が奪われるのならば、男子とは別に女子チームをつくることは差別でも分離でもないとしている。同様に、障害を持った選手が健常者と同じ大学代表チームで一緒にプレーできないのならば、別に「アダプテッド・スポーツ

(adaptive sports)」［障害適応型のスポーツ］（車いすバスケットボール、ソリを使うパラアイスホッケーなど）のチームを提供しなければならない。

二〇一一年になってようやく、ＮＣＡＡ総会の情報提供のセッションで障害を持つ選手の参加機会の問題が取り上げられた。二〇一二年に、ＮＣＡＡは「障害者選手小委員会（Student-Athletes with Disabilities Subcommittee）」を設置した。現在、障害者が一人だけ委員として加わっている。二〇一三年には、「障害者選手シンクタンク（Student-Athletes with Disabilities Think Tank）」を設置した。しかし、これらのグループからの一連の提言にもかかわらず、ＮＣＡＡは障害を持つ選手向けの選手権試合を始めたり、開催をメンバー大学に強く促したりすることに迅速とはいえない。

二〇一四年五月、アトランタでのＮＣＡＡ地区規則セミナーにおいて、ＮＣＡＡの包含・指導力開発室（Office of Inclusion and Leadership Development）のスタッフであるラクダッシェル（Chris Ruckdaschel）が、障害を持つ選手の包含に関するセッションでプレゼンテーションを行った。彼はＮＣＡＡがアダプテッド・スポーツで選手権試合を開催する可能性について、それは「長期的課題であってすぐには実現されず」「目下のところ何も計画はない」と述べた。そして、まずは各大学での開催を義務づけることがＮＣＡＡ主催の実現につながるだろう、と提言を行った。現在はメンバー大学に開催の義務はないが、ＮＣＡＡの主導ではなく大学が開催し、それを追認する形をとるということである。(43) 現在、ＮＣＡＡのディビジョンに入るには、男子と女子それぞれで最低限の種目数のスポーツチームを持たなければならない。公民権局の二〇一三年のガイダンスに照らせば、全米レベルのスポーツ統治組織であるＮＣＡＡ、ＮＡＩＡならびにＮＪＣＡＡは、各メンバー大学に充分な準備時間を与えたうえで、まずは最小限の数のアダプテッド・スポーツ（個人競技、団体競技とも）の提供を義務づけることが適切だと思われる。

現在、ディビジョンⅡの二つの大学のみがアダプテッド・スポーツ（男子車いすバスケットボール）を通常のスポーツと同じように正規のスポーツ部として財政支援している。ペンシルバニアのエディンボロ大学とサウスウェスト・ミネソタ州立大学である。ディビジョンIのイリノイ大学、アリゾナ大学、アラバマ大学、テキサス大学アーリントン校、ミズーリ大学、ペンシルバニア州立大学は、組織だった模範的なアダプテッド・スポーツのチームを持っているが、正式な部ではなく学内でのみ活動するクラブとして存在し、全米団体（NCAA、NAIA、NJCAA）の管轄下になく、当該大学が所属するコンファレンス（ビッグ・テン、パシフィック・トゥエルブ、サウスイースタン・コンファレンス、サンベルト・コンファレンス）からも大学対抗戦に出場する大学代表チームとはみなされていない。他の大学のクラブプログラムと同様に、これらは充分成熟しており大学代表チームに昇格する態勢にもなっていると思われるが、現在はまだスポーツ部予算が支援する正規の大学代表チームとは認知されていない。

全米車いすバスケットボール協会は、男子九チーム、女子四チームによる大学対抗戦を行い、教学面での出場資格基準などNCAAと同様の規則をつくり、全米選手権試合も行っている。[44] NCAAがアダプテッド・スポーツの選手権試合を行っている全米組織と連携し、障害を持つ選手の選手権試合の機会を拡大を支援するとともに、選手権試合の勝者をNCAAチャンピオンとして認定することを期待したい。

長いトンネルの向こうに、障害を持つ選手の機会拡大の推進を示す一つの光明が見えてきた。二〇一五年一月、イースタン・カレッジエイト・アスレチック・コンファレンス（Eastern Collegiate Athletic Conference, ECAC）（NCAA内で最大のメンバー数を誇る地方支部で、三つのディビジョンに三〇〇大学以上が所属する）が、一九七三年のリハビリテーション法において、そして二〇一三年一月の「各大学への通達」においてより明確にされた精神にも文面にも完全に合致した四本立ての「インクルーシブ・スポーツ戦略」［障害のある選手と健常者選手が共にプレーできるスポーツ］を発表したのである。[45] ECACのインクルーシブ・スポーツについての原則は次のとおりである。

原則一――障害を持つ選手を既存のチーム、競技、選手権試合にスポーツへの特別対応を行わずに参加させる。NCAA、NAIA、NJCAAの権限ですでに行われている。

原則二――障害を持つ選手を、既存のチーム、競技、選手権試合に合理的な特別対応を行って参加させる。NCAA、NAIA、NJCAAの権限ですでに行われている。

原則三――障害を持つ選手を大学代表チームとして、その試合結果を、水泳、陸上、ボート、テニスにおける既存の競技会とコンファレンスの選手権試合の各大学の戦績に加点する。

原則四――障害を持つ選手のために、アダプテッド・スポーツの新しいリーグ、競技会、選手権試合を創設する。チームをつくるだけの人数がいなければ、近隣の大学からの障害を持つ人、健常者の参加も認める。(46)

パラリンピックの専門家でECACの上級アドバイザーであるフェイ（Ted Fay）のリーダーシップの下、パラリンピックの現・元選手、監督、大学のスポーツ担当職員、スポーツ部部長、ならびに障害者スポーツ団体や全米レベルのスポーツ統治組織の役員らの協力により「ECACインクルーシブ・スポーツ促進戦略（ECAC Inclusive Sport Initiative Strategy）」がつくられた。(47) フェイは、このプログラムから恩恵を得る障害を持った選手は多いと述べている。たとえば、現在在学している障害者、ECACの選手にあこがれている高校生、留学生、元選手で近年の従軍で障害を負い学士号取得のため復学した復員兵である。(48) フェイとECACの先導的な役割は賞賛されるべきである。NCAAはこのECACの戦略に賛同し支援しているが、NCAAは、シンクタンクや小委員会をつくるだけでなくもっと主導的な役割を果たす責任があると多くの人は感じている。NCAAは民族・人種、性別による差別問題と同様に、リップサービスに徹するのではないかと疑っている人もいる。本書の最終章では、障害を持つ選手の参加機会の拡大のための提言を行う。

[「参加者ギャップ」の計算]

女子選手の参加者ギャップとは、
男子学生数全体に対する男子選手数の比率と同じになる女子選手数と
現在の女子選手数との差である。
本文中の例は高校の場合だが、当時の高校生女子選手数は320万人、
男子選手数は450万人、全学生数はわかっていないが比率は男子が51%、女子が49%である。
望ましい女子選手数をx、全学生数をyとする。

男子と女子でスポーツ選手の比率が等しくなるには

450/(y*0.51) = x/(y*0.49)

となり、

x = 450*0.49/0.51 = 432万人

となる。
現在の女子選手数との差は

432 − 320 = 111万人

となる。

本章の表におけるギャップも同様の計算である。
もちろん、現在の女子選手数が充分大きければ、ギャップはマイナスになる。
表の注でさかんに男子スポーツ選手の学部生数に対する比率は変わらないと仮定しているのは、
上記の式で左辺が変わらないということである。

第7章

大学スポーツの維持不可能な財務

一般に抱かれている印象と異なり、大規模なスポーツ部プログラムの運営は、現在、ディビジョンIの最上位グループであるFBSですら九〇%の大学にとっては利益をもたらさず、独立採算制を維持することもできない。財務の赤字と支出超過は、大学スポーツ部が株主を持っていないという構造によってもたらされる。非営利組織である大学とは別の経済構造を持つ民間企業は、株価を上げたり株主への配当を可能にするため四半期ごとの黒字を目指すが、スポーツ部はグラウンドで相手に勝つことを目指す。したがって、最も成功しているスポーツ部でさえ、テレビ放映契約、スポンサー企業との契約、寄付などで大金が入ると、スポーツ部部長はより強いチームをつくることにまわしてしまう［収入が増えても支出を増やすので赤字体質から抜けられない］。

数十年にわたって、大学スポーツがより商業化され、財務収支が大学にとって重大事になるにつれて、赤字と大学間の収入格差が拡大する傾向が明らかになった。とくに後者の傾向は、一九八四年の最高裁における「オクラホマ大学判決」［NCAAが各大学に課したテレビ放映回数制限が反トラスト法違反と判断され、これ以降、有力コンファレンスは独自に高額なテレビ放映契約を結べるようになった」以降、加速した。この拡大する格差によって、ディビジョンI所属大学であっても、スポーツでの栄光を目指す大学において支出が増加して、独立採算制が維持不可能になっている。(1)

I 収入格差の原因

長らく維持されていたNCAAの全米テレビ中継のポリシーは一九八四年に否定され、大学もコンファレンスも勝手に競争できるようになった。NCAAのテレビ放送カルテルは崩壊した。有力大学とコンファレンスは頚木《くびき》を解かれ、弱小大学にとってはNCAAのテレビ中継ポリシーによる保護がなくなった。

表7－1は、一九八四年の最高裁判決と一九九〇年代のコンファレンスの再編が大学間の収入の分布にもたらした影響を示している。一九六二年から一九八〇年までの一八年間にも、上位一五〇大学におけるスポーツ部の収入格差は確実に広がっていた。収入が一位の大学の収入額と、平均収入額の比率は〇・六七増加した。続く一九八〇年から九七年までの一七年間に、格差の比率は一・〇〇増加し、増加スピードは五〇％増である。

最高裁判決はまた、アメリカにおけるケーブルテレビの増殖と時期を一にしていることにも注目すべきである。一九八〇年、ケーブルテレビ視聴者は一五五〇万世帯（視聴者世帯全体の一九・九％）であった。一九九〇年までに、それは五二〇〇万世帯（同五六・四％）となった。ケーブルテレビは伝統的な広告収入に加えて、視聴者からの毎月の契約料という収入源を持つ。ケーブルテレビの拡大によって、ディビ

表7-1　1962-1997年における上位150大学の収入の不平等度

年	比率（最大値 / 平均値）*
1962	1.81
1970	1.92
1980	2.48
1989	3.04
1995	3.29
1997	3.48

出所：Mitchell Raiborn, *Financial Analysis of Intercollegiate Athletics* (Kansas City: NCAA, 1970); Mitchell Raiborn, *Revenues and Expenses of Intercollegiate Athletics Programs, 1970-1977, 1978-1981, 1981-1985, 1985-1989* (Overland Park, Kansas: NCAA, 1978, 1982, 1986, 1990); NCAA, *Revenues and Expenses of Intercollegiate Athletics Programs, 1993* (Overland Park, Kansas: NCAA, 1994); NCAA, *Revenues and Expenses of Divisions I and II Intercollegiate Athletics Programs, 1995, 1997* (Overland Park, Kansas: NCAA, 1996, 1998).
* 収入が第1位の大学の収入額と平均収入額との比率。収入はテレビ放映料、企業からの広告料、寄付金なども含む

ジョンⅠのエリートコンファレンスのテレビ放映料収入が急増した理由の一部が説明できる。

格差拡大の他の要因としては、［有力ボウルが持ち回りで全米チャンピオンを決める試合を行う］かつてのボウル・チャンピオン・シリーズ、現在のフットボール・チャンピオンシップ・プレーオフ（Football Championship Playoff, FCP）の収入、NCAAからの分配金の偏り、コンファレンス専属のケーブルテレビ局の創設、コンファレンスの結ぶテレビ放映契約料の高騰、有力校での選手を引きつけるためのプロのような豪華な施設の建設があげられる。一九九八年の開始から二〇一四年まで、ボウル・チャンピオンシップ・シリーズでは六つの有力コンファレンス（Automatic Qualifier と呼ばれる［チャンピオンが自動的にボウルゲームに出場する権利があるコンファレンス］）を優遇し、多額の収入がもたらされるようになっていた。フットボール・チャンピオンシップ・プレーオフになってからは収入の分配の不平等をさらに広げるとともに、収入そのものが三倍の金額になった。もちろん、フットボール・チャンピオンシップ・プレーオフが現在の四チームから八チームに拡大すればこの格差はさらに拡大する。

ひとたび市場原理の制約下に入ると、収入の格差は自己増殖的に大きくなる。高収入の大学はアメフトのスタジアムやバスケットボールのアリーナの改装・新築のための資金を持つことができ、それがさらなる収入を生む。優秀な監督を雇うことができ、選手の勧誘や在学中の支援をする資金となり、試合でのより多くの勝利につながり放映料も増加する、という仕組みである。

二〇〇〇年以前の収入の分布に関するデータはほとんどない。そして、データの集計方法も二〇〇〇年以降のものとは異なっている。したがって、格差が過去数十年にわたってどのように拡大したかを正確に表すことは難しい。さらに、スポーツ部の会計処理の仕方が大学ごとに異なりかつ不完全であることに加え、［私立大学では］収入・支出金額の情報は個人財産なので機密情報として扱われ非公表なので、現在でさえ格差の状況は完全に正確には把握できない。しかし、定期的に刊行されるNCAAの収支報告書（Revenues and Expenses Report）[2]や、スポーツ公平公開法に基づく報告書などから、FBS所属大学の間の収入格差についてこれまでの傾向と現状を大まかに描写することはできる。

表7－1は、一九六二年から一九九七年の上位一五〇の大学について、収入が一位の大学の収入額と、平均収入額の比率を示している。格差拡大の傾向は明らかであり、一九八四年の「オクラホマ大学判決」以降の加速も顕著である。二〇〇四年以降のデータは、FBS所属大学（二〇一四―一五年度では一二八校）における一位の大学の値と中央値の比率を用いている。分布の偏りは明らかだが、平均値は中央値より大きいことが多いので、二〇〇三年以前のデータと以降のデータを比較することはできない。

収入がトップの大学の収入額と平均収入額の比率のデータは一九九七年までしかないが、二〇〇三年までについてはNCAAのアメフトと男子バスケットボールに限定したデータで傾向を見ることができる。表7－2によれば、トップ値と平均値の比率は一九九七年度の三・五六から一九九九年度は三・六六、二〇〇三年度には三・八九と拡大した。

二〇〇四年以降は平均値のデータでなく、中央値が公表されるようになった。表7－3は、アメフトと男子バスケットボールの収入金額におけるトップの大学の値と中央値の比率である。二〇〇四年度から二〇一四年度で格差が拡大している(3)。

最後に、表7－4によって二〇〇四年から二〇一四年のスポーツ部全体の収入を見てみたい。相対的な格差（トップ値と中央値の比率）は安定しているが、絶対的格差（収入金額そのものの差）は急速に拡大していることがわかる。

格差の傾向は、二〇一四年度のFBS所属の一二四校のアメフト部と男子バスケットボール部の収入を順位で一〇％ずつに区切って分析した結果によって明らかにされる。アメフトでは四〇％の大学が七五六万ドル未満であり、バスケットボールでは四〇％の大学が三二〇万ドル未満である。一方、下位五〇％の大学でも競争的であるために支出を増加させている。選手一人当たりのFBS所属大学のスポーツ部の平均支出は、二〇〇四年で六万三〇〇〇ドル、二〇〇八年で八万五〇〇〇ドル、二〇一二年で一〇万五〇〇〇ド

表 7-2　FBS 所属大学のアメフト部と男子バスケットボール部の収入額（1997-2003 年）

年	最大値（万ドル）	平均値（万ドル）	比率（最大値 / 平均値）
1997	3,740	1,050	3.56
1999	4,470	1,220	3.66
2003	6,730	1,730	3.89

出所：NCAA, *Revenues and Expenses Division I Intercolleagiate Athletics Programs, 1999, 2004* (Indianapolis: NCAA, 2000, 2005)

ル、二〇一四年で一一万六〇〇〇ドルである。

その結果、中央値ではFBS所属大学のスポーツ部の赤字は大きくかつ増加している。表7−4が示すように、赤字の中央値は二〇〇四年度の五九〇万ドルから二〇一四年度の一四七〇万ドルに急増した。二〇一三—一四年度では、二四の大学でスポーツ部が黒字であるが、これは［施設建設のための借り入れで生じる］資本コスト（NCAAの推定によるとFBS所属大学では平均二〇〇〇万ドル）と間接費用［駐車場管理費や光熱費などスポーツ関連なのに大学本体に計上されているものがある］をほとんど含んでいない。(4)

これらの膨れ上がった赤字によって、多くの大学では一般学生から徴収するスポーツ費を増額せざるを得なくなっている。二〇一五年の『ワシントン・ポスト（*Washington Post*）』紙の調査によれば、FBSの有力五大コンファレンス所属の六五大学のうち、三二の大学で徴収されたスポーツ費の合計額は二〇一四年で一億二五〇〇万ドルであり、一〇年前の約二倍である。(5) これらはアメリカで最も裕福なスポーツ部を持つ大学である。裕福でないスポーツ部を持つ大学にとって、学生から徴収したスポーツ費

表 7-3　FBS 所属大学のアメフト部と男子バスケットボール部の収入額（2004-2014 年）

年	中央値（万ドル）	最大値（万ドル）	比率（最大値 / 平均値）	差額（最大値−中央値）（万ドル）
アメフト				
2004	830	4,620	5.6	3,790
2010	1,620	9,390	5.8	7,770
2014	2,170	15,100	7.0	12,930
男子バスケットボール				
2004	320	1,650	5.2	1,330
2010	480	2,590	5.4	2,110
2014	580	4,060	7.0	3,480

出所：NCAA, *Revenues and Expenses Division I Intercolleagiate Athletics Programs, 2004, 2010, 2014* (Indianapolis: NCAA, 2005, 2011, 2015)

表 7-4　スポーツ部の収入額（2004-2014 年）

年	中央値（万ドル）	最大値（万ドル）	比率（最大値 / 平均値）	差額（最大値−中央値）（万ドル）	純益中央値（万ドル）
2004	2,290	10,390	4.5	8,100	-590
2010	3,530	14,360	4.1	10,830	-940
2012	4,060	16,330	4.0	12,270	-1,230
2014	4,450	19,390	4.4	14,940	-1,470

出所：NCAA, *Revenues and Expenses Division I Intercolleagiate Athletics Programs, 2004, 2010, 2014* (Indianapolis: NCAA, 2005, 2011, 2015)

による内部補助の必要性はきわめて大きい。

『USAトゥデイ』紙の二〇一〇年の調査によれば、一一九のFBSの大学では、平均してスポーツ部の収入の六〇%は学生から徴収したスポーツ費と大学本体が予算を組む補助金である。この金額は過去四年間で二〇%以上増加している。二〇一一―一二年度、［FBSを含む］ディビジョンIにおけるスポーツ費を含めた大学本体からの補助金は、前年度に比べてさらに一〇%、すなわち二億ドル増え、二三億ドルに達した。[6] これは州立大学二二七校のものである。ディビジョンIには一二〇校の私立大学があり［私立大学には財務データ公表の義務がないので公表していない大学が多い］、これらの私立大学を含めれば、ディビジョンI全体での大学本体からの補助金は年間三三億ドルから三五億ドルと推定される。ディビジョンIIとIIIも含めれば補助金は四〇億ドルになる。つまり、全米でスポーツは学生に四〇億ドルの負担を課しているのである。

二〇一五年、バージニア州のいくつかの州立大学では、スポーツ部の予算の約八〇%を学生から徴収するスポーツ費と大学本体からの補助金で賄われていることが明らかになった。州議会のコックス（Kirk Cox）下院議員は、学生から徴収したスポーツ費と大学本体からの補助金をスポーツ部の予算の二〇%以下にするという提案を行った。

通信技術の革新は、大学スポーツの財務をますます複雑なものにしているようである。過去一〇年においてメディアからの収入が大幅に増加したのは、（ESPNのような）全米レベルと（ビッグ・テン・ネットワーク（Big Ten Network）のような）地方レベルのスポーツ専門チャンネルがケーブルテレビの契約パッケージの中に組み込まれるようになった結果でもある。スポーツ専門チャンネルはこの分野では競争相手がほとんどいないので、ケーブル発信局に対して強気の交渉を行い高額の契約金を取る。この料金はケーブルテレビの視聴者の毎月の支払い額の増加に反映される。しかし、技術革新はインターネット経由の配信、これまでにない画像配信、タブレットやスマートフォンのような携帯端末での視聴など、映像の楽しみ方をきわめて多様化した。これらの多様な選択肢によって、視聴者はケーブルテレビを解約したり、本当に必要なコンテンツのみを契約するようになっている。若者の中には有線ケーブルをまったく引かない人も増えている。結果として、スポーツコンテンツ配信者も、これまでのような多くの視聴者と高い金額を享受できなくなる。この傾向は複雑で予測が難しいが、将来の大学およびプロスポーツにおけるメディアからの収入は、頭打ち、もしくは減少となる可能性が高い。二〇一五年にはＥＳＰＮとフォックス・スポーツ（Fox Sports）が予算を削減しているし、テキサス大学所有の専門チャンネルのロングホーン・ネットワーク（Longhorn Network）は大きな赤字を出した。これらは、五大コンファレンスの専属放送局と放映契約を待ち受ける未来の予兆かもしれない。(7)

現在のＮＣＡＡ所属大学の財政状況はとくに脆弱である。一方ではわずか二〇—三〇校の大学が数千万ドルもの大金を稼ぎ、(8)その他のＦＢＳ所属大学とディビジョンⅠの大学、すべてのディビジョンⅡとⅢの大学は、財政難の時代であるのにますます大きな金額をスポーツ部に補助している。他方では、大学のスター選手は自分が大学に財政的に貢献しているのに、その分け前にはまったく及ばない報酬［学費・寮費・食費に相当する奨学金］しか与えられず、満足な教育も受けられないので、大学に裏切られたと感じている。この搾取されたという思いは、選手によるさまざまな行動や訴訟につながっている。

2 改革への要求とその胎動

ホワイト（White）、ケラー（Keller）、オバノン、バーガー（Berger）、ジェンキンス（Martin Jenkins）などとの裁判や、（最終的には認められなかったが）ノースウェスタン大学のアメフト部による選手組合の結成の動きなどに対応して、ＮＣＡＡは選手に対する恩恵を改善しようという動きを見せている。二〇一四年には、選手向けの食事の内容が改善された［食費は選手の奨学金でカバーされ、その内容は一般学生の寮の食事と同様に質素なものとすべきとされていたが、それが変わったのである］。一九七四年以降、一年ごとの更新になっていた奨学金は二〇一二年からは四年間の契約にしてもよいこととなった。二〇一五年にはディビジョンIの大学で在学に必要な費用［かつての「洗濯代」］の支給が復活し、FBSの五大コンファレンスには奨学金の裁量的な増加を認めた。[9] しかし、これらの改革は、収入の格差とスポーツ部の大学本体からの補助金への依存を強めるだけであろう。

資本コストと間接費用を収支計算に含めれば、スポーツ部が黒字の大学は一〇校に満たない。多くの経済学者は、ほとんどのFBS所属大学は利益の上がるスポーツ部を持つが、市場による費用抑制の規律が働かないのでスポーツ部は黒字にならないと述べている。費用抑制の規律の欠如という説明は正確である。大学のスポーツ部は、株価を上昇させるため四半期ごとに利潤を出すことを要求する株主を持たず、代わりにブースター、卒業生、学生、スポンサー企業、メディアなどの勝利を求める利害関係者を持つ。結果として支出は軽視され、スポーツ部部長は入ってきたお金を施設、監督、事務局スタッフ、選手の勧誘、選手のための家庭教師、旅費などチームの勝利のために使ってしまう。

五大コンファレンスにおける監督の報酬額は、［情報を開示している州立大学では］平均で、二〇〇四年に八五四万ドルだったのが、二〇一四年には一六一〇万ドルとなった。監督・コーチ以外のスタッフの合計報酬額も、二〇〇四年の九三八万ドルから二〇一四年の一六〇〇万ドルになった。[10] 選手の自由競争市場が存在していないので、選手に向かうべき資金がスポーツ部プログラムの関係者の懐に入っているのである。高校のスター選手を高い報酬で勧誘するのでなく、大学は有名監督の招聘や選手向けの贅沢な施設と特別なサービスに使う。典型的なパターンとして、スポーツ部部長の目的は勝利数の最大化となり、ほとんどのスポーツ部が赤字に陥っている。

このことは理路整然と説明がつく。FBS所属大学のアメフト部と男子バスケットボール部の約半数（二〇一三―一四年度において前者で五五％、後者で五〇％）は、資本コストや間接費用を考慮しなければ黒字である[11]（最新の報告では、多くの大学は施設建設関連の負債がスポーツ部に帰属しているときには、費用として計上している。適切に計算するためには、資本コストは施設建設に際しての回収不可能な投資だけでなく、減価償却後にこれらの施設を建て替えるために貯める金額も含まなければならない[12]。しかし、一般的にFBS所属大学は一五から三〇の種目を提供しているが、ほとんどすべてが赤字である。すべての種目を一括で考える（スポーツ部の全体の収支を見る）ならば、概して、FBSの約二〇大学が黒字、約一〇〇大学が赤字である。

アトランティック・コースト、サウスイースタン、ビッグ・トゥエルブ、ビッグ・テン、パシフィック・トゥエルブという五大コンファレンスに流れ込む巨額の新規テレビ放映料により、これらのメンバー六五大学の半数においては二〇一四年と二〇一五年に行われた諸改革による支出の増加をカバーすることができる。残りの九〇あまりのFBS大学は、増加する赤字を受け入れるか、上位大学との軍拡競争をあきらめる選択をしなければならない。大きな赤字に直面するこれらの大学は、次の選択をしなければならない。（一）［体操、水泳、レスリング、重量挙げなど］オリンピック種目を廃止する。（二）一般学生から徴収するスポーツ費を増額する。（三）奨学金を削減する[13]。または奨学金を給付（グラント）型から貸与（ローン）型に変える。後者では学生の負債が増える。（四）さもなければ大学の教学予算を減らす。

したがって、現行の大学スポーツの財務と操業状況は流動的かつ赤字であり、独立採算制は不可能である。変化は起こるであろう。問題は大学幹部、NCAA（または他のスポーツ統治組織）、連邦議会がこの変化に関わり、慎重に方向づけていこうとするのか、またはこれらの組織が大学スポーツに対して放任主義の姿勢をとり、今後も続くことは明らかだが結果は予測できない訴訟も許容するのか、ということである。

近年のノースウェスタン大学の裁定例において、シカゴ地区の全米労働関係委員会（NLRB）は当初、アメフト選手は大学の被雇用者であり労働組合は可能であると裁定した。その後ワシントンD.C.の連邦レベルでのNLRBは、司法判断を回避して労働組合は結成できないという立場を取った。しかし、連邦レベルのNLRBは裁定の中で、議会に対してスポーツにおける大学の制度的枠組みをはっきりさせるよう求めた。とくにNLRBは、自らの法的権限の主張は取り下げたが、三つの重要な点を見て取った。（一）大学スポーツは二〇一五年時点では過渡期にある。（二）労働組合の結成許可は、二〇一五年度で一二八あるFBS所属大学のうち、一七の私立大学のみで組合を認めることになるので混乱が生じる。（三）現行システムの中で選手の自由競争市場の問題や学業での問題を解決する必要がある。

ＮＣＡＡは、一九〇五年十二月の創設以来、さまざまな改革の必要性に対応してきたが、すばやさと真剣さはその時々で差異があった。ＮＣＡＡが発表した改革案は、教学の偽善、商業化、格差拡大、財務赤字の流れを逆行させられないままである。多様な内部の改編を通して、ＮＣＡＡは本質的にスポーツ部部長、監督、コンファレンス幹部のための協会として機能してきた。さらにＮＣＡＡは、ディビジョンI－A内の有力コンファレンス（現在のＦＢＳ）によって支配されてきた。二〇一五年の総会では、それがＮＣＡＡの中の有力コンファレンスとそれ以外という二つのグループに分離させるものであったにもかかわらず、五大コンファレンスに対して、特定の経済的事項については規則制定の自由裁量権を与えてこのコントロールを確かなものにした。スポーツ部で成功した少数の大学がＮＣＡＡでの支配権をますます強めていくかぎり、ＮＣＡＡが意味のある改革を実行する能力は、これまでの歴史で見られたものよりもさらに劣っていくであろう。

第3部

健全な姿への回帰

第8章

意味のある改革への二つの道筋

大学スポーツは長い間、プロとアマチュアのあいまいな中に位置してきた。ＮＣＡＡによって運営されるハイブリッドで非常に人気のあるシステムとして、大学スポーツは倫理面で偽善的であり、教育的に腐敗し、物理的に選手を搾取し、経済的に維持不可能だと批判されてきた。この一〇年間において、システムの改革に向けての政治的・法的な圧力は高まっている。その改革案としては、プロモデルかアマチュアモデルかの選択、すなわち少数の大学はプロ化を目指し、一〇〇〇校以上の大学はＮＣＡＡが公言している教育に重きを置いたアマチュアスポーツを行うという分離も考えられている。本章ではプロ化による市場志向の改革案を検討し、ＮＣＡＡかそれに代わる組織に対する反トラスト法規制の部分的・条件付き免責を伴った教育重視の改革について議論する。

I 市場化

意味のある改革には、(一) プロ化ならびに市場化、(二) 教育に重きを置いたスポーツとアマチュア主義、という二つの道の可能性がある。第一の道の具体例は、ケスラー (Jeffrey Kessler) が、ジェンキンスの代理人として第三巡回区控訴裁判所に起こした反トラスト法裁判である。この裁判では、NCAAはカルテルであり、選手のための自由競争市場の発展を阻み、選手が大学に貢献してもたらした収入に対する公正な分配の受け取りを妨げる人為的かつ違法な共謀を働いていると論じている。もしも裁判に勝てば、ケスラーの訴訟は大学スポーツの市場を本当に自由競争市場化する。この裁判は経済学的には評価できる論理を多く含むが、われわれの判断では、この裁判が求める救済案は大規模な大学スポーツが大学本体から分離することを伴って初めて意味がある。そのような分離は、われわれが知っている大学スポーツの継続に深刻な結果をもたらすだろう。

大学スポーツが完全に自由競争市場化されると、いくつかの手に負えない問題が生じる。第一に、強豪大学のアメフト部と男子バスケットボール部はスター選手を搾取している (限界収入生産物 [ある選手が加わることでのチームの収入増加額] は一〇〇万ドルとの推定もあるが[1]、選手は年間三万ドルか七万ドルの学費に応じた奨学金しか支給されていない) ので、自由競争市場の導入は複雑な問題を引き起こす。たとえば、FBS所属大学のアメフト部は平均で八五人の奨学金を受けている選手と、奨学金なしで入学後にテストを受けて入部した (walk-on) 三五人の選手を抱えている。奨学金を受けている選手の半数以上は、チームにもたらす収入額は奨学金の額よりも小さい。二〇—三〇人が奨学金に近く、先発メンバーは奨学金を少し上回る程度、スター選手ならば奨学金をかなり上回る貢献をする (もちろん、奨学金は、選手が本当に勉強して学士号を得るという条件の下で価値を持つ。この条件はしばしば満たされない)。選手の価値にこのような差異があるならば、自由競争市場の規律はいかにして、各選手に公正な報酬を分配できるのであろうか。スポーツ部部長は有望な高校生選手と話し合うだろうか。その結果、個々の選手はいろいろな大学と交渉して進学先を決めるのだろうか。助言を得るため、有望選手は交渉の席に親、弁護士、代理人を同席させてよいのであろうか。交渉の進め方に制限を加える決まりはあるのか。あるのならば、それはどのようなもので、誰が決めるのか。自由競争市場に制限を加える規則（給与支払額の上限など）を課すには、団体交渉権（または議会による反トラスト法免責）を認める法律がないと難しい。公務員の労働組合は多くの州で認められていないので、州立大学のチームにおける団体交渉は不可能である。(2)

たしかに、選手への報酬の新しい仕組みは、ＮＣＡＡに対する反トラスト法訴訟において「競争阻害性が小さい代替案」［スポーツ健全化のためであっても取り決めは競争を阻害するので、同じ目的を達成するのであればなるべく競争阻害性の小さい方法を課す必要がある］を求められることで生まれる可能性がある。「オバノン裁判」の原告チームは、肖像権の行使からの収入の分配においてチームすべての選手に同じ金額という「競争阻害性が小さい代替案」を提案した。奨学金をもらっている八五人の選手のうち、一人の選手の報酬が一ドル増えたら、残りの八四人の選手の報酬も一ドル増えるので八四ドルの費用増加である。一ドルの八四倍の増加というのは、選手に報酬を増やすことに対する奢侈税である。チームは選手の限界収入生産物と選手への報酬による限界費用とが等しくなるように選手への報酬を決める。選手に一ドルを余計に払うと限界費用（費用の増加分）は八五ドルなので、八五ドルも売り上げが増えないかぎりバランスが取れない。したがって、報酬を増やすことに躊躇する。合理的な限界収入生産物と限界費用の均等化に基づく推計によれば、アメフトの選手全員は在学にかかる実費よりも約二万ドル多く支払われるべきである。この所得は、（寮費・食費を含むが）連邦・州政府からの所得税と社会保険料の対象になる。大学は社会保険料、労災保険、失業保険の積立金の支払いを行わなければならない。この枠組みにはさまざまな形が想像できる。反トラスト法訴訟の結果として、裁判所や（裁判所から許可を得た）訴訟当事者によって実現されるのも一つである。いずれにせよ、生じる枠組みは、利害関係者に責任を持つ学長や民主的に選ばれた議会のメンバーではなく、数人の個人によってつくられることになるだろう。

第二に、選手の自由競争市場が機能したとして、結果として生じた選手の所得は、大学における学生の行動にどのような影響を与えるであろうか。NCAAの法規は、選手は一般学生の一構成員であると定めている。数十万ドルから数百万ドル（競争阻害性が小さい代替案をめぐる裁判や和解金ならば数万ドル）の支払いを受ける学生選手の存在は、大学の学生に二つの階級を生む。

第三に、上述のように、二〇一四年度におけるFBS所属大学のスポーツ部の赤字の中央値は、一四〇〇万ドル以上にのぼる。ディビジョンIの他のメンバー大学の赤字の中央値は一一〇〇万ドルである。(3) これらの数字は巨額の資本コストや間接費用を除いたものであるから、実際のスポーツ部の赤字額、もしくは大学本体からの赤字穴埋めのための補助金は、二〇〇〇万ドルから三〇〇〇万ドルであり、その額は増加している。

第四に、現行の解釈では、アメフト部と男子バスケットボール部が大学の支援を受けている場合、男子選手への支払いは女子選手への支払いとバランスが取れていなければならず、さらにプレーに対する支払いという制度とも折り合いをつける必要がある。

したがって、自然と疑問が湧く。もしもFBS所属大学のスポーツ部が何人かの選手に毎年、数百万ドル（別途に社会保険、失業保険、労災保険の支払い）を支払い、他の選手にも数十万ドルを支払い始めるとしたら、資金はどこから来るのか。資金源の一つには需要と供給の力が反映されるであろう。選手への支払いが急増すれば、監督と大学はアメフトのチームに一二〇人もいらないと考えるはずである。つまり、奨学金の件数は今よりも二〇―三〇件減少するだろう。

今ひとつの資金源も明らかである。今日、大学の監督は彼らが勧誘した選手のもたらした「売上」から給与を得ている。大学スポーツの監督のトップレベルの報酬は、プロのアメフトリーグ（NFL）やバスケットボールリーグ（National Basketball Association, NBA）と同等であるが、大学スポーツの売上高はプロの四分の一から一〇分の一である。この不一致は通常の市場では考えられない。選手への報酬が人為的に抑えられている大学スポーツだからこそ成り立つのであって、もしも選手に報酬が支払われるようになれば、監督、コーチ（そしてスポーツ部部長）の給与は下がる。しかし、それは彼らの現在の複数年契約が切れるまでの移行期間を経たあとのことであり、そのときには市場の行動原理も変容している。同様の変化はアメフトのスタジアム、バスケットボールのアリーナ、トレーニングルーム、学習支援施設などでも起こる。選手を勧誘するときにお金を積んで競うようになれば、施設で引きつけて勧誘する必要がなくなる。しかし、ここでもこれらの建物は、すでに長期的な校債の発行によって建設されてしまっている。債券の支払いが終わるまでは資金を他に回すことは起こらない。結果として、自由競争市場における選手への高い報酬を払うために資金がまわされたとしても、時間をかけて徐々にしかまわらない。当面はスポーツ部には新しい費用負担がのしかかることになる。

成功を目指す競争は、高い給与、高い費用、より大規模な商業化に向かうと考えられる。さらに、大学スポーツが現在享受しているさまざまな優遇税制（所得税免税、施設建設のための校債の購入者が得る利息の免税優遇、大学の副業収入に対する内国歳入庁（ＩＲＳ）の寛容な解釈［スポーツを、本業である教育の附帯事業とみなしてくれる］、特別席の購入は寄付行為とみなされ八〇％の減税措置がなされていること）は注目を集めており、これらの廃止を求める政治的圧力は増大している。教学での欺瞞が蔓延すれば、大学はアマチュア主義と教育的スポーツというまねごとをやめようとし始めるであろう。したがって、市場化のプロセスは、最終的には男子バスケットボールとアメフトでプロのマイナーリーグをつくることになるであろう。

大学との教育的なつながりを断った、こうしたプロリーグは大学スポーツという伝統的なブランドイメージを減じてしまうのか、ということが今ひとつの懸念材料である。このマイナーリーグが大学の施設でプレーをしても、現在のファンやブースターの関心は集めるだろうが、一般市民の間ではマイナーリーグでしかないと認識されるかもしれない。マスコミ・評論家やＮＣＡＡによる選手の搾取と戦っている法律家は、プロ化によって大学スポーツのブランドイメージが損なわれるか否かの問題を声高に議論しているが、現実として一般市民がどう反応するかはわからない。

（大学スポーツがセミプロ化してマイナーリーグになったときの一般市民の反応がわからないのは、第九巡回区控訴裁判所の裁判官たちも同じである。彼らはＮＣＡＡによるあまり洗練されていないアンケートの結果とピルソン（Neal Pilson）［元ＣＢＳスポーツ社長」の非公式な発言に依拠して、オリンピック、大リーグ野球、テニスなどの確固たる歴史的証拠は無視し、「オバノン裁判」において自信を持って判断を下せなかった。しかしながら、「オバノン裁判」の地区裁判所の判断を控訴審が審議する際、大学スポーツがマイナーリーグ化したときに人気が衰えるか否かについて、実証面で薄弱で法的に疑わしい推論しかなかったので、裁判所が最終的には決定しなければならないとしても、この議論はしばらくの間続くことになった。裁判所は包括的ではなく部分的な改革を促すかもしれないが、その性格上、裁判所はシステム全体の一貫した解決策よりも限られた範囲の問題を扱うので、大学スポーツにとって必要な改革を行うことはできないし、その立場でもない)。

同じく問題なのは、花形スポーツであるアメフトと男子バスケットボールが、オリンピック種目のスポーツや女子スポーツを財政的に支援することができなくなることである。どのディビジョンでも収益性のないスポーツは財源を失い、教育法修正第九条の遵守のための財源がなくなるだろう。(4) したがって、自由競争市場化論には一理があるが、その進展に抵抗する多くの理由もある。

2　大学スポーツへの反トラスト法適用の再検討と、教育的アマチュアスポーツの再構築

大学スポーツの商業化を促進し、加速し、深化させた重要なきっかけは、一九八四年の「オクラホマ大学判決」である。最高裁の裁判官の多数派は、NCAAの商業的活動は反トラスト法の対象であり、NCAAのABC、CBS、TBS放送との全米放映権契約は違法なカルテルだと認定した。この判決は、その後のコンファレンスによる独自のテレビ放映契約、コンファレンスの統合・合併、視聴者の市場を大きくするためのコンファレンスの地理的再編につながり、スポーツの栄光を求めて教学の高潔さに妥協を促す動機が高まった。

教学がスポーツに従属する傾向に論理的に向き合う方法は、一九八四年以降の絶対的な商業化の主な原因である「大学スポーツへの反トラスト法適用」を再検討することである。大学スポーツの統治組織に対し、部分的・

条件付きの反トラスト法免責を法制化することは、教学の高潔さを侵食しようとする動きを鈍らせるだけでなく、スポーツ部の予算、さらに大学本体の予算にも負担になっている支出の急増に歯止めをかけることになるであろう。

これは、もしもスポーツ統治組織が教学の高潔さとスポーツ選手の公平な扱いを強化するためにある種の改革を行うならば、統治組織は商業的活動の分野と、商業的活動と教学的活動が重複している分野とにおいて、反トラスト法から免責されるというものである。シャーマン法〔反トラスト法の一種〕では商業的行為のみが取り締まりの対象とされており、NCAAのポリシーのような商業的・非商業的行為の複合分野に適用するのは非常に難しい。NCAAに対する現在、または過去の裁判の大半は、この複合的なグレーゾーンに関係する。そこでは選手への報酬の制限、監督への報酬の制限、奨学金の金額などの規制が学生スポーツとプロスポーツの分離を守るために必要か否かが重要な問題である。このポリシーの問題に明確な答えを示す評価基準やメカニズムはない。答えは裁判所の判断に依拠し、客観的な基準はない。プロスポーツとアマチュアスポーツとが重複している状況に対する限定的な反トラスト法免責とは、大学スポーツの最優先の目的を達成するのに必要なコントロールであるという理由で、NCAAや他のスポーツ統治組織の行為をシャーマン法から問題視されないようにきちんと定義しようとするものであろう。

この傾向は、「オバノン裁判」における二〇一五年九月の第九巡回区控訴裁判所による判断で明らかに示されている。地区裁判所のウィルケン（Claudia Wilken）判事は、NCAAは知恵を絞れば競争阻害性の小さい二つの方法でアマチュア主義を維持しつつ選手への報酬を改善できると判断していた。一つは、メンバーの大学が選手に授業料や寮費・食費だけでなく大学で勉強するのに必要な実際の金額を支給することを認めることである。二つめは、肖像権の行使に対して最低でも年間五〇〇〇ドルの対価を選手が卒業・中退するときに支払うことを認めることである。NCAAはこれらに不服で控訴していた。控訴審においてトーマス（Sidney Thomas）裁判長、バイビー（Jay Bybee）判事とキスト（Gordon Quist）判事はNCAAの控訴理由を聞いたうえで、二対一で肖像権の行使に対する支払いは教育目的を持たずアマチュア主義の規範に反するので行う必要がないと判断した。バイビー判事とキスト判事は、スポーツ選手が肖像権の使用に対する支払いを、たとえ遅れてから（選手が大学を離れるときに支払われる）でも受け取ったら、ファンは大学スポーツへの関心を失ってしまうだろうと意見を述べた。奇妙なことに、この判断は確かな実証的証拠に基づいていない。同じ理由により、二人の判事は、もしも大学スポーツが奴隷制に基づいていても、消費者がそれを好ましいと思えば、奴隷制度は［反トラスト法は消費者の利益の保護が目的なので］反トラスト法に関するかぎりは合法である、とも述べた。判事らは、肖像権の行使に対する支払いを選手に行うのを、ＮＣＡＡが禁止することの競争促進性と阻害性のバランスの検討をしなかったため、この誤りは増幅した。控訴審の三人の裁判官の判断は、第九巡回区の大法廷での審議に上告されたが否定された。原告のオバノン側も被告のＮＣＡＡも最高裁に上告した[5]［二〇一六年十月に最高裁は理由は述べず双方の上告を棄却］。

バイビー判事とキスト判事は、もしも肖像権の行使に関して対価の後払いが許されるならば、教育的でない報酬に道を開き、最終的には大学スポーツのアマチュア主義の基本を破壊するだろうと意見を述べた。この論理は、アマチュアスポーツ協会（ＡＡＵ）、全米ゴルフ協会などのアマチュアスポーツ団体がアマチュア主義を緩く定義しているという事実を看過しているようである。これらの団体では、本質的に競技のプレーから報酬を受けることを禁止しているが、試合場を離れての商品の宣伝行為などは禁止していない。ＮＣＡＡは、選手がオリンピックチームの一員としてプレーすることを認めているし、選手がオリンピックチームでプレーしている間、働けなくなることによる遺失所得の支払いを受けることを認めている。本質的に、ＮＣＡＡのアマチュア主義の定義は一貫性がなく、何年にもわたって、たびたび変化している。すべての団体におけるアマチュア主義の定義に共通しているのは、プレーから報酬を得てはならないということである。他の制限は団体ごとであって、アマチュア主義の共通の理解に基づいているものではない。

プロスポーツとアマチュアスポーツとが重複している領域に対する限定的な反トラスト法免責とは、大学の課外活動としてのスポーツの実施という高等教育の優先的目的を果たすために必要なコントロールであることを明らかにしてシャーマン法違反に問われないよう、NCAA主導の大学間の取り決めを明確に定義するものである。

NCAAの基本的な役割は、大学スポーツとプロスポーツとの明確な境界線を維持することである。前者は大学生に対する学問的責任に従属する課外活動としてのスポーツであるのに対して、後者はプレーの秀逸さと収入の増加のために時間と労力を費やすものであり、非営利組織である大学には不適切である。非営利の大学スポーツを全米レベルで統治する組織に適切な行動は次のようなものを含む。(一)スポーツの費用の抑制。(スポーツ部は一般学生から徴収されるスポーツ費と大学本体が予算として組む補助金に大きく依存しているので)大学の主目的である教学プログラムを実施する能力が損なわれないようにスポーツ部の予算を抑制する。(二)[サークル活動でない]正規のスポーツ活動は学生に対する学問的責任と相反しないようにする(たとえば、授業出席を難しくするようなチームのスケジュールを避ける、成績の悪い学生のスポーツへの参加を制限する、勉強時間を取れるようにスポーツが課す拘束時間を減らすなどである)。(三)選手の健康と厚生を保護する(たとえば保険を提供したり、怪我をしたあとの復帰を支援する)。

しかし、これらの行為のいくつかには商業的な側面があり、反トラスト法の対象となりうる。これらを適正にコントロールするために限定的な反トラスト法免責を適用することは、高等教育機関が必要な改革に、法的に訴えられる心配なしに集団として取り組めるようにするもので、正当化されるべき必要なことである。反トラスト法裁判は、弁護士費用、裁判費用、損害賠償などで数千万ドル規模の多額の費用がかかる。裁判がなければその資金は、NCAAとそのメンバー大学が非営利の教育目的に使えるはずである。以下ではまず、どの分野に反トラスト法免責が与えられるべきか、続いて統治組織が部分的免責の資格を持つ条件は何かについて、詳細に説明する。

免責の可能性のある分野

第一にNCAAは、大学学長の給与よりしばしば五倍から一〇倍も高くなっている、アメフト部と男子バスケットボール部の監督の給与を申し合わせて制限することに対する反トラスト法訴追を免責されるべきである[6]。二〇一四年において、一一〇人を超えるアメフト部とバスケットボール部の監督の給与が一〇〇万ドル以上である。三六人は三〇〇万ドルを超え、一五人は四〇〇万ドルを超えている。最高額はアラバマ大学アメフト部のセイバン（Nick Saban）監督で、七二〇万ドルの基本給に最大で七〇万ドルのボーナスがつく。彼の契約では、二〇二一―二二年度のシーズンまで昇給が保証されている。セイバンのスタッフも二〇一四年で合わせて五二〇万ドルを得ている。監督・スタッフ全員で、手当以外の基本給与だけで一三〇〇万ドルである。手当には自動車の無料提供、住宅手当、地元の名士クラブの会費、専用機の使用、契約解除の際の極端に寛容な条件などが含まれる[7]。監督の副収入は学外からも入る。ユニフォームやシューズのメーカーとの契約、講演料、夏のスポーツ教室、本の出版などである。四〇の州で、［州立］大学のアメフト部かバスケットボール部の監督の収入は州知事よりも大きい[8]。

一九二四年にさかのぼると、ルイジアナ州シュレブポートのセンテナリー大学は、ミシシッピ川以西では最初のリベラルアーツカレッジだったが、認証団体からの認証を得られなかった。理由は、アメフト部の監督の給与が学長より高かったことが不要なスポーツ重視とみなされたからである。翌年、監督が解雇され認証を得られた[9]。また、一九五八年から八二年までアラバマ大学のアメフト部の監督だった名将ブライアント（Paul Bryant）は、自分の給与を学長より一ドル低くするというポリシーを貫いた。ブライアントは、アメフト部監督よりも学長に高い給与が支払われていることは、大学にとって象徴的な意味を持つと考えていた[10]。

数百万ドルもの監督の給与を正当化するための決まり文句は、「監督の給与は市場メカニズムが決めている」である。公平な響きだが、市場を動かしている力は何なのか。監督の市場は次のような人為的な要素によって維持されている。（一）選手への報酬がない。（二）大学スポーツは税の優遇措置を受けている。（三）営利企業と異なり、大学スポーツ部には配当を望んだり、株価を高く維持するために四半期ごとの高利潤を求める株主がいない。（四）スポーツ部は大学本体や州政府から財政支援を受けている。（五）監督の給与はスポーツ部部長との交渉で決まるが、部長の給与も監督の給与とともに上がっていく。

　正常な競争市場では、大学のアメフト部とバスケットボール部の監督はプロのアメフトリーグ（NFL）やバスケットボールリーグ（NBA）の監督ほどの高給を得られないはずである。NFLには三二チームあるので、収入で上位三二の大学のアメフト部を見ると、最低収入額は三五〇〇万ドルで、最高額は一億五〇〇〇万ドルである。NFLの三二チームの収入は二億九六〇〇万ドルから六億二〇〇〇万ドルである。(11)同様に、大学スポーツの男子バスケットボールの上位三〇チームの収入を見ると、一〇〇〇万ドルから四〇〇〇万ドルである。NBAの三〇チームは、一億一〇〇〇万ドルから二億九三〇〇万ドルであった。したがって、NFLのチームの収入は、最低額で大学のチームの八・四倍、最高額で四・一倍である。NBAのチームの収入は、最低額で大学のチームの一一倍、最高値では七・三倍である。しかし、監督の報酬では、大学のアメフトとバスケットボールはプロとあまり変わらない。

　この構図のどこがおかしいのであろうか。基本的に、監督は自分が高校から勧誘した選手が大学で生み出した価値によって給与を支払われている。しかし、勧誘活動の多くはコーチ陣が行っているし、その決め手は大学の歴史、名声、そして施設である。さらに、監督の膨れ上がった給与はほとんどすべてが経済的レント［不完全な競争から生じる独占利潤の分け前］である。つまり、大学スポーツの監督市場では、彼らに仕事をさせるための充分な収入を大幅に上回った金額が支払われている。もしもセイバン監督やカリパリス（John Caliparis）［ケンタッキー大学男子バスケットボール部］監督がFBS所属大学で監督をしないのならば、次の就労機会は下のクラスのFCSやディビジョンⅡやⅢの大学、さらには高校である。したがって、たとえばNCAAが四〇万ドルを監督の給与の上限と定めても、彼らは応募してくるので大学スポーツの監督の質は下がらない。換言すれば、監督業の資源配分には影響を与えないし、大学スポーツの娯楽としての価値も減じない。さらに、ブライアント監督が懸念したように、監督の高い給与は学生に対して、学長や教授とアメフト部やバスケットボール部の監督との相対的な重要性について間違ったメッセージを送る。

第二の免責ポリシーは、ＦＢＳのアメフトチームの規模を申し合わせて小さくすることである。二〇一六年四月現在、ＮＣＡＡのアメフトチームの奨学金の制限について二件の反トラスト法訴訟がある。ＦＢＳ所属大学のアメフト部には八五人分の奨学金が認められているが、六〇人かそれ以下で充分であろう。(12) プロリーグのＮＦＬのチームは登録選手が四五人、予備の非登録選手が最大八人である。(13) ＦＢＳのチームには、平均で三五人の奨学金なしで入学後にテストを受けて入部してくるの選手がいるので、合わせると一二〇人になる。(14) もしもアメフトの選手を六〇人にまで減らせば、年間一五〇万ドルの節約になる。(15) 平均的なＦＢＳ所属大学のサッカーとゴルフチーム、またはテニスと体操チームの予算を賄えて、なおかつ数千ドルが残る金額である。(16) テストを受けて入部する選手の数は増加しないと仮定して、奨学金の件数を減らしても、合計で九〇人強である。合理的な監督であれば、一チームが九〇人で不足しているとは言わないだろう。

第三の免責ポリシーは、選手の報酬についてである。選手はチームに参加することで、生活費やその他の費用を含めて奨学金をもらうべきだが、それはアメフトやバスケットボールでのプレーに対する報酬ではない。このプレーに対する報酬を得ないというのがアマチュア主義の概念であり、アマチュアスポーツ協会（ＡＡＵ）や他のアメリカのアマチュアスポーツ団体に採用されているものである。

そのほか、教学の高潔さに関係した反トラスト法免責の分野としては、平日の夜のアメフトやバスケットボールの試合、シーズンの長さ、シーズン中とシーズンオフの期間の一週当たりの練習時間と試合数、出場資格についてなどがある。

部分的免責を得る条件

選手が公正に扱われ、教学での欺瞞を根絶とはいえなくても最小化するためにはさまざまな条件が考えられる。ＮＣＡＡまたはそれに代わるスポーツ統治組織が部分的な反トラスト法免責を受けるためには、その組織は何らかの教育重視の改革を定めて実行しなければならないであろう。すべてではないかもしれないが、示唆すべきことを次に述べ、詳細は第9章で議論する。

選手の初期資格基準は高いものにする必要がある。GPAと統一テストの点数の「組み合わせ式」で判定する「提案第一六号」が二〇〇三年に改定され、高校のGPAが三・五五あれば統一テストは最低点(全問不正解)でも出場資格を得られるようになった。[17] しかしながら、もしも高校の選手と教師が謀ってGPAを高くしてしまうのならば、この資格基準は見せかけでしかない。同様の問題は、継続資格基準と学業成績の尺度であるAPRについても起きているといえる。より意味のある基準を新しく設ける必要があり、それが反トラスト法免責の条件となるべきである。

統治組織は、規則違反をしたと疑われた大学、職員、選手に対して、処罰が下される前に、「法の適正手続き」を適用することが義務づけられているべきである。

選手の権利は強化されなければならない。健康と安全の保護、広範囲をカバーする傷害保険と怪我で失った所得の補償などが組み込まれるべきであり、出場資格の問題では選手には法的支援(専門家のアドバイス)が与えられるべきである。奨学金は、在学に必要な費用と肖像権の行使による収入も含むよう拡大すべきだ。選手はプロのドラフトやプロのテスト練習に参加する前にも、専門家や代理人の助言を受けられるようにすべきである。すべての学習支援プログラムはスポーツ部から完全に離れ、教学担当部署の管理下に置かれるべきである。選手は出場資格での制裁を受けることなく他の大学に転校できるようにすべきである。

二〇一四—一五年度に始まったアメフトの全米チャンピオンを決めるプレーオフは六億ドル以上の収入をもたらすが、四分の三以上は五大コンファレンスに入る。この偏った分配は間髪を入れずに勝利至上主義を刺激し、より重要なことに、NCAAの三つのディビジョンすべてのオリンピック種目や女子種目の資金の減少につながる。NCAAは、FBSのアメフトのプレーオフを除くすべてにおいて種目の選手権試合を統括している。アメフトの選手権試合をNCAAの管理下に置くことも部分的な反トラスト法免責を受ける条件の一つとすべきである。

改革に含まれるべきその他の免責事項として、内部告発者の保護、修正第九条の遵守、試合スケジュールの確実な管理に関するものが考えられる。

3 裁判所か議会か

今、大学スポーツは分水嶺に立っている。現状は不変ではなく、変化のときがやってきている。この変化が向かう先は、大学スポーツのさらなる商業化とセミプロ化か、あるいは課外活動として大学の教育的使命に従属させて大学スポーツの歴史的使命を補強する努力か。前者の道は、教学面でのスキャンダル、スポーツ部の財政破綻、オリンピック種目と修正第九条遵守のための支援の先細りにつながる。後者は、大学にとって容易でない挑戦だが、スポーツと教学の適切なバランスの回復に成功するかもしれない。

議会は部分的・条件付きの反トラスト法免責を導入することで、このバランスを回復させることに重要な役割を果たすことができるであろう。議会の行動なしには、司法システムは明確な発言ができず、あいまいなままであろう。不確実性に加えて、現状維持は選手の搾取を永続化し、教学の高潔さを侵食する。それはまた、数億ドルにのぼる意味のない訴訟の裁判費用を生む。「オバノン裁判」における地区裁判所での原告側の提案は、四六〇〇万ドルの賠償金であった。NCAAは自らの多額の裁判費用を払ったうえで、この金額を払わされる。(18)議会が与える部分的・条件付きの反トラスト法免責は、大学の財政を健全化し、教学での欺瞞への誘惑をすぐに鈍らせて、明らかに生産的な道をもたらすだろう。

第9章

改革成功の鍵——ガイドラインと結論

一般的に課外活動は、そして中でも大学スポーツは、学生の成長に重要な貢献をする。多くの大学は「全人」育成を教育の使命に含めている。幅広い課外活動が多くのキャンパスで行われ、個々の学生の成長を目指している。これらの活動は娯楽的・社交的な目的を持ち、ダンス、スポーツから音楽、演劇、弁論まで学生のさまざまな関心を満たしてくれる。その中で学生が自らのスキル獲得・成長を確認するという、科学の実験のような教育実践の場でもある。課外活動は、各専攻における必修・選択科目の高度に限定された性格を超えた活動と関心を学生が開拓することを可能にする。課外活動が学生の学士号取得に直接関係がある場合は、課外活動への参加によって単位が与えられる。課外活動は学生の成長のための価値のある活動であり、大学教育の一構成部分であるといえば充分であろう[1]。これらのプログラムには公演されるものも多くあり、プログラムに参加していない学生や卒業生も観ることができ、コミュニティやキャンパスの一体感を盛り上げる。スポーツ部プログラムはこれらのすべての面で価値のある貢献をしている。

I 全米レベルのスポーツ統治組織の必要性

上記の点はしばしば言及してきたが、われわれはスポーツが高等教育という環境の中に存在しているのならば、その活動は大学の教育プログラムと両立し、大学の教学上の使命に従属し、非営利組織の見地から正当化できるものでなければならないと考える。問題は、大学スポーツが課外活動として提供されるべき大学教育の一部か否かということではない。むしろ、いかにプログラムが管理され、実行されるべきかというのが永遠の課題である。これらの管理と統治は、次の九つの根強い問題をめぐるものである。(一)選手の出場資格の甘さ。(二)選手の健康、安全、厚生の不充分な保護。(三)高等教育の環境の中に適切に収まっている教育的なスポーツと、教育的目的および優遇税制などの非営利組織の法的保護に反する性格を持つプロスポーツとの境界線の越境。(四)勉学に悪影響を与えるようなスポーツの拘束時間の長さ。(五)一般学生と異なる扱い、スポーツ関連での学外での就労に対する過度の規制、キャンパスで選手が一般学生と同じ経験をすることの妨げ、一般学生と異なる規則での選手の処罰など、選手の学生生活への過度な干渉。(六)とくに黒人のアメフト、バスケットボール選手に見られる、学力不足で一般学生と勉学で競うことのできない学生の勧誘。(七)出場資格を維持するための制度化した教学での欺瞞や不正行為。(八)スポーツ部の支出の不充分な管理。スポーツ部の支出増加による、一般学生から徴収するスポーツ費や大学本体・州政府からの補助金への依存の増大。(九)「法の適正手続き」の不備と利益相反の存在による、恣意的で不公正な規則執行システム。これらの問題は各大学で取り組みがなされなければならないが、大学スポーツは大学対抗戦であり、数百もの教育機関がスポーツチームを持ち、互いに競争しているので、これらのプログラムがいかに実施されるかについての大学間の同意が必要である。したがって、各大学の行為を有効に管理する効果的な全米組織が必要である。

2 原則を効果的に実行するための明確な規則と規制

したがって、高等教育において、教育的スポーツの目的、その実施と規則を統治する明確な原則、その原則を遵守するための規制に関して、まっとうな哲学を持つことは責務である。明確な原則が大学スポーツの規則と行動を制定し、規制がこれらの原則を執行する。課外活動としてのスポーツを教育プログラムの一部として確実に運営するためには、道徳的な基準が、最も教育的かつ法的に正当化できるような形で再構築されなければならない。したがって、あいまいな一般原則を言う以上に多くのことを行わなければならない。繰り返されたこの過ちを避けるには、より詳細なガイドラインと強力な全米レベルのスポーツ統治組織が求められる。この観点から、以下のガイドラインが大学のポリシー、ならびに全米レベルのスポーツ統治組織の規則と規制として提案される。これらは互いに関係しているので一体として採用されなければならない。できるものだけ実行しようとしてこれらをランクづけるべきでない。

3 NCAA改革への代替案

本書の大部分はNCAAの運営について批判してきたが、以下のガイドラインは必ずしもNCAAの改革への処方箋を著したものではない。NCAAがとくに裕福な少数のFBS所属大学に支配されているかぎり、われわれはNCAAの改革の可能性に懐疑的である。一九七八年のアマチュアスポーツ法によって、（NCAA）同様に問題のあったアマチュアスポーツ協会（AAU）がアメリカ・オリンピック委員会に取って代わったときのように、われわれは、連邦議会が代替組織の設立を考慮すべきと考えている。[2] また以下のガイドラインの遵守を、高等教育法に基づく、とくに大規模大学への補助金・奨学金やスポーツ部の優遇税制と連動させるために、議会の行動が必要であると考える。ガイドラインの遵守は、議会の次の措置とも連携すべきである。（一）全米レベルのスポーツ統治組織や大学による、費用をコントロールするための取り決めの反トラスト法免責、（二）効果的な遵守システムを可能にする客観的な第三者組織による不正摘発のための法的権限と、選手と大学に「法の適正手続き」を与えることの保証、の二つである。

この章の目的は、大学スポーツの目的と、健全への回帰を図る統治モデルの構成要素を明らかにすることである。以下に大学スポーツの実施のためのガイドラインを示す。

4

ガイドライン❶ 全米スポーツ統治組織の目的

全米スポーツ統治組織（national athlete governance association 以下、仮称としてＮＡＧＡとする）は次の機能を果たすべきである。

一．選手の出場資格基準について、学業成績と学士号取得の進捗度に基づくより高度な学力基準を打ち立て、大学スポーツとプロスポーツを明確に区別する。

二．大学間の公正で安全な競争を可能にする、プレー映像の著作権や出版のルールを整備する。

三．メンバー大学に対し、選手の健康と厚生を守るため医療の専門家によって医療ポリシーと治療の基準を制定することを義務づける。

四．連邦政府資金を受け取っている大学は、ＮＡＧＡに加入しメンバーの資格を維持するためには教育活動の実践にあたり性別、民族・人種、障害の有無に基づいた差別をしてはならないという連邦法に合致した規則を制定しなければならない。

五．規則の執行にあたっては、「法の適正手続き」をメンバー大学と選手に与え、高潔さ、公正さ、客観性において高い基準を適用する。

六．全米選手権試合を主催する。NAGAの主催ではないポストシーズンの試合については、選手とチームの出場資格基準を設定する。

七．一般学生から徴収するスポーツ費と大学本体からのスポーツ部への補助金は、本来は教学に使われるべきものであるため、教学の優先を保つために大学スポーツの費用を管理する規則を定める。

八．大学スポーツの記録を取って保管する。

九．財務、教学、選手の怪我などのデータを集めて公表し、さらなる分析・研究に供する。データはメンバー大学によって監査されたものを使う。

一〇．大学スポーツのすべての局面を調査して、選手が学位の取得を目指し、一般学生の一構成員となることを促進する教育環境を各大学がつくるための基準を制定する。

一一．他のアマチュアスポーツ団体と協力して、全米および国際的な大会を企画・運営する。

一二．大学スポーツの管理に関係したメンバー大学の一般的な懸念を払拭するために必要な規則を制定する。

5 ガイドライン❷ 過半数の独立した評議員による統治

NAGAは、評議会によって統治される。評議会は、組織の最高権力機関であり、コンファレンス、ディビジョン、サブディビジョンの利益ではなく、NAGAが大学スポーツ部プログラム、選手の利益を増進するための努力をする責任を負う。評議員の過半数は「独立」しているべきである。すなわち、過去二年、現在、またはこれから評議員に就いている間、メンバー大学の学長、理事、教員、選手、スポーツ部部長、その他の有給の被雇用者、コンファレンスのコミッショナーであってはならない。評議会の構成は性別、民族・人種、障害の有無などにおける社会の多様性を反映し、過半数はかつて［二年以上前に］学長、理事、テニュア取得教員、選手、スポーツ部部長であった人物とする。評議員の元の所属先はディビジョンごとにバランスを取る。

評議会は大学スポーツの専門家集団であるべきで、スポーツ部部長の経験はなくても大学でスポーツを監視する指導的な地位に五年以上いた人物や、またはそのような地位にはいなくとも大学スポーツの専門的知識を有する人物で構成されなくてはならない。元選手は四年間の出場期間を終えて、学士号を取得し、引退して一〇年以内の者とする。

評議会は次の特定分野におけるポリシー、規則、規制を制定する権限を持つ唯一の組織である。

一．複数のディビジョンを創設する。各競技における奨学金の件数、奨学金額の下限、スポーツ部の予算の最高額、非営利の教育市場の相場とかけ離れていない給与・賃金の上限額、運営しているスポーツチームの数の下限、各競技におけるコーチや支援スタッフの総数の上限（これらを完全に満たすためには限定的な反トラスト法免責が必要）がディビジョン分けの基準となる。

二．自らが主催する、または他の団体が主催する、認証された各種競技の選手権試合に対して、スポーツによる拘束時間とスケジュールの制限を定める。試合数、シーズンの長さ、第三者が行うシーズン前後の行事への参加条件などは、学生の主目的たる学業に支障をきたさないようにする。そのための規則や規制は、一週間のスポーツによる拘束時間をシーズン中は二〇時間、シーズンオフは一〇時間とし、教学面で基準に達しない選手は出場できないことを含む。

三．スポーツ奨学金について、『連邦政府奨学金ガイドブック（*Federal Student Aid Handbook*）』と教育法修正第九条に従った規定を設ける。

四．スポーツ部の支出が他の課外活動費から大きく逸脱しないための制限を規定として設ける。

五．監督と大学との契約について、求められる行動と制限・条件を定める。

六．NAGAが支給する保険、学習支援プログラムの補助など選手が受ける恩恵を定める。

七．メンバー大学間の収入の分配を決める。個人やチームの戦績や試合出場実績に基づくのでなく、この組織の目的と定められた原則に整合的であるべきである。

八．レギュラーシーズンにおける出場資格の教学基準、ならびにコンファレンスの選手権試合や全米選手権試合、シーズン前後の試合への参加におけるチーム資格の教学基準を定める。

九．規則の制定に関する意思決定や提案は、他に規定がないかぎり評議会の専権事項であるため、大学やその他による（評議会）メンバーが適切な人員配置になるような規定を定め、遵守する。その他の委員会の代表権や投票権の配分も、特定のメンバーやディビジョンに偏ってはならない。

6

ガイドライン❸ 全学的な自己点検調査と第三者による評価への真摯な取り組み

NAGAは、メンバー大学に対して、第三者の専門機関による評価を伴った、スポーツ部プログラムの全学的および定期的な自己点検を義務づけるべきである。自己点検は、教学の高潔さ、統治と規則遵守、性別、民族・人種、障害の有無での差別の撤廃、選手の教学での成功と厚生に関して、モデルとなる基準の遵守を調査する。もしも不備が発見されれば、一定の期間内に改善されなくてはならない、そうでない場合はポストシーズンの選手権試合への出場禁止や奨学金の取り消しなど、大学に制裁が加わる仕組みをつくっておく。自己点検結果は公開され、また大学評議会かそれに相当する部署に提出される。

そのようなスポーツに関する認証評価は、地域の認証団体による高等教育機関の点検評価に従うべきであり、より大きな制度的プロセスに組み込まれる必要がある。認証団体は、集計された数字の影で不正を隠蔽することに長けている複雑な数百万ドル規模のスポーツ部プログラムを分析する能力をこれまでは持っていなかった。しかし、高度に商業化したスポーツ部プログラムは、勝利へのプレッシャーが大きく経済的利得も絡むので、選手を搾取し教学での欺瞞を起こしやすい。これを調査するために時間と労力を費やすことは充分に価値があるといえる。競争が激しくない下部のディビジョンの大学は、同様の自己点検は行っても外部第三者による評価は不要であろう。

7

ガイドライン❹ 教育目的のための資産の所有権と適切な利用

メンバー大学が参加するすべての大学選手権試合はNAGAが所有し、大会の収益はNAGAの目的を増進するために使用されなければならない。全米選手権試合などからのNAGAの収入は、組織本部の運営において妥当なレベルの費用、選手権試合開催にかかった費用の返済、選手の遠征費、選手の大怪我などに備えた保険の積み立て、選手の健康・安全・学業面の改善のための調査活動、メンバー大学への補助金などに支出される。ただし、大学が受け取った補助金は障害を持つ選手の支援、学習支援、奨学金、スポーツチームの運営費のみに使える。大学への分配は勝利数や選手権試合出場数などの戦績に基づくべきでなく、使途の指定のない分配は認めない。

8

ガイドライン❺ 倫理規範

NAGAは、倫理規範を制定して執行すべきである。規範は、(一)評議会、審議会、委員会の行動、(二)監督の専門職としての行動、監督が選手に払うべき敬意、(三)競技に参加する選手のスポーツマンシップ、(四)入学審査、学習支援における大学スポーツ部のスタッフの適切な行動および、選手とスタッフとの適切な関係、についての指針を与えるものである。大学の被雇用者が規範に違反すれば、解雇も含めた制裁を受ける。

9

ガイドライン❻ 選手への豪華な待遇や施設と、選手を一般学生から分離するポリシーの禁止

NAGAは、スポーツ部が一般の非営利組織と同様の慎重な支出を行うためのガイドラインを制定すべきである。スタッフへの多額の報酬やスポーツ関連の贅沢な支出は禁止されるべきである。さらに、一般学生が使えない選手専用の施設や、逆に選手を一般学生が享受できるキャンパスでの経験やサービスにアクセスさせないようなポリシーは、選手を一般学生から不要に孤立させるので好ましくない(このガイドライン項目は大学間の申し合わせを含むので、条件付きの反トラスト法免責の適用が必要である)。

10

ガイドライン❼ 内部告発者の保護

NAGAは、不正行為や規則違反についての情報を得た個人が、報復を恐れることなく告発できるためのポリシーと手続きを制定し実行すべきである。内部告発者の保護ポリシーはNAGAによって決定され、すべてのメンバー大学とコンファレンスに義務づけられる。NAGAとメンバー大学は、報復をせず、良心に従って告発した人の個人情報を保護しなければならない(3)。

ガイドライン❽

透明性

NAGAはメンバー大学に、NAGAが指定した財務と教学に関するデータを調査してまとめた年次報告書の作成と公表を義務づけるべきである。データは、一般学生と比較した選手の学業成績、ならびに選手とスポーツ部スタッフにおける男女、民族・人種、障害者の構成比を含み、学内外からこのスポーツ部プログラムの有効性を判断できるようにする。

スポーツ部プログラムは一般学生から徴収するスポーツ費と大学本体からの補助金、(非営利組織であることを理由とした) 優遇税制、免税措置のある学校債、政府からの補助金の恩恵を大いに受けている。多くの学生が大きな負債を抱えて中退・卒業し、納税者が直接・間接に数百万ドル規模のスポーツ部を財政支援しているかぎりにおいて、スポーツ部の財務情報は一般市民に向けて透明化することが重要である。したがって、規定された認証プログラムに加えて、各大学のスポーツ部プログラムは包括的な年次報告書を一般に公開することが義務づけられるべきである。報告書は定められた書式を用い、教学、財務、選手とスタッフの構成 (性別、民族・人種、障害の有無) のデータを含み、教学のデータは可能なかぎりにおいて一般学生との比較を行う。いくつかのデータは、スポーツ公平公開法に基づくデータベース、ディビジョンIの大学のスポーツと教学の支出に関するナイト委員会のデータベース、さらにNCAAのデータベースで集計されているので、現行のNCAAのメンバー大学はこれらを統合すれば年次報告書を出せるはずである。

ガイドライン❾

大学の管理と責任

メンバー大学の学長や総長は、スポーツ部プログラムのすべてについて最終的な責任を負うべきである。そこには最低限、次のものが含まれるべきである。


一．学長室に直属の、大学の幹部職員がスポーツ部の規則遵守を監視する。

二．スポーツ部の予算を監視し、すべての支出について、大学の財務担当幹部職員による独立した監査を実施する。

三．選手への履修指導と学習支援プログラムの提供は、一般学生のそれも担当する教学担当の部署が行う。

四．選手向け奨学金の管理は、一般学生の奨学金を扱う部署が行う。

五．選手の初期資格審査は入学部長が、継続資格審査は教務部長が行う。


スポーツ部プログラムの実施における大学の責任は、スポーツ部のスタッフをはじめ、大学のためにスポーツを振興する活動に関わるすべての個人・組織の行動にも及ぶ。

ガイドライン❿ 教学の高潔さ

13

選手向けの特別な入学審査、成績評価での優遇、特別授業や「個人研究」科目の開設、楽勝科目・専攻に集中的に送り込む履修指導、家庭教師などが存在すると、選手と一般学生の成績や履修登録パターンに差が示される。この場合、選手の出場資格を教学の高潔さをおろそかにする欺瞞とみなし、大学はポストシーズンの試合への出場停止やコンファレンスからの除名などの制裁を受けるべきである。

14

ガイドライン⑪ 選手がレギュラーシーズンとポストシーズンに出場するための教学面での資格

選手の初期資格の教学基準は、選手と一般学生とが教室の中で互角であるように定められるべきである。もしも大学が教室で競う一般学生の平均学力に対し標準偏差一つ分よりも低い学力の選手を入学させる場合、一年生の間は出場停止を義務づけるべきである。さらに、大学はそのような選手に対して以下を供するべきである。（一）一年間出場できない間のスポーツ奨学金、（二）学習スキルと学習障害を測定するテスト、（三）教学担当部署が行う補習プログラム、（四）（練習、トレーニング、ミーティングも含めて）すべてのスポーツ関連活動の拘束時間の上限（週に一〇時間）の設定。[4] なお補習を受けている間は履修単位数の削減を認める。

継続資格の教学基準はどの学期でもGPA二・〇とする（よく見られる累積二・〇［サマースクールの履習で二・〇にまで上げる］は保護観察処分を免れ卒業できる基準だが、継続資格の基準とすべきではない）。二・〇を満たさない選手は、週一〇時間を超える練習、遠征への帯同、チームの他の活動への参加が禁止され、補習に参加することを義務づけられる。選手は学業成績の不振による保護観察処分の間は出場資格を失う。四年間で学士号を取得するプログラムの選手は三年目の初めに学士号取得に必要な単位の五〇％以上を、四年目の初めには七五％以上を取得しているべきである。五年間で学士号を取得するプログラムの選手は、三年目の初めに学士号取得に必要な単位の四〇％以上を、四年目の初めに六〇％以上を、五年目の初めに八〇％以上を取得していなければならない。一年目に出場資格がなくて補習を受けていた選手は、二年目の初めが学士号取得プログラムの初年度となる。

15

ガイドライン⑫ 卒業への正当な期待と不正への制裁

メンバー大学の各スポーツチームは、例外なく選手の連邦卒業率（ＦＧＲ）を全米平均か大学の一般学生の平均のどちらか低い値の水準に維持することが求められる。しかし、この基準を達成できなかった場合に、ポストシーズンの選手権試合への参加を禁止すべきではない。過去の学生の成績不良に基づく制裁は、大学だけでなく、現役の選手を罰していることになる。むしろ達成できなかった大学は、監督の一年間の謹慎や奨学金の削減、高校生選手の勧誘活動の制限、NAGAやコンファレンスからのポストシーズンの選手権試合の放映料収入の分配金の停止、ＮＡＧＡからのスポーツに関係のない収入の分配金の支給停止などの制裁を受けるべきである。

一一〇〇を超える大学がさまざまな水準の教学プログラムを提供しているので、選手のＦＧＲを大学全体のＦＧＲと比較することは重要である。選手も一般学生もＦＧＲが高いエリート校のスポーツ部に対しては、全米平均のＦＧＲを上回ることを基準にしてもよい。選手が入学した大学にとどまって卒業する率を測定するＦＧＲは、大学がより有能な選手に奨学金を回すために選手に転校を迫るような行為を抑止する。最も重要な点は、大学が一般学生と教室で競争し、卒業もできるような選手のみを勧誘するようになることである。ＦＧＲによって、大学は選手の学業について一般学生と同じ成果を期待するようになる。

監督は勧誘した選手が勉学で成功し、卒業することに責任を持つべきである。「監督別卒業率（Coach Graduation Rate, CGR）」を制定すべきであろう。勧誘した選手が入学した大学を六年以内に卒業すれば一ポイントがつき、その合計を勧誘した選手の総数で割ることで得られる値である。大学は現在と過去の監督について監督別卒業率を発表すべきである。この数値は監督についてまわるので、一般市民や入学を考えている選手も、その監督が卒業できる選手を勧誘してきたかどうかがわかる。

16

ガイドライン⑬　教学の監視を最高水準に高める

メンバー大学は、大学評議会または最高位の教員組織によって選ばれたテニュア取得教員から構成される教学監視委員会（Academic Oversight Committee）を設置すべきである。この委員会は毎年、各スポーツ部の監督と会って、すべての選手の学業の進捗状況を評価する。そして大学評議会または最高位の教員組織に、学業の進捗状況と入学審査の結果を報告し、可能なかぎりにおいて選手と一般学生の学業成績を比較する。比較のために、スポーツ種目ごとのSATとACTの平均点数、FGR、「個人研究」科目の履修状況、「個人研究」科目を提供している教員とその教員の与える成績、入学審査のプロセス、学位取得に向けた単位取得状況、選手の選択する専攻、各専攻での教員の与える成績の分布、スポーツ種目ごとの未取得単位の状況、教員による成績の変更、各選手の学習アドバイザーの氏名などのデータを集めて使う。

17

ガイドライン⑭　卒業の見込みのある選手を勧誘する

NAGAは現在のNCAAの資格認定センターのような組織と協力して、入学可能性のある選手に次のことを伝える責任がある。（一）選手の学力と勉学への関心が、入学する大学の一般学生と同じレベルであり、専攻コースの提供するものと合致することの重要性。（二）選手のスポーツの能力と関心が大学の提供するスポーツの水準と合致していることの重要性。（三）初期資格に関する規則。大学は、各スポーツチームのFGRと学業進捗率（APR）、監督の前任校のものも含む監督別卒業率、前年度の一年生選手の成績、スポーツ公平公開法に基づいて作成された当該大学の報告書の最新版についても入学希望者に知らせるべきである。また、適切な選手勧誘に関する規則は、勧誘活動を監督、スポーツ部スタッフ、その他の適切な大学職員に限定するものでなくてはならない。スタッフが費やす時間と費用を節減すべく上限を設け、しつこく勧誘されるプレッシャーから選手を解放し、選手の現在の高校での勉強・スポーツでの活動に支障をきたさないようにすべきである。

ガイドライン⓯ 教学・教育上の機会への完全なアクセス

18

選手は、出場資格の維持や練習時間との兼ね合いなどを気にせずに、授業や専攻の自由な選択をはじめとした一般学生と同じ教育・学習の選択肢を与えられるべきである。履修指導も一般学生と同じようになされるべきであり、また、他大学に転校したら一年間は試合に出場できないというような規制は一般学生にはないので廃止すべきである。スポーツ関連の拘束時間は、その大学が教学で求める水準を選手が満たせるように制限されるべきである。

ガイドライン⓰ 選手の健康、自由、厚生の保護

19

NAGAの規則は、スポーツや奨学金の状況に関係なく選手の権利について、少なくとも次の点を含むべきである。

一．選手には、大学の費用負担によりスポーツに関連する怪我とリスクの予防、診断基準、正常と異常の見分け方（脳震盪に由来する神経障害、鎌状赤血球形質［ヘモグロビンの遺伝子的突然変異で、練習中に急死する］、脱水

症状の診断基準など）についての教育機会が与えられる。スポーツ選手は怪我のリスクが高いため、このことはアメリカスポーツ医学会（American College of Sports Medicine）、アメリカ疾病予防管理センター（U.S. Centers for Disease Control and Prevention）、その他の医師団体により推奨されている。

二．選手には、命に関わる可能性のある健康状態について記した、チームが採用したスポーツの練習と管理のガイドラインが配布されるべきである。

三．怪我をしたあとの試合復帰や、その他の安全な競技参加に関する医療判断は資格を有する医師が行うべきである。

四．大学のスポーツ部プログラムで負った怪我の初期治療費、およびその後の治療費は、選手、親、保証人の負担にならないようにする。ただし、大学スポーツに参加する前の古い傷や既往症に由来する怪我の場合は別である。

五．選手は敬意を払われるべきであり、不適切な性的関係や待遇、身体的・精神的・口頭での虐待行為、選手の健康と厚生を損なうおそれのあるその他の指導行為から守られる。

六．選手がチーム在籍中に負った怪我の治療費は、長期の障害や大怪我に備える保険により支払われ、選手が負担する必要はない。数は限られるが、ドラフトで一巡目か二巡目に指名が予測される一流選手が、プロ入りをせず学士号を取るため大学に残った場合には、プロで稼ぐことができたであろう遺失所得が支払われる。永久全身障害（Permanent Total Disability, PTD）や［稼得収入］価値の損失（Loss of Value, LOV）に対する保険の保障額は、一〇〇億ドル規模とする。

さらにNAGAは専門家が推奨するスポーツ医療のポリシーや治療法を蓄積して、メンバー大学はそれに従うべきである。また、選手が大学や大学スタッフの対応への不満を申し立てたり、法的権利を主張したりする際に支援を受けられるように、独立したオンブズマン（監察官）と契約しておくべきである。オンブズマンは、大学スタッフによる選手の健康と厚生を危険にさらす行為を防ぐために、すぐに介入できる権限を持つべきである。

20

ガイドライン⓱
選手を学生の一構成員として扱う

選手は大学の一構成員として一般学生と同じように扱われるべきで、食事、寮、学習支援、学習室、コンピュータ室、娯楽室、その他の学生サービスで、一般学生がアクセスできないものを享受すべきではない。選手へのサービスも、一般学生へのサービス供給を担当している部署が管理すべきである。選手の規則や素行不良の処罰でも、他の学生と同じにように扱われるべきである。選手がスポーツに拘束される一週当たりの時間は制限され、レギュラーシーズンが何週間にわたるかの上限も定められるべきである。同様に、オフシーズンの期間でも週当たりの活動時間や活動できる週数の上限を定める。この期間には選手が一般学生の経験する活動に参加したり、家族と充分に過ごす時間を持ったり、アルバイトやインターンシップをできるように配慮すべきである。

21

ガイドライン⓲
メンバー大学の法の適正手続き

NAGAは次のような、または同様の、法の適正手続きを与えずして、選手や監督を大学の代表から外したり、大学のテレビ放映権を剝奪したり、大学を競技から追放したりしてはならない。

一．メンバー大学は規則違反を自ら申告して、調査し、NAGAの調査に協力することを義務づけられるべきである。協力しなかったり、適切な是正措置を取らない大学への制裁は重くなる［ただし、第5章で指摘されているように、これが行き過ぎると大学は選手・監督に無実の罪を着せることになりかねない］。

二．NAGAは、調停の経験を持つ、司法行政官、公判裁判所や控訴裁判所の判事、行政法審判官などの中から専門の法律家を裁定者として雇い、また経験豊富な調査官と自律的な契約をすべきである。これらの裁定者や調査官は、重大で深刻な違反行為に対する規則の執行に参加する。しかし、違反行為の認定や、制裁の重くない偶発的事件については参加すべきではない。彼らは聞き取り、異議申し立て、召喚状の発行、その他の必要に応じた強制手続き（議会が行うよう認めると推定されるもの）を取りしきる。彼らの管轄下での執行に関しては、彼らが裁定、決議、制裁内容も含めた最終判断を行う排他的な権限を持つ。

三．重大で深刻な違反行為の場合、聞き取り前に調査プロセスを行うべきである。それは宣誓証言や審問の要求、書類作成を含み、その期間中は、訴えるNAGAのスタッフと、訴えられた大学側の弁護士は、関連する情報を集めて交換してもよい。

四．重大で深刻な違反行為の場合、訴えられた監督、選手、職員、大学は、聞き取りの際に証人に対面し反対尋問をしてもよい。

五．聞き取りを担当する裁定者の裁量で、NAGAまたは訴えられた大学は、不正を行っている、または不正を生じさせたと考えられる第三者に、聞き取りの場で口頭または書面での証言を求めることができる。証言に対して大学側は反証することができる。証言に際して裁定者は宣誓かそれに代わる確約を求めるべきである。

六．メンバー大学は、事件が最終的に決着し、その人物が行ったことが確定されるまでは、NAGAの規則と規制に対して不正を行った、または不正を生じさせたと考えられる被雇用者を解雇したり、永久的な配置転換をしたり、スポーツの利益を代表する地位から外すことをしてはならない。

七．すべての聞き取りと異議申し立ての手続きは、一般に公開されるべきである。ただし、裁定者は状況に応じて特別な配慮をしてもよい。このルールは、異議申し立てを受けての聞き取り後の審議には適用すべきでない。それは一般には公開すべきではない。

八．大学の被雇用者、スポーツ監視委員会の一員である教員、その他のスポーツ部関係者は、性的嫌がらせや素行に関する大学のルールや連邦法に違反した、または軽罪や重罪を犯したと告発された選手やスタッフの調査や審判に介入してはならない。

22

ガイドライン⓳ 選手のための法の適正手続き

NAGAは奨学金の金額・支給期間の削減や出場資格の喪失に関する選手からの異議の申し立てに対して、次の手続きを執行すべきである。


一．選手の出場資格の停止は、不充分なGPA、学士号に向けての不充分な単位取得状況など学業成績の不振、または、性的虐待、性的嫌がらせ、学業での不正行為、その他学生としてあるまじき行為など、一般学生にも適用される規則の違反によってのみ判断される。それ以外の理由で大学やNAGAによって競技出場を禁止された場合は、選手は異議を申し立て、仲裁によって地位回復を求める権利を有するべきである。

二．仲裁委員会は、アメリカ仲裁協会（American Arbitration Association, AAA）の認証を受け、当該選手とNAGAによって承認された人物で構成され、AAAの商業仲裁の規則と裁定手続きに沿って仲裁の手続きを行うべきである。

三．仲裁委員会は、NAGAの規則に従って選手の地位回復を求める大学の要求を審査するNAGAのすべての委員会に取って代わるものである。仲裁委員会の決定は最終的であり、当該選手、大学、NAGAに対して拘束力がある。

四．選手の奨学金停止を審査する学生奨学金異議申し立て委員会には、投票権の有無にかかわらず、スポーツ部の関係者が委員として入ることは禁止されなければならない。

五．NAGA評議会は選手の厚生を向上させるため、選手にNAGAの規則の適用や法の適正手続きの権利について無料でアドバイスする専門家を雇い、給与、手当、必要事務経費を支払うべきである。各大学は全選手にこの専門家の連絡先を教えなくてはならない。

23

ガイドライン⑳ 明快で理にかなったプロ選手と学生選手の区別

プロ選手は自分がプレーしている種目の大学スポーツに参加してはならない。プロ選手の定義は次の三つに限定される。（一）プレーでのスポーツスキルに対して、練習や競技への参加に必要な実費の償還を超えた報酬を得ている。（二）スポーツへの参加に対して、プロスポーツ組織から給与、必要経費、その他さまざまな資金援助を得ている。（三）プロチームでプレーをしている。

したがって、大学のスポーツ奨学金が次の条件を満たすかぎり、選手が受け取る奨学金はプロ選手への報酬ではない。給付が教育目的である、学士号のプログラムによって四年間か五年間、または卒業するまでのどちらか短いほうの期間を保証する、スポーツの戦績でなく最低限の累積GPAが給付維持の条件である、総額が定められている、『連邦政府奨学金ハンドブック』が定める条件と合致している。

24

ガイドライン㉑ プロ選手としてのプレー以外の就労制限の廃止

選手は、自分の人生設計のためにドラフトでのプロからの指名に備えて代理人などを雇ってアドバイスを得ることや、上述のプロ選手の定義にあてはまらないスポーツに関連した仕事、またはその他の仕事をすることを一般学生と同じように認められるべきである。選手は一般学生と同様、肖像権を所有し行使する権利を持つべきである。また、次の条件を満たすものはプロ選手としての活動と解釈されるべきではない。(一)スポーツのプレー以外[指導など]からの報酬、ならびに商業的または慈善的な広告での肖像権の行使に対する報酬が市場の相場を大きく上回らない。(二)報酬や謝礼を受け取る活動が、大学の人間によって運営されていない(スポーツ選手への大学からの追加報酬ではない)。(三)雇用において大学の名前やその大学の学生であるという身分が利用されていない。

25

結論——高等教育を探し求めて

アメフト選手が楽勝の専攻に集中したり、識字力のないバスケットボール選手が在学して卒業を目指していたり、せっかく学力があるのにスポーツではそれほどでない黒人学生選手が、学力はないがスポーツでより有能な選手に奨学金をまわすために奨学金を更新してもらえないことなどを見ると、教学の高潔さに関する大学スポーツの現状は真剣な改革を必要としていることがわかる。選手には教育を受ける充分な機会が与えられなければならない。それが適わなければ選手の搾取を生む。選手はようやく最近になって、大学が教育の機会を保証していないことに対して法的制度を利用し始めた。

選手の学業成績、入学審査、学士号取得に向けた単位取得要件は、一般学生に適用される水準と整合的であるべきである。しかし、これら三つのいずれについても、現行のNCAAの規則は、自らが定めた「スポーツ部プログラムは大学の教育プログラムの重要な一構成部分である」という原則から逸脱している。NCAAはこれらの三つについて、選手には一般学生よりも低い基準を設けてきた。NCAAは、最も商業化が進んだスポーツ部プログラムを持つ少数の大学によって支配されている。ディビジョンIに所属するこれらの大学は、学業成績にかかわらず、スポーツにおいて最も能力のある選手をグラウンドやコートに立たせようとしている。

各大学は独自の建学の使命と哲学を持っており、カリキュラム、教学の中での優先事項、望んでいる学生層について高い独立性を保っている。これはアメリカの高等教育の強みである。しかし、スポーツになると、とくに収益性の高いアメフトとバスケットボールの有能な選手に関しては、これらの考え方は放棄されてしまっている。大学は、教室で一般学生と競い合えない低学力の選手の勧誘をこれ以上続けてはならない。最低限でも、大学は選手の学力を一般学生の学力に合わせなくてはならない。もしも大学が低学力の選手に対して通常の入学審査プロセスを免除（特別選抜）し続けるならば、これらの選手は最低限の学習スキルを身につける補習を完了するまで、競技に参加しないように（一年生の資格停止）すべきである。

大学への入学で約束されることは、選手であろうと一般学生であろうと、収益性の高いスポーツの選手であろうとそうでないスポーツの選手であろうと、意味のある教育である。選手の学力基準が大学の一般学生に期待されるレベルと連動していないならば、選手の学力基準は、大学の拝金主義と勝利至上主義に翻弄されているということである。それが今日、起きていることである。そうしているうちに、選手の教育経験の機会が減少するだけでなく、大学の教学での厳格さの規範が欺かれるので、一般学生にとってもキャンパスでの経験の価値が損なわれる。もしも大学スポーツが選手の高等教育の経験の価値を高めるために再構築されなければならないとしたら、学長と教員は、勝敗にかかわらず充分な勉強時間と学力の向上を確実にするべく、スポーツが課す拘束時間と学生生活との理にかなったバランスを求めなければならない。

今日のシステムにおいて、教学の高潔さという課題は重大なものである。学生選手の多くは、出場資格とスポーツ奨学金を維持するために不正を強いられていると感じている。監督は、どんなことをしてでも有能な高校生選手を勧誘しなければならないというプレッシャーを抱えている。スポーツ部のスタッフは、自らの雇用契約に選手の出場資格を維持することが含まれているので、簡単な授業、選手に甘い教授、スポーツが課す拘束時間に支障をきたさず出場資格を失うことが起こらない科目・専攻の選択を選手に勧めるしかない。家庭教師は報酬がよい仕事だが、学力のない選手に非現実的なレベルの学業成績を達成させることを強いられているので、［選手に代わって宿題やレポートを作成するという］安直な方法を取ることが期待されていると思い込んでしまう。大学スポーツに教学の高潔さを回復することは、この状況の中では起こりそうにない。改革を目指すテニュア取得教員はほとんどおらず、管理職では皆無のようだ。現状では、スポーツにおいて意味のある改革を成し遂げるような学長の指導力というものは、実質、存在していない。選手の搾取によって経済的恩恵を得ているスポーツ部部長、有力監督、コンファレンスのコミッショナーは、現状に何の罪悪感も感じておらず、集まった富を選手の健康や厚生の向上に向けず自分の懐に入れてしまい、システムの根本的な変革への動機も持たない。彼らの支持する改革とは、外部からの批判、法律の制定や裁判の可能性を避けるための小手先のものである。

ＮＣＡＡはＦＢＳの金権政治によって支配されている。収益を生む試合という商品の質を高めるため、学力が不足しているにもかかわらず入学してきたエリート選手がそのままプレーするという流れを維持するために多額の投資をしている。大学スポーツをめぐる積極的な訴訟活動は、真の改革を果たすための触媒となる可能性がある。一連の裁判での原告の勝利によって、大学が議会に保護を求めるようになるかもしれない。議会が大学側の要求に耳を傾けるのならば、保護を与えるのと引き換えに、議会が大学に教学の高潔さを確かなものにするよう要求することを期待したい。

付録

NCAA 教学での不正行為の事例

理由開示命令（show-cause-order）

ＮＣＡＡにおける理由開示命令とは、法曹界で一般に使われているものとは少し異なる。ＮＣＡＡの規則では、処罰を受けた監督はその大学を辞任して他大学に移籍することは禁止されていない。しかし、理由開示命令の適用期間中は、移籍先の大学と監督はＮＣＡＡの規則違反委員会に出頭して監督の活動が制限されるか否か相談しなければならない。この制度のために現実問題としては、処罰を受けた監督は理由開示命令の期間があけるまでは別の大学で雇用されにくくなる。違反行為をした監督が大学を変わることで処罰を免れる「逃げ得」を防ぐためのものである。

保護観察処分（probation）

ＮＣＡＡが大学の行動を監視する。後述のように、他の処罰と組み合わさっていることが多い。観察されているので、処罰の履行がチェックされやすくなる。保護観察処分そのものは大学にとってそれほど厳しいものではないが、それを繰り返したり、保護観察期間中に違反行為をすれば厳しい処分を受けるので、違反行為抑止の効果はある。

認証団体（accrediting agency）への報告

職員が身代わりで宿題を提出したりして選手に不正に単位を与えることは、学士号の価値を貶めるわけなので、教学での不正により学位授与を認証する団体による処分の可能性があり、ＮＣＡＡも処罰として報告を義務づける場合がある。

高校生選手の大学訪問会

高校生選手向けの「オープンキャンパス」である。訪問会と言っても一人だけが招かれるときもあり、また複数のときもある。親と本人の旅費・食事・宿泊代金を大学が持ち二日以内の日程で、キャンパス、スポーツ施設、寮などを見せる。大学は何回開催してもよいが、高校生は五大学まで、各大学を一回のみ訪問できる。アルコール、売春婦の提供など過剰な接待が問題になることもある。この開催を規制されることは勧誘活動にとって痛手となる。

コンファレンス名

当時のものである。

年

二〇〇五―〇六年というのは、二〇〇五年秋から二〇〇六年春の学年暦であり、学生スポーツの一シーズンである。アメフトの強豪校によるボウルゲームは年明けの一月に開催される。

肩書

監督・コーチなどの肩書は違反をした当時のもので、処罰されたときにはすでに退職している場合もある。そのような場合に理由開示命令が適用されるのである。

〔以上、訳注〕

一九九〇年以来、NCAAは教学での不正行為を四一件摘発している。以下の情報は主として著者の一人（ガーニー）が加わった Ridpath, B. D., Gurney, G. and Snyder, E. "NCAA Academic Fraud Cases and Historical Consistency: A Comparative Content Analysis"（「NCAAの規則違反となった教学での欺瞞の歴史的調査」）, *Journal of the Legal Aspects of Sports*, Vol. 75, 2015, p.25 によるものである。

（一）大学名――ジョージアサザン大学　Georgia Southern University

コンファレンス――サザン・コンファレンス　Southern Conference

処罰年――二〇一六年

不正行為の内容――スタッフ三人によるアメフト選手の勉学の代行。
処罰――二年間の保護観察処分。奨学金件数の削減。高校生選手の勧誘活動の制限。三年間の理由開示命令。罰金。

（二）大学名――サザンミシシッピ大学　University of Southern Mississippi
コンファレンス――コンファレンスＵＳＡ　Conference USA
処罰年――二〇一六年
不正行為の内容――男子バスケットボール部の監督がスタッフに教学の不正を命じる。選手への金銭授与記録の偽造。
処罰――三年間の保護観察処分。二年間のポストシーズン試合への出場禁止。奨学金件数の削減。高校生選手の勧誘活動の制限。監督・スタッフに対する理由開示命令。

（三）大学名――ルイジアナ大学ラファイエット校　University of Louisiana-Lafayette
コンファレンス――サンベルト・コンファレンス　Sun Belt Conference
処罰年――二〇一六年
不正行為の内容――コーチが勧誘している高校生選手の大学入学のためのテストの点数を偽造する。
処罰――二年間の保護観察処分。罰金。高校生選手の勧誘活動の制限。

（四）大学名――サザンメソジスト大学　Southern Methodist University
コンファレンス――アメリカン・コンファレンス　American Conference
処罰年――二〇一五年
不正行為の内容――男子バスケットボール部の教学での欺瞞、不正。規則遵守精神の欠如。コーチとスタッフによる選手の宿題の代行。

処罰――三年間の保護観察処分。ポストシーズン試合への出場禁止。奨学金件数の削減。高校生選手の勧誘活動の制限。当該コーチのシーズン日程の三〇%における謹慎。

（五）大学名――シラキュース大学　Syracuse University
コンファレンス――アトランティック・コースト・コンファレンス　Atlantic Coast Conference
処罰年――二〇一五年
不正行為の内容――男子バスケットボール部の部長、学習アドバイザー、受付事務員による選手の宿題の代行。
処罰――五年間の保護観察処分。当該選手が出場した試合の勝利記録の抹消。当該選手が出場した試合について一試合につき五〇〇ドルの罰金。NCAA主催の男子バスケットボール・トーナメントの戦績に応じたNCAA本部からの分配金の返金［トーナメントの収入はNCAA本部に入り、各大学に戦績に応じて分配されるが、その分配金の返金］。当該監督の二〇一五―一六年シーズンのコンファレンスの最初の九試合謹慎。四年間（二〇一五―一六年から一八―一九年）にわたり三件ずつの男子バスケットボール奨学金件数の削減。さらにNCAAは大学が独自に決めた二〇一四―一五年シーズンのポストシーズン試合への出場辞退を追認。

（六）大学名――ノースカロライナ大学　University of North Carolina
コンファレンス――アトランティック・コースト・コンファレンス　Atlantic Coast Conference
処罰年――二〇一二年
不正行為の内容――スタッフ（家庭教師）による三人のアメフト選手の宿題の代行。
処罰――譴責・非難の声明の公表。三年間の保護観察処分。二〇一二年のポストシーズン試合への出場禁止。三年間で計一五件のアメフト奨学金件数の削減。二〇〇八―〇九年と〇九―一〇年の試合の勝利記録の抹消（大学独自の制裁をNCAAが追認）。五万ドルの罰金（大学独自の制裁をNCAAが追認）。

当該家庭教師の契約解除。

（七）大学名――アーカンソー州立大学　Arkansas State University
コンファレンス――サンベルト・コンファレンス　Sun Belt Conference
処罰年――二〇一一年
不正行為の内容――農工学部の技術担当部長が教授に無断で男子バスケットボール選手の成績を改竄。
処罰――譴責・非難の声明の公表。二年間（二〇一一年三月一一日から二〇一三年三月一〇日まで）の保護観察処分。アメフトと男子バスケットボールで二年間（二〇一一―一二年、一二―一三年）にわたり一件ずつの奨学金件数の削減。アメフトと男子バスケットボール以外のスポーツでも不正に出場資格を得ていた選手の存在が判明したので、当該選手が出場した試合の勝利記録の抹消（アメフトは二〇〇六年の六勝、二〇〇五年の四勝。男子バスケットボールは二〇〇六―〇七年の一五勝、〇五―〇六年の一二勝。野球は二〇〇六―〇七年の三勝。女子サッカーは二〇〇五―〇六年の五勝）。四万三五〇〇ドルの罰金（二〇〇九年一月に支払済）。

（八）大学名――イーストカロライナ大学　East Carolina University
コンファレンス――コンファレンスＵＳＡ　Conference USA
処罰年――二〇一一年
不正行為の内容――四人の野球選手の家庭教師をしていた女子テニス選手によるレポートの代筆（大学側の自己申告）。
処罰――譴責・非難の声明の公表。一年間（二〇一一年五月一九日から一二年五月一八日まで）の保護観察処分。二人の野球選手の二〇〇九―一〇年シーズンの残りの試合と一〇―一一年のシーズンの全試合の出場停止。残りの野球選手二人と女子テニス選手は永久資格停止とチームから除籍。当該選手が出場した野球部（二〇〇九―一〇年）と女子テニス部（二〇一〇年春のシーズン）の試合の勝利記録の抹消。

（九）大学名——ジョージアサザン大学　Georgia Southern University
コンファレンス——サザン・コンファレンス　Southern Conference
処罰年——二〇一〇年
不正行為の内容——コーチが二人の男子バスケットボール選手の宿題を不適切に支援、ときには完全に代行。
処罰——譴責・非難の声明の公表。二年間（二〇一〇年一月二〇日から一二年一月一九日まで）の保護観察処分。コーチに対する五年間（二〇一〇年一月二〇日から一五年一月一九日まで）の理由開示命令。バスケットボール部部長に対する二年間（二〇一〇年一月二〇日から一二年一月一九日まで）の理由開示命令。三年間（二〇〇九—一〇年から一一—一二年まで）にわたり一件ずつの男子バスケットボール奨学金件数の削減。二〇〇九—一〇年は最大一二回を予定していた男子バスケットボール部が行う高校生選手の大学訪問会の開催を四回削減（大学独自の制裁）。二選手が出場した二〇〇七—〇八年と〇八—〇九年の試合の勝利記録の抹消。

（一〇）大学名——フロリダ州立大学　Florida State University
コンファレンス——アトランティック・コースト・コンファレンス　Atlantic Coast Conference
処罰年——二〇〇九年
不正行為の内容——学習支援専門家、学習アドバイザー、家庭教師が男女一〇種目の合わせて六一人の選手の宿題を代行。
処罰——譴責・非難の声明の公表。四年間（二〇〇九年三月六日から一三年三月五日まで）の保護観察処分。アメフト、男女バスケットボール、男女水泳、男女陸上競技、野球、ソフトボール、男子ゴルフの奨学金件数の削減（詳細な情報は報告書で公開される）［不正を犯したことが公になるので不正に関わった人が他大学で同じ仕事を続けにくくなる］。六一人の当該選手が出場した二〇〇六—〇七年の試合の勝利記録の抹消。当該学習アドバイザーに対する五年間（二〇〇九年三月六日から一四年三月五日まで）の理由開示命令（詳細な情報は報告書で公開される)。当該学習支援専門家に対する四年間(二〇〇九年三月六日から一三年三月五日まで)の理由開示命令(詳細な情報は報告書で公開される)。当該家庭教師に対する三年間(二〇〇九年三月六日から一二年三月五日まで)の理由開示命令(詳細な情報は報告書で公表される)。

(一一)大学名――アラバマ州立大学　Alabama State University

コンファレンス――サウスウェスタン・アスレティック・コンファレンス　Southwestern Athletic Conference

処罰年――二〇〇八年

不正行為の内容――スタッフが大学の成績管理担当者の許可を得ず八人のアメフト選手の成績を改竄。うち六人はそのおかげで出場資格を維持。

処罰――譴責・非難の声明の公表。五年間の保護観察処分。監督に対する二年間の理由開示命令。二〇〇九年のアメフト部のポストシーズン試合への出場禁止。高校生選手の大学訪問会の開催回数の削減。すべてのコーチに対する十二月の二週間の高校生選手勧誘活動の停止。アメフトの奨学金件数を上限の六三件から二〇〇四―〇五年は五八・七四件[授業料・寮費・食費の五〇%しか受けていない選手を〇・五人に換算するなど、満額の奨学金を受けていない選手がいると端数がでる]、二〇〇五―〇六年は五四・一一件に削減(大学独自の制裁)。二〇〇〇―〇一年と〇一―〇二年のアメフト部全試合の勝利記録の抹消(コンファレンスの優勝も含む)。

(一二)大学名――パデュー大学　Purdue University

コンファレンス――ビッグ・テン・コンファレンス　Big Ten Conference

処罰年――二〇〇七年

不正行為の内容――コーチが女子バスケットボール選手の研究ならびに教科書の予習を手伝う(コーチは不正行為ではないと主張するが、レポートを入力したり直したりしたことは認める)。

処罰——譴責・非難の声明の公表。二年間の保護観察処分。女子バスケットボールの奨学金件数を三件削減。当該コーチに対する三年間の理由開示命令。

（一三）大学名——マクニーズ州立大学　McNeese State University
コンファレンス——サウスランド・コンファレンス　Southland Conference
処罰年——二〇〇七年
不正行為の内容——男子バスケットボール部のコーチが二人の短大生に編入学の資格と入学後の出場資格を取得させるため、通信教育の数学の授業でのなりすまし代行者を斡旋。
処罰——譴責・非難の声明の公表。二年間の保護観察処分。なりすましを行った学生が所属する女子陸上部とクロスカントリー部の奨学金を満額相当で二人分削減。編入生の所属する男子バスケットボール部は高校選手の大学訪問会を一二回から一〇回に削減。学外での勧誘活動の禁止。奨学金件数を一件削減。当該男子バスケットボール部コーチと当該陸上部監督に対する五年間の理由開示命令。

（一四）大学名——カンザス大学　University of Kansas
コンファレンス——ビッグ・トゥエルブ・コンファレンス　Big Twelve Conference
処罰年——二〇〇六年
不正行為の内容——大学院生のコーチが、勧誘している二人の選手が実力試験をコーチの寮の部屋で受験しているときに解答を教える。
処罰——譴責・非難の声明の公表。三年間の保護観察処分。短大からの編入選手数の削減。アメフトの新入生奨学金件数を三件削減。当該大学院生コーチに対する三年間の理由開示命令。

（一五）大学名——オハイオ州立大学　Ohio State University
コンファレンス——ビッグ・テン・コンファレンス　Big Ten Conference

処罰年——二〇〇六年
不正行為の内容——後援者が入学予定の複数の高校生選手のレポートを代筆するという、認められていない学習支援。
処罰——譴責・非難の声明の公表。三年間の保護観察処分。男子バスケットボール部のポストシーズン試合への出場禁止。監督を二〇〇四年六月八日付で解任。男子バスケットボールの奨学金件数の削減。一九九九年から二〇〇二年までのNCAA主催の男子バスケットボール試合出場に基づく分配金の返還。問題のレポートのコピーを認証団体に提出。

（一六）大学名——テキサス・クリスチャン大学　Texas Christian University
コンファレンス——コンファレンスUSA　Conference USA
処罰年——二〇〇五年
不正行為の内容——監督が複数のコーチによる選手や入学予定選手への不正な学業支援を指示・黙認。
処罰——譴責・非難の声明の公表。二年間（二〇〇七年九月二一日まで）の保護観察処分。不正に出場資格を維持した一〇人の選手の個人記録・チーム記録の抹消。当該監督に対する八年間の理由開示命令。NCAA加盟大学が当該監督を採用する場合、大学と監督がNCAAの規則違反委員会に出頭して監督の活動を制限すべきかどうか相談することの義務づけ。

（一七）大学名——ベイラー大学　Baylor University
コンファレンス——ビッグ・トゥエルブ・コンファレンス　Big Twelve Conference
処罰年——二〇〇五年
不正行為の内容——非常勤の家庭教師が三人のアメフト選手のためにレポートを代筆。同じレポートが提出されたので英語教授が気づく。
処罰——NCAAの規則違反委員会は教学上の不正行為の内容を認定したが、同大学の度重なる男子バスケットボールでの規則違反行為のほうが問題になり、本件は処罰されず。

(一八) 大学名――ニコルス州立大学 Nicholls State University
コンファレンス――サウスランド・コンファレンス Southland Conference
処罰年――二〇〇五年
不正行為の内容――バスケットボール部の監督、アメフト部のコーチ、学習アドバイザーがブリガムヤング大学が提供するオンライン通信講座で不正。二八人の選手と一人の入学予定選手が関与。
処罰――譴責・非難の声明の公表。四年間の保護観察処分。コンファレンスのテレビ放映契約から同大のアメフトと男子バスケットボールの試合を除外(テレビ放映の禁止)。男子バスケットボールの奨学金件数を一件削減。

(一九) 大学名――ジョージア大学 University of Georgia
コンファレンス――サウスイースタン・コンファレンス Southeastern Conference
処罰年――二〇〇四年
不正行為の内容――コーチが自分の担当する授業で三人の男子バスケットボール選手に不当にAという成績をつける。
処罰――譴責・非難の声明の公表。四年間の保護観察処分。男子バスケットボールの奨学金件数を三年間(二〇〇五―〇六年から〇七―〇八年まで)にわたり、一件ずつ削減。当該選手の個人記録・チーム記録の抹消。当該コーチの停職。教学における欺瞞なので認証団体への不正の報告。大学による体育教育・スポーツ研究学部長への譴責。

(二〇) 大学名――カリフォルニア州立大学ノースリッジ校 California State University at Northridge
コンファレンス――ビッグ・ウェスト・コンファレンス Big West Conference

処罰年——二〇〇四年
不正行為の内容——バスケットボール部のコーチが自分の担当する運動生理学の二つの科目において、一人の選手に対して出席も課題提出もしていないのに単位を授与。
処罰——譴責・非難の声明の公表。保護観察処分の継続。二年間（二〇〇四—〇五年、〇五—〇六年）にわたり、一件ずつの男子バスケットボールの新入生向けならびに全学生向け奨学金件数の削減。教学における欺瞞なので、NCAA内規一九・五・二・七に基づき会長から認証団体への報告。

（二一）大学名——カリフォルニア州立大学フレズノ校　California State University at Fresno
コンファレンス——ウェスタン・アスレティック・コンファレンス　Western Athletic Conference
処罰年——二〇〇三年
不正行為の内容——学習アドバイザーが統計学者を雇い、出場可能な最後の学期を迎えた二人の男子バスケットボール選手と一人の入学予定選手の宿題を合わせて一七回にわたって代行。
処罰——譴責・非難の声明の公表。四年間の保護観察処分。男子バスケットボール部の一年間のポストシーズン試合への出場禁止。二年間（二〇〇四—〇五年と〇五—〇六年）で計三件（少なくとも各年で一件）の奨学金件数の削減。当該選手が出場した試合の勝利記録の抹消（NCAAは記録上は抹消された試合は勝ち負けをつけず「行われなかった」という扱いにする）。NCAAからの試合出場に基づく分配金の返金とマーチ・マッドネスの勝利記録の抹消。大学による男子バスケットボール部コーチとスポーツ担当委員（教員）への書面での譴責。

（二二）大学名——ユタ大学　University of Utah
コンファレンス——マウンテン・ウェスト・コンファレンス　Mountain West Conference
処罰年——二〇〇三年
不正行為の内容——家庭教師が英作文の授業のために複数の選手のレポートを代筆。

処罰――譴責・非難の声明の公表。三年間の保護観察処分。男子バスケットボールの奨学金件数の削減。

（二三）大学名――カリフォルニア大学バークレー校　University of California at Berkeley
コンファレンス――パシフィック・テン・コンファレンス　Pacific-10 Conference
処罰年――二〇〇二年
不正行為の内容――二人のアメフト選手が出席していないのに単位を取得。二人は一九九九年の春学期に落第した科目を同年のサマースクールで再履修し、担当教授の協力で単位を取得。
処罰――譴責・非難の声明の公表。五年間の保護観察処分。アメフト部のシーズン前の試合への出場禁止。奨学金件数の削減。不正に出場資格を得ていた二人の当該選手の一九九九年の個人記録・チーム記録の抹消。学長に対し、大学による公式な違反記録報告書を地域の認証団体へ提出することを義務づけ。

（二四）大学名――ケンタッキー大学　University of Kentucky
コンファレンス――サウスイースタン・コンファレンス　Southeastern Conference
処罰年――二〇〇二年
不正行為の内容――二年間にわたり、高校生選手の勧誘担当スタッフが選手の入学後に宿題を過剰に支援または代行。
処罰――譴責・非難の声明の公表。二〇〇二年一月三一日から三年間の保護観察処分。選手向け学習室や学習支援プログラムの適切な監督者の下での運営。当該スタッフならびにアメフト部監督の辞表は、それぞれ二〇〇〇年十一月二〇日と〇一年二月九日に受理。当該スタッフを雇った管理職を更迭。学生スタッフを配置転換。

（二五）大学名――マーシャル大学　Marshall University

コンファレンス――ミッドアメリカン・コンファレンス　Mid-American Conference
処罰年――二〇〇一年
不正行為の内容――スポーツ部の無給スタッフを務める准教授が自分の科目の期末試験問題を事前に複数のアメフト選手に配布。
処罰――譴責・非難の声明の公表。二〇〇一年一二月二一日から四年間の保護観察処分。教学における欺瞞に関連して特定の処分があったかは不明。

（二六）大学名――ハワード大学　Howard University
コンファレンス――ミッドイースタン・アスレティック・コンファレンス　Mid-Eastern Athletic Conference
処罰年――二〇〇一年
不正行為の内容――野球選手が夏休みで他州にある実家に帰郷中にもかかわらず六単位のサマースクール科目の単位を取得。
処罰――五年間の保護観察処分。三人のコーチに対する理由開示命令。

（二七）大学名――南カリフォルニア大学　University of Southern California
コンファレンス――パシフィック・テン・コンファレンス　Pacific-10 Conference
処罰年――二〇〇一年
不正行為の内容――一九九六年夏から九八年春にかけての二年間で三件の違反行為。学習支援スタッフが三人の選手のレポート作成に関与。家庭教師が選手のレポートに関して自分の果たした役割について虚偽の報告。
処罰――譴責・非難の声明の公表。二年間の保護観察処分。アメフトの奨学金件数を二件削減。家庭教師監督者に対する理由開示命令。レポートのコピーを認証団体に提出。

（二八）大学名——ニューメキシコ州立大学　New Mexico State University
コンファレンス——サンベルト・コンファレンス　Sun Belt Conference
処罰年——二〇〇一年
不正行為の内容——男子バスケットボール部のコーチが複数の入学予定選手の宿題や持ち帰り試験の代行を支援。
処罰——譴責・非難の声明の公表。四年間の保護観察処分。バスケットボール部の複数のコーチに対する理由開示命令。

（二九）大学名——ミシシッピバレー州立大学　Mississippi Valley State University
コンファレンス——サウスウェスタン・アスレティック・コンファレンス　Southwestern Athletic Conference
処罰年——二〇〇一年
不正行為の内容——男子バスケットボール部のコーチ、トレーナー、学生団体管理部長が替え玉受験を画策。コーチとトレーナーが複数の高校生選手のために九人の一般学生や選手を雇い、大学入学のための統一テストを複数回にわたって替え玉受験させる。
処罰——譴責・非難の声明の公表。二年間の保護観察処分。三人のスタッフに対する理由開示命令。

（三〇）大学名——サザンメソジスト大学　Southern Methodist University
コンファレンス——サウスウェスト・コンファレンス　Southwest Conference
処罰年——二〇〇〇年
不正行為の内容——アメフト部のコーチが二回にわたり入学予定選手のために統一テスト（ＡＣＴ）の替え玉受験を実行。
処罰——二年間の保護観察処分。高校生選手の勧誘のための監督による訪問と高校生の大学訪問会の開催回数を削減。当該コーチに対する七年間の理由開示命令。一〇試合の記録抹消。

（三一）大学名——ミネソタ大学ツインシティ校　University of Minnesota-Twin Cities
コンファレンス——ビッグ・テン・コンファレンス　Big Ten Conference
処罰年——二〇〇〇年
不正行為の内容——男子バスケットボール部のスタッフが少なくとも一八人の選手のために約四〇〇件の宿題を代行。スタッフの上司の学習指導担当者の指示で行われ監督も黙認。
処罰——譴責・非難の声明の公表。二〇〇〇年十月二四日から四年間の保護観察処分。三年間（二〇〇一—〇二年から〇三—〇四年まで）で計五件の奨学金件数の削減（少なくとも各年で一件、一三件から一二件への削減）。高校生選手の大学訪問会の開催回数の削減。当該監督と当該スタッフに対する理由開示命令。

（三二）大学名——テキサス工科大学　Texas Tech University
コンファレンス——ビッグ・トゥエルブ・コンファレンス　Big Twelve Conference
処罰年——一九九八年
不正行為の内容——コーチによる選手の宿題の代行。
処罰——譴責・非難の声明の公表。四年間の保護観察処分（大学は三年間を提案）。二〇〇〇—〇一年でアメフトの新入生向け奨学金を二五件から二一件に四件削減。アメフトの奨学金全体は八五件から八〇件に五件削減。男子バスケットボールの奨学金を七件削減。女子バスケットボールの一九九九—二〇〇〇年の奨学金を一五件から一四件に一件削減。野球の奨学金件数を部分支給も含めて一一・七件から八・七件に三件分削減。一九九六年のNCAA主催男子バスケットボールトーナメントの試合記録の抹消。

（三三）大学名——モンタナ州立大学　Montana State University

コンファレンス――ビッグ・スカイ・コンファレンス　Big Sky Conference
処罰年――一九九六年
不正行為の内容――入学予定の選手が不正に単位を取得。コーチも事実を認識。
処罰――二年間の保護観察処分。男子バスケットボールの奨学金件数の削減ならびに勝利記録の抹消。当該男子バスケットボール部コーチに対する理由開示命令。

（三四）大学名――テキサスサザン大学　Texas Southern University
コンファレンス――サウスウェスタン・アスレティック・コンファレンス　Southwestern Athletic Conference
処罰年――一九九六年
不正行為の内容――男女七人の陸上選手が不正に単位を取得して出場資格を維持。彼らは単位取得に必要な勉学を一切せず。
処罰――五年間の保護観察処分。男子・女子陸上部の一年間のポストシーズン選手権へのチームとしての出場禁止。二年間の新規の奨学金支給の禁止。一九九六―九七年の陸上競技と、九七―九八年のクロスカントリー競技において、いかなる大会にもチームとしての出場を禁止。

（三五）大学名――ベイラー大学　Baylor University
コンファレンス――サウスウェスト・コンファレンス　Southwest Conference
処罰年――一九九五年
不正行為の内容――入学予定選手が入学基準を満たすように複数のコーチが通信制講義の試験の解答や課題レポートの資料を提供。
処罰――奨学金件数を一九九四―九五年は一三件から一一件に、九五―九六年は一三件から一〇件にそれぞれ削減。九四―九五年の高校生選手の大学訪問会の開催回数を一二回から九回に削減。九四―

九五年のコーチを一人削減。認証団体による再認証。

(三六) 大学名――アルコーン州立大学　Alcorn State University
コンファレンス――サウスウェスタン・アスレティック・コンファレンス　Southwestern Athletic Conference
処罰年――一九九四年
不正行為の内容――アメフト部監督が入学予定選手が統一テストを受けていないことを黙認。
処罰――譴責の声明の公表。アメフト部の練習日を三日削減。一九九四年シーズンの監督の一試合謹慎。保護観察処分。男子バスケットボール部の二年間のポストシーズン試合への出場禁止。男子バスケットボールの奨学金を一九九五-九六年は一三件から八件に、九六―九七年は一三件から一一件にそれぞれ削減。アメフトの奨学金を九五―九六年は満額支給換算で六三件から六〇件に、九六―九七年は六三件から六二件にそれぞれ削減。満額支給でない選手も含めたアメフトの奨学金のべ件数では、九五―九六年は八五件から八一件に、九六―九七年は八五件から八三件にそれぞれ削減。女子バスケットボールの奨学金件数を九五―九六年ならびに九六―九七年共に一五件から一四件に削減。男子バスケットボールにおける高校生選手の大学訪問会の開催回数を九四―九五年と九五―九六年は一二回から一〇回に削減。男子バスケットボールの試合数を九五―九六年は二七試合から二六試合に削減。スポーツ部部長譴責の声明の公表。年次報告書の作成義務づけ。認証団体による再認証。

(三七) 大学名――テキサス州立大学　Texas State University
コンファレンス――サウスランド・コンファレンス　Southland Conference
処罰年――一九九四年
不正行為の内容――監督が野球選手に不正に単位を授与。
処罰――譴責の声明の公表。年次報告書の作成義務づけ。認証団体による再認証。

（三八）大学名——コースタルカロライナ大学　Coastal Carolina University
コンファレンス——ビッグ・サウス・コンファレンス　Big South Conference
処罰年——一九九四年
不正行為の内容——男子バスケットボール部の監督と非常勤コーチが入学予定選手に不正に単位を取得させ、さらに彼のサマースクールの授業料を不正に肩代わり。
処罰——譴責の声明の公表。一九九四年のコンファレンスのトーナメント出場辞退。高校生選手の大学訪問会の開催回数を九三—九四年は予定されていた一五回から一〇回に、九四—九五年は一二回を一〇回にそれぞれ削減。当該選手が出場した九二—九三年と九三—九四年の試合記録の抹消。年次報告書の作成義務づけ。奨学金件数を九五—九六年は一三件から一一件に、九六—九七年は一三件を一二件にそれぞれ削減。認証団体による再認証。

（三九）大学名——マイアミ大学（オハイオ）　Miami University of Ohio
コンファレンス——ミッドアメリカン・コンファレンス　Mid-American Conference
処罰年——一九九一年
不正行為の内容——男子バスケットボール部の監督が選手に不正にAの成績を与え出場資格を維持。
処罰——譴責の声明の公表。年次報告書の作成義務づけ。当該選手が出場した試合記録の抹消。認証団体による再認証。

（四〇）大学名——ドレイク大学　Drake University
コンファレンス——ミズーリバレー・コンファレンス　Missouri Valley Conference
処罰年——一九九〇年
不正行為の内容——男子バスケットボール部のコーチによる少なくとも三人の選手に対する宿題での

不正。

処罰——理由開示命令。

（四二）大学名——ノースウェスタン州立大学　Northwestern State University

コンファレンス——サウスランド・コンファレンス　Southland Conference

処罰年——一九九〇年

不正行為の内容——男子バスケットボール部の複数のコーチによる大学入学のための統一テストの成績改竄。

処罰——譴責の声明の公表。年次報告書の作成義務づけ。認証団体による再認証。奨学金件数を一九九〇—九一年は一三件、新入生向け奨学金は九一—九二年は二件、九二—九三年は三件にそれぞれ制限。高校生選手の大学訪問会の開催回数の上限を九〇—九一年は八回、九一—九二年は一二回に制限。コーチを一人削減。

訳者あとがき

本書はGerald Gurney, Donna A. Lopiano, and Andrew Zimbalist著の*Unwinding Madness: What Went Wrong with College Sports and How to Fix It*（Brookings Institution Press, 2017）の全訳である。著者の経歴は別掲したが、ガーニーとロピアノは大学スポーツの実務に精通し、また改革のための団体で指導的立場にある。ジンバリストは経済学者であるが、大学スポーツ産業の分析に関する著書が多い。書名に含まれるMadness（狂乱）というのは毎年三月に行われ、熱狂的な人気を誇る大学バスケットボール・トーナメント選手権が「マーチ・マッドネス（March Madness）」と呼ばれることに由来している。

わが国では二〇二〇年の東京オリンピック開催を契機としてスポーツ産業の経済貢献が期待されており、政府はプロだけでなく、大学スポーツも振興することを目指している。その際、範とされているのが、プロと遜色ない売上規模を誇るアメリカの大学スポーツである。その取りまとめ役としての全米大学体育協会（National Collegiate Athletic Association, NCAA）の役割が高く評価されており、関係者の間では日本版ＮＣＡＡの設立が議論されている。

しかし、「隣の芝生はとかく青く見える」ものである。本書は本家アメリカのＮＣＡＡと大学スポーツについて、その問題点を余すところなく明らかにしている。わが国での議論にも役立つと考え翻訳を試みた。

アメリカでは十九世紀末に大学対抗戦としてのアメフトが人気を博していた。しかし、その暴力性も問題になっていた。一九〇五年、ルーズベルト（Theodore Roosevelt）大統領が当時の三強であったハーバード、エール、プリンストンのアメフト関係者をホワイトハウスに招いて安全性のためのルール改定を求めた。しかし、有力校は互いに自分に有利なルール改定を求めたので動きが鈍かった。同年に相手チームの選手の死亡事故を目撃したニューヨーク大学のマクラッケン（Henry McCracken）学長が改革のための協議会を立ち上げた。一九〇五年末に全米大学間競技連盟（Intercollegiate Athletic Association of the United States, IAAUS）が提案され、翌一九〇六年一〇月に設立総会を開き、三八大学が参加を表明（実際には二八大学が総会に出席）した。そして、このＩＡＡＵＳが一九一〇年にＮＣＡＡと改称したのである。当初は有力校は加盟していなかったが、ハーバードは一九〇九年、プリンストンは一九一三年、エールは一九一五年に加盟した。

このような設立の経緯から、ＮＣＡＡはなるべく多くの大学に加盟してもらいたかったので個々の大学に対しての強制力が弱かった。ＮＣＡＡが決めた規則の執行は大学任せであった。さらにＮＣＡＡは、他のアマチュアスポーツ団体などと競争しそれらを駆逐して自らの地位を確立してきた。他団体との競争のために、ＮＣＡＡはアメフトだけでなくすべての種目をカバーするようになった。

ただ、やはり大学規模、スポーツの強さには差があるので、一九五七年以降、細分化を始め、現在では規模の大きい順にディビジョンⅠ、Ⅱ、Ⅲと分かれ、さらにディビジョンⅠはアメフト強豪校が集まったかつてのⅠ－Ａ、現在のフットボール・ボウル・サブディビジョン（Football Bowl Subdivision, FBS）、それに準じる旧Ⅰ－ＡＡ、現在のフットボール・チャンピオンシップ・サブディビジョン（Football Championship Subdivision, FCS）、さらにアメフトはしないでバスケットボールに専念するⅠ－ＡＡＡに分かれている。ちなみにボウルとはアメフトのスタジアムがすり鉢（ボウル）状なのでこう呼ばれる。日本版ＮＣＡＡは政府の支援も受けて競合団体もなく設立されるであろうから、アメリカとは事情が異なるが、多くの異質の大学と多様な種目を包含することには難しさがあることに留意する必要があろう。プロリーグがある種目、オリンピックでメダルを獲得する可能性のある種目、オリンピック種目だがメダルの獲得は難しい種目、そもそもオリンピックとは縁のない種目などさまざまなタイプがある中で、大学スポーツに対して一律な規則づくりがよいのか否か検討する必要がある。

　アメリカも日本も、大学スポーツではコンファレンス（リーグ）に所属する大学が互いに競い合っている。ただ、日本では野球、ラグビー、サッカーなど種目ごとにリーグがあり、一部と二部は入替戦を行っている。一方、アメリカではコンファレンス加盟大学はすべての種目で競い、同じコンファレンスに属せばアメフトでも水泳でも対抗戦を行い、コンファレンス優勝を目指す。また、ディビジョンを昇格するには特定の種目だけでなくそれぞれ決まった数の種目で施設を整え、スポーツ学生向け奨学金を支給し、競争力があることが認定されなければならない。収益性が期待できるアメフトと男子バスケットボールだけを行うことは許されない。一方、日本の現状では、テレビ中継され知名度アップに貢献する駅伝に特化している大学もあるが、これがよいことなのか議論する必要がある。一方で、アメリカでは多くの種目を強化しなければならないので昇格するには莫大《ばくだい》な費用がかかり、昇格後の知名度アップによる収益増加と割が合わないことが起こる。

　本書によれば、盛況にみえる大学スポーツでも収益が期待できるのはアメフトと男子バスケットボールだけで、それらのプログラムが黒字であるのは強豪校のみであり、この黒字で収益性のない他のスポーツ（ボート、体操、水泳など）の赤字を埋め合わせようとしているが、スポーツ部（Athletic Department）全体で黒字なのはほんの一握りの大学である。アメリカのミシガン大学の一〇万人収容のアメフトスタジアムを見て、日本でもＮＣＡＡをつくればこうなると期待するのは誤っている。たしかに正月の箱根駅伝は人気があり、お屠蘇《とそ》気分でテレビを観ているので視聴率は高いが、料金を取る（Pay per View）としたらどれだけの人が観るのであろうか。また、沿道で応援している人々からどうやって料金を取るのであろうか。スポーツで稼いだお金が図書館の充実につながることは期待できず、スポーツ重視をすることでの弊害ばかりが生じるのではなかろうか。これらの弊害を本書は丹念に検討している。

ＮＣＡＡの歴史の中で、本当にその大学で勉学に取り組んでいる真の学生がプレーしているか否かは課題であり続けている。教学の高潔さ（integrity）の確保がキーワードである。収益性と知名度の向上を目指した勝利至上主義の下で、学力の低い選手が特別枠で入学し、充分な勉学の機会が与えられず搾取される構図は変わっていない。選手資格を維持するためには、在学中も一定の学力成績を維持しなければならない。この規定はまっとうなものだが、これをクリアするため、スポーツ部の学習アドバイザーが楽勝科目・学科に選手を集中させ、スポーツ部の雇った家庭教師がつく。それでもアメフトやバスケットボールの強豪校の黒人選手は、プレーだけをして卒業できずに退学することも多い。また、家庭教師が選手の宿題・レポートを代行してしまうというスキャンダルもあとを断たない。

さらに、スポーツ部は大学の中で治外法権になってしまい、スポーツ部部長が大きな権力を持ち、学長も改革に介入できない状況になっている。またＮＣＡＡは、形式的には学長が意思決定機関に名を連ねているが、実際には有力コンファレンスの共同体として機能している。ＮＣＡＡは大学スポーツの暴走を抑止できていない半面、少しでも評判を良くしようとアメフトとバスケットボールの選手には、厳しい規制・規則をきわめて厳格に適用し、違反者の処分では他のスポーツ選手や一般学生と比較して、学生としての権利を尊重せずに不当に扱っている。ここでも選手が搾取されているのである。

本書の最大の特徴は、大学スポーツの腐敗の批判だけに終わらず、改革への提言にも紙幅を割いていることである。アメリカでは大学スポーツの過熱がすさまじく、ＮＣＡＡは傍観者または共犯者なので、ＮＣＡＡによる改革は期待せず、収益性に期待が持てる少数の強豪大学をセミプロ化して選手にも充分な報酬を与え、残りの大多数の大学にはアマチュア学生スポーツとしての規制を厳しく課したほうがよいという意見もある。しかし、現存の本書はセミプロ化への道には否定的で、あくまでも大学スポーツ全体の健全化を目指している。ただ、

ＮＣＡＡに固執するのではなく、新しい全米レベルの大学統治組織のあるべき姿を提言している。わが国で議論されている日本版ＮＣＡＡに関しては、現在のアメリカのＮＣＡＡをそのまま導入するよりも、本書で提案されている新ＮＣＡＡともいうべき統治組織を参考にすべきであると考えられる。

また、本書は（アメリカでは反トラスト法と呼ばれる）独占禁止法の免責にしばしば言及している。大学スポーツの健全化のためにＮＣＡＡが働きかけて大学間で取り決めをすると、たとえば、監督の給与の上限を定めて各大学に守らせると、監督がこの取り決めはカルテルであり、独占禁止法違反だとして訴える可能性がある。非営利組織である大学も独占禁止法の対象であり、これでは改革が進まないので、特定の取り決めについては議会に独占禁止法の適用除外を認めてもらうのである。実はＮＣＡＡは多くの独占禁止法訴訟と戦ってきた。ＮＣＡＡの金儲け主義がその原因だが、改革の足かせにもなるので本書では免責が提案されている。著者は議会の役割に期待しているわけだが、なるべく政治の介入を避けたい大学関係者の中では異質な主張ともいえよう。スポーツに限らず議会が大学に介入しようとすると、大学コミュニティは先手を打って自主的にガイドラインをつくり、「問題が解決に向かっているので規制は不要だ」と主張してきた。著者が議会に期待しているというのは、それだけ大学スポーツの腐敗が大学コミュニティの自浄能力を超えているためかもしれない。一般に州政府・議会には有力州立大学の卒業生が多く、大学スポーツの改革に消極的である。しかし、連邦議会の中には、中小の大学がまとまって陳情すれば耳を傾ける向きもある。とくに高等教育の財政難の中でスポーツに多額の資金が投入されていることには批判的な議員も多いので、連邦議会を通しての改革が行われる可能性がないわけではない。

最後に訳語について、University of North Carolina も North Carolina State University も共に州立大学だが、前者をノースカロライナ大学、後者をノースカロライナ州立大学とした。また、同じ大学でもメインキャンパスと分校がある。ノースカロライナ大学の場合もチャペルヒルのメインキャンパスのほかにグリーンズボロなどにも分校があるが、とくに断らないかぎりアメフトの強いチームがあるメインキャンパスを指す。また、ヘッドコーチを日本流に「監督」と訳し、それ以外のアシスタントコーチなどはすべて「コーチ」とした。また、マイノリティとかアフリカ系アメリカ人とすべきところも「黒人」と訳している。Theyを「彼ら」と訳したが他意はない。ご承知のとおりアメリカの大学の学年暦は秋から始まり、アメフトのシーズンは秋から次の年の一月上旬で、バスケットボールは秋から春である。二〇一三―一四年のシーズンとは二〇一三年秋から一四年の春を指す。原著で単にＦＹ（Fiscal Year）2014とあるときは、「二〇一四年度」と訳したが、二〇一三年秋から一四年夏までの会計年度を指す。

訳者は、元々は独占禁止政策も含めた産業組織論を専門とする経済学者である。上述のように、アメリカの大学スポーツ「産業」は独占禁止判例の宝庫なので関心を持った。このような学際分野で自由に研究活動ができるのは安定した教授職にあるからである。そのきっかけとなる大学教員としての最初のフルタイムの職場を御紹介いただいた山下博先生（大阪大学名誉教授）と高橋哲雄先生（甲南大学・大阪商業大学名誉教授）に感謝申し上げたい。玉川大学出版部の森貴志さんには企画の段階でお世話になった。相馬さやかさんには編集の段階でお世話になった。御礼申し上げる。原著者の三先生には訳者からのメールでの質問に迅速かつ丁寧に答えていただき、たいへんありがたかった。また、関西学院大学国際学部二〇一七年度宮田ゼミ四年生の菅原美優さんは優秀なアシスタントであったことを記しておきたい。

最後に本書を私の家族（妻の琴と息子の圭）に捧げることをお許しいただきたい。

玉川学園小学部に入学して五〇年を経て西宮にて

宮田由紀夫

Unwinding Madness

What Went Wrong with College Sports—and How to Fix It

アメリカの大学スポーツ——腐敗の構図と改革への道

〈…… i

〈…… ix

か

さ

た

な

は

ま

や

ら

わ

人　名　索　引

あ

アドラー夫妻（Peter & Patricia A. Adler）……………………………………… 128
ウィリガム（Mary Willingham）…………… 94
ウィルキンソン（Bud Wilkinson）……… 107
ウィルケン（Claudia Wilken）………… 229
ウィルソン（Duff Wilson）…………… 55-56
ウィルソン（Woodrow Wilson）…………… 20
ウィンスロウ（Greg Winslow）………… 141
ウォーカー（Francis Amasa Walker）……… 19
ウォルバートン（Brad Wolverton）………… 57
ウッドワード（Stanley Woodward）……… 28
エマート（Mark Emmert）… 34-35, 62, 78, 93, 109, 112, 116
エリオット（Charles Eliot）…………… 19, 21
エリクソン（Jon Ericson）…………………… ix
オーザグ（Jonathan Orszag）………… 105
オーザグ（Peter Orszag）……………… 105
オバノン（Ed O'Bannon）………………… 50

か

カー（Clark Kerr）…………………… 20, 114
ガーニー（Gerald S. Gurney）………… 83-84
カーワン（William Brit Kirwan）………… 114
カリパリス（John Caliparis）…………… 233
キスト（Gordon Quist）…………… 229-230
クストラ（Bob Kustra）……………… 35, 116
クライン（Steven Cline）……………… 89-90
クレトン（Tai Kwan Cureton）…………… 54
クローリィ（Joseph Crowley）………… 111, x
クロス（George Lynn Cross）………… 107
クロトフェルター（Charles Clotfelter）… xxxiii
ケーシー（Dasmine Cathey）……………… 92
ケスラー（Jeffrey Kessler）……………… 224
コートニー（Patrick Courtney）………… 134
コックス（Kirk Cox）…………………… 216

さ

サウソール（Richard M. Southall）………… 84
サック（Allen L. Sack）……………………… 19
サメル（Pete Thamel）……………………… 55
サンフォード（George Sanford）………… 22
ジェンキンス（Martin Jenkins）…… 217, 224
シャーマン（Mike Sherman）…………… xxxiii
シュルツ（Kirk Schulz）…………………… 94
シュワルツ（Andrew Schwartz）………… xxxii
ショウ（Leatrice Shaw）…………………… 54
シリッセル（Mark Schlissel）……………… 92
スタウロスキ（Ellen J. Staurowsky）……… 19
スタッグ（Amos Alonzo Stagg）………… 20
スナイダー（Rixford Snyder）…………… 52
スミス（Jay Smith）………………………… 94
スミス（Ronald Smith）…………………… 25
スローター（John Slaughter）……… 113, 114
セイバン（Nick Saban）…………… 232-233
ソープ（Holden Thorp）……………… 106

た

ターカニアン（Jerry Tarkanian）………… 118
タッカー（Irvin Tucker）………………… 105
タワー（John Tower）…………………… xvii
ダンカン（Arne Duncan）……………… 4
ダンカン（Jon Duncan）………………… 113
チェイニー（John Chaney）……………… 53

ツヴィヤノヴィッチ（Simon Cvijanovic） 141
デイ（James Day） …… x
デミング（Charles Deming） …… 20
ドーティ（Stanley Doughty） …… 133
トーマス（Sidney Thomas）…… 229
トンプソン（John Thompson） …… 53
トンプソン（J. Niels Thompson） …… xvii

な

ニーダム（Henry Beach Needham） …… 21
ノセラ（Joe Nocera） …… xxxii, xxxiii

は

バーナード（Frederick Barnard）…… 19
ハーパー（Rainey Harper） …… 20
ハーパー（Shaun R. Harper） …… 196
ハイズマン（John Heisman） …… 22
バイビー（Jay Bybee） …… 229-230
バイヤース（Walter Byers）……53, xi
ハチンス（Robert Hutchins） …… 28
バトラー（Nicholas Butler）…… 23
ピアース（Palmer Pierce） …… 26
ビムパー（Albert Bimper） …… 79
ピルソン（Neal Pilson） …… 227
フェイ（Ted Fay） …… 208, xxxi
フォスター（William T. Foster） … 21, 51, 104
ブライアント（Paul Bryant） …… 232-233
フライデイ（William Friday）…… 108
ブランド（Myles Brand）…… 54-55
フルーティ（Doug Flutie） …… 104, 107
ブルーム（Jeremy Bloom） …… 31
ヘスバーグ（Theodore Hesburgh） …… 108
ホーキンス（Billy Hawkins） …… 198
ボック（Derek Bok） …… x
ホロウェイ（Murphy Holloway） …… 131

ま

マクデイビス（Rod McDavis） …… 94
マクホーター（Boyd McWhorter）…… 33
マンリー（Dexter Manley）…… 91

や

ライス（Mike Rice） …… 141
ライタン（Robert Litan）…… 105
ラクダッシェル（Chris Ruckdaschel） … 206
ラボイ（Nicole M. LaVoi） …… 186
リー（Rex Lee） …… 118
（セオドア）ルーズベルト（Theodore Roosevelt） …… 25
レイド（Bill Reid） …… 22
ローレンス（Paul Lawrence） …… ix
ロクネ（Knute Rockne） …… 23
ロス（Kevin Ross） …… 91

わ

ワッツ（Ray L. Watts） …… 115

英　語　索　引

AAU（Amateur Athletic Union）…… 31, 230, 234, 239
ABC 放送 …… 228
ACT（American College Testing）… 53, 56, 91, 105, 109, 250
APP（Academic Performance Program）…… 54
APR（Academic Progress Rate）…… 55-56, 79, 82-88, 109, 250
Automatic Qualifier …… 213
CBS 放送 …… 228
COIA（Coalition on Intercollegiate Athletics）…… 123
ECAC（Eastern Collegiate Athletic Conference）…… 207-208
ESPN（Entertainment and Sports Network）…… 107, 216-217
FBS（Football Bowl Subdivision）…… 34, 37-39, 43-50, 83, 106, 110, 113, 115-116, 135, 165, 180, 213-220, 224, 226, 233-235, 239, 259, xii, xiv, xxx, xxxiv
FCS（Football Championship Subdivision）…… 34, 37-39, 46, 83, 115, 165, xii
FERPA（Federal Education Rights Protection Act）…… 88-89
FGR（Federal Graduation Rate）…… 77-79, 表 3-2（80-81）, 82, 86-87, 109, 195, 249-250
GPA（Grade Point Average）… 52-55, 73-76, 82-83, 89, 109, 120, 127-128, 146, 196, 235, 255-256, xxxiv
GSR（Graduation Success Rate）…… 55, 77-79, 表 3-2（80-81）, 82-83, 85-87, 99, 109, 195
IAAUS（Intercollegiate Athletic Association of the United States）…… 25
IRS（Internal Revenue Service）… 68, 145, 227
NAIA（National Association of Intercollegiate Athletics）…… 171, 206-208
NBA（National Basketball Association）… 226, 233
NCPA（National College Players Association）…… xxxiii
NFL（National Football League）…… 60, 140, 226, 233-234
NJCAA（National Junior College Athletic Association）…… 171, 206-208
NLRB（National Labor Relations Board）⇒全米労働関係委員会
Sanity Code ⇒健全憲章
SAT（Scholastic Aptitude [Assessment] Test）…… 52-54, 73, 109, 250
Sliding Scale ⇒組み合わせ式
SWA（Senior Woman Administrator）⇒女性上級役員
TBS 放送 …… 228
I-A …… 34, 47, 220
I-AA …… 34, 38
I-AAA …… 34

注

[URL は 2018 年 3 月 14 日にアクセス確認した]

序論

1. ドレイク・グループはドレイク大学の元教授、教学部長であったエリクソン（Jon Ericson）が著名な教授、作家、活動家を招いて大学スポーツの腐敗を止めるための 24 時間討論会を開催したことをきっかけに、1999 年に設立された。討論会の参加者には、各大学の評議会のメンバー、ジャーナリスト、スポーツ部部長のほか、NCAA や「大学スポーツに関するナイト委員会」などの団体のメンバーも含まれていた。
2. これらの意見表明はすべてネット上に公開されている（http://www.thedrakegroup.org）。

第 1 章

1. Ronald A. Smith, *Pay for Play: A History of Big-Time College Athletic Reform* (University of Illinois Press, 2011), p.52.
2. Rodney K. Smith, "A Brief History of the National Collegiate Athletic Association's Role in Regulating Intercollegiate Athletics," *Marquette Sports Law Review* 11, no. 9 (2000) (http://scholarship.law.marquette.edu/cgi/viewcontent.cgi?article=1393&context=sportslaw).
3. R. A. Smith, *Pay for Play*, p.37.
4. Randy R. Grant, John Leadley, and Zenon Zygmont, *The Economics of Intercollegiate Sport* (Hackensack, N. J.: World Scientific Publishing Co., 2008), p.10.
5. Allen L. Sack and Ellen J. Staurowsky, *College Athletes for Hire* (Westport, Conn., Greenwood Press, 1998), p.20.　また、*Unsportsmanlike Conduct: The NCAA and the Business of college Football* (New York: Praeger, 1987), p.6 において、ローレンス（Paul Lawrence）は次のように書いている。「成功したチームは、

その偉業がすべての主要新聞や雑誌（のちにはラジオ放送）で取り上げられることを目にした。すぐれた学科は教育関係者の間でしか話題にならないが、強豪アメフトチームは全米の注目を集める」。1909年には、シラキュース大学のデイ（James Day）学長が「負けたときに名声が傷つきスポーツ部の築いた宣伝効果が減少することを恐れて、ボートやアメフトでの対抗戦を恐れる大学もある」と述べていた（Lawrence, *Unsportsmanlike Conduct*, p.7）。

6. Andrew Zimbalist, *Unpaid Professionals: Commercialism and Conflict in Big-Time College Sports* (Princeton University Press, 2001), p.7.
7. W. J. Rorabaugh, *Berkeley at War: the 1960s* (Oxford University press, 1989), p.12 (http://content.cdlib.org/view?docId=kt687004sg&chunk.id=d0e21648&brand=calisphere&doc.view=entire_text).
8. Sack and Staurowskiy, *College Athletes for Hire*, p.21.
9. R. A. Smith, *Pay for Play*, p.50.
10. 同上 p.43.
11. William T. Foster, " An Indictment of Intercollegiate Athletics," *Atlantic Monthly* 116, no.5 (November 1915).
12. R. A. Smith, *Pay for Play*, p.63.
13. 同上 p.65.
14. 同上 p.15.
15. ［当時のハーバード大学学長］ボック（Derek Bok）に率いられたアメリカ教育評議会（American Council on Education）による1980年代半ばの改革運動が、この傾向に対するひとつの例外であったことは間違いない。この運動については後述するが、NCAAも自らの100年史の中でクローリィ（Joseph Crowley）が言及している。*In the Arena: The NCAA's First Century* (Indianapolis: NCAA, 2006).
16. NCAA, *FAR Study Report: Roles, Responsibilities and Perspectives of NCAA Faculty Athletics Representatives*, February 2013 (https://www.ncaa.org/sites/default/files/FAR_STUDY_Report_final.pdf).
17. R. A. Smith, *Pay for Play*, p.52.
18. 同上 .
19. 同上 .
20. Grant and others, *The Economics of Intercollegiate Sport*, p.23.
21. Intercollegiate Athletic Association of the United States (IAAUS), NCAA, *Proceedings of the First Annual Convention*, December 29, 1906, p.33.
22. IAAUS, NCAA, *Proceedings of the Eleventh Annual Convention*, December 28, 1916, p.118.
23. IAAUS, NCAA, *Proceedings of the Seventeenth Annual Convention*, December 29, 1922, p.118.
24. *Bulletin 23 of the Carnegie Foundation for the Advancement of Higher Education* (New York, 1929).
25. Jack Falla, *NCAA: The Voice of College Sports* (Mission, Kan.: NCAA, 1981), pp.9-17. 1935年時、サウスイースト・コンファレンスの13大学のうち11校が、アメフトにおいてスポーツ能力に基づく奨学金を支給することを決議しており、したがって選手の勧誘と助成においてNCAAのアマチュア規定を無視していた。"Sheepskin or Pig Skin?," *Washington Post*, December 18, 1935. バージニア大学アーカイブ（President Newcomb Papers, II, box 4, folder "Athletics"）も参照。
26. Murray Sperber, *Onward to Victory* (New York: Henry Holt, 1998), p.42.
27. 同上 p.168.
28. 間違いなくこの努力は1939年のNCAA総会で、スポーツ選手への奨学金はスポーツのプレーを条件とせずニード（経済的困窮度）基準で与えてよいという規則を成立させたときに始まった。したがって、原則としてこれはスポーツ奨学金ではなく、ス

ポーツ選手を含めた一般学生に分配されるニード基準の奨学金である。

29. NCAA, *1947-48 Yearbook*, pp.212-213. スポーツ選手にだけ与えられる奨学金は選手の提供するサービスに対する「支払い」であるという議論に対抗するために、健全憲章では、「スポーツ活動に参加できなくなっても奨学金の支給が停止されることはない」と述べられていた。

30. NCAA, *1956-57 Yearbook*, pp.4-5.

31. 在学に必要な費用の支給は、ディビジョンIの大学では2015年1月から認められている。金額は学校ごとに(特別な場合は選手ごとに)異なるが、2015年では1,500ドルから5,500ドルの間である。

32. 1951年から87年までNCAAの執行役員(Executive Director)だったバイヤース(Walter Byers)は、スポーツ奨学金について、それまで後援者が裏金として選手に渡していたのを大学経由で堂々と渡せるようになったので、国家レベルの資金洗浄の企てだと述べていた。Walter Byers, *Unsportsmanlike Conduct: Exploiting College Athletes* (University of Michigan Press, 1995), p.73を参照。

33. 同上 pp.69, 75.

34. スミス(Clyde B. Smith)からバイヤースへの手紙、1964年7月6日。Walter Byers Papers, Long Range Planning folder, NCAA Headquarters, Overland Park, Kan.

35. Byers, *Unsportsmanlike Conduct*, p.164.

36. Robert McCormick and Amy McCormick, "The Myth of the Student Athlete: The College Athlete as Employee," *Washington Law Review*, Vol. 81:71, 2006, p.71. さらなるコントロールは、選手が転校した場合、1年間は試合に出場できないという古くからの伝統によっても行使されてきた。この規則は、NCAAの1906年の最初の規則集にも含まれており、正規の学生でなく大学から裏金をもらって試合に出て大学を渡り歩く選手を廃止するために定められた。2016年にも規則は存在し、監督は大学を渡り歩けるのに選手はそれができないという不公平が生じている。その監督の下でプレーしたくないとか、出場機会がないという理由で転校を選択した選手は1年間の出場停止という罰を受ける。もちろん、選手は学業や専攻を理由に転校してもよいのだが、同じ罰則を受けるので転校を躊躇する。

37. David Broughton, "Higher Limists Bring Gift Package Upgrades," *Sports Business Journal*, March 5-11, 2012. NCAAは2012年にボウルゲーム出場に対して各大学につき125人までの選手に1人550ドルを支給することを認めた。さらに、コンファレンスのチャンピオン決定戦とボウルゲームを含むポストシーズンの試合に出場した選手は、大学、コンファレンスからそれぞれ上限400ドルの報酬をもらえる。David Broughton, "Players Share the Wealth with Bowl Gifts," *Sports Business Journal*, December 3-9, 2012.

38. S. Rosner and K. Shropshire, eds., *The Business of Sports* (Sudbury, Mass.: Jones & Barlett Learning, 2014); Lisa P. Masteralexis, Carol A. Barr, and Mary Humes, *Principles and Practices of Sport Management*, 5th ed. (Sudbury, Mass.: Jones & Barlett Learning, 2014), p.431.

39. Anthony G. Weaver, "New Policies, New Structure, New Problems? Reviewing the NCAA's Autonomy Model," *Elon Law Review* 7, no.55 (2015), pp.571-70 (https://elon.edu/docs/e-web/law/law_review/Issues/Elon_Law_review_V7_No2_Weaver.pdf).

40. 同上 .

41. NCAA, "Divisional Differences and the History of Multidivision Classification" NCAA.org (http://www.ncaa.org/about/who-we-are/membership/divisional-differences-and-history-multidivision-classification).

42. 同上 .

43. NCAA, *Division I Steering Committee on Governance: Recommended Governance Model* (Indianapolis: NCAA, 2014).
44. Michelle Brutlag Hosick, "Board Adopts New Division I Structure," NCAA.org, August 7, 2014.
45. J. New, "Autonomy Gained," InsideHigherEd.com, August 8, 2014; Knight Commission on Intercollegiate Athletics, *Athletic & Academic Spending Database for NCAA Division I* (https://www.insidehighered.com/news/2014/08/08/ncaa-adopts-structure-giving-autonomy-richest-division-i-leagues-votes-college).
46. Bob Kustra, "An NCAA Power Grab," InsideHigherEd.com, August 5, 2014 (https://drakegroupblog.files.wordpress.com/2015/02/combined-press-release-and-statement.pdf).
47. J. New, "Left Behind," InsideHighered.com, August 14, 2014.
48. Drake Group Position Statement: NCAA Division I Governance Proposal (Big 5 Conference Autonomy).
49. NCAA, *2015-16 NCAA Division I Manual* (Indianapolis: NCAA, 2015), Bylaw 4.02.2, p.18 (http://www.ncaapublications.com/productdownloads/D116.pdf) を参照。NCAAは内規（4.02.2）で各大学がNCAAに送る教員代表を決めることを求めている。その教員は大学を代表して、NCAAとキャンパスとの橋渡し役を務める。
50. NCAA, "Composition and Sport Sponsorship of the NCAA Membership: 2012-2013 Composition," NCAA.org (http://www.ncaa.org/about/who-we-are/membership/composition-and-sport-sponsorship-ncaa-membership) 以下、"Composition of Membership"。
51. 同上 .
52. 同上 .
53. Gary T. Brown, "Division I Self-Sufficiency Expected—But Most Often Not Realized," *NCAA News*, August 29, 2005.
54. NCAA, *2014-15 NCAA Division I Manual* (Indianapolis: NCAA, July 2014) art. 20.0.2(c), p.347 (http://www.ncaapublications.com/productdounloads/D115.pdf). 以下、"D-I Manual"。
55. "Composition of Membership," note 2.
56. 同上。NCAAが設立された1906年から1955年までは、競争のレベルによって異なるディビジョンに分かれてはいなかった。1956年から1972年までは、小規模校から成るカレッジと大規模校から成るユニバーシティという2つのディビジョンに分かれた。1973年にNCAAは現行の3部制を採用し、1978年にディビジョンIが現在のFBS、FCS、「アメフトなし」の3部門に分かれた。Brian D. Shannon and Jo Potuto, "NCAA Governance: Now & in the Future," PowerPoint presentation, Division I-A Faculty Representative Annual Meeting on NCAA Governance, September 22, 2013 (http://sports.cbsimg.net/images/collegefootball/NCAA-Governance-FAR.pdf).
57. *D-I Manual*, art. 20.9.2(e), p.347
58. "Composition of Membership." また、*D-I Manual*, art. 20.9.2(e), p.347 も参照。ディビジョンIのメンバーは、伝統的な「観客志向で収益性のある」アメフトかバスケットボールの一方か両方で、可能なかぎり最高レベルの大学対抗戦が行われるようスポーツを運営すると定められている（カギカッコは筆者による）。
59. *D-I Manual*, art. 20.9.9, pp.353-54.
60. NCAA, *2004-13 Revenues & Expenses: NCAA Division I Intercollegiate Athletics Programs Report* (Indianapolis: NCAA, 2014) (http://www.ncaapublications.com/productdownloads/D1REVEXP2013.pdf).
61. NCAA, *2004-14 Revenues & Expenses: NCAA Division I Intercollegiate Athletics Programs Report* (Indianapolis: NCAA, 2015) (http://

www.ncaa.org/sites/default/files/2015%20Division%20I%20RE%20report.pdf), p.24. この計算での収入では、大学からの補助金（大学本体の予算からの支援ならびに一般学生から強制的に徴収するスポーツ費からの転用）、施設建設のための借入金の元本・利子支払い額を含まない。
62. 同上 p.28.
63. 同上 p.28.
64. *D-I Manual*, arts. 15.5.6.2, 20.9.7.1, 20.9.8.1, 20.9.10, pp.202, 352, 355.
65. NCAA, "Eleven-Year Trends in Division I Athletics Finances," PowerPoint presentation (Indianapolis: NCAA, September 2015), p.6 (http://www.ncaa.org/governance/ncaa-division-i-institutional-performance-program-resources).
66. 同上 p.14.
67. 同上 p.8.
68. 同上 p.13.
69. 同上 p.72.
70. *D-I Manual*, arts. 20.9.3, 6-8, pp.348-49, 352.
71. NCAA, "Eleven-Year Trends in Division I Athletics Finances," p.6.
72. 同上 p.14.
73. 同上 p.8.
74. 同上 p.96.
75. 5大コンファレンスとは、アトランティック・コースト・コンファレンス（ACC）、サウスイースタン・コンファレンス（SEC）、ビッグ・トゥエルブ・コンファレンス、ビッグ・テン・コンファレンス、パシフィック・トゥエルブ（Pac-12）である。Kent Babb, "NCAA Board of Directors Approves Autonomy for 'Power Five' Conference Schools," *Washington Post*, August 7, 2014 (http://www.washingtonpost.com/sports/college/ncaa-board-of-directores-approves-autonomy-for-big-5-conference-schools/2014/08/07/807882b4-1e58-11e4-ab7b-696c295ddfd1_story.html) を参照。
76. NCAA, "Division II Strategic Positioning Platform," NCAA.org (http://www.ncaa.org/governance/committees/division-ii-strategic-positioning-platform).
77. NCAA, *2014-15 NCAA Division II Manual* (Indianapolis: NCAA, 2014), arts. Sec. 20.10.2, pp.305-06 (http://www.ncaapublications.com/productdownloads/D215.pdf).
78. NCAA, *2004-14 Revenues & Expenses*, p.6、ならびに NCAA, *2004-13 Revenues & Expenses*, p.42 を参照。
79. NCAA, *2004-14 Revenues & Expenses*, p.6.
80. 同上 p.6. 大学本体からの補助は、アメフト部のある大学ではスポーツ部予算の88%、アメフト部のない大学では93%を占める。
81. 同上 p.6.
82. 同上 p.6.
83. NCAA, "Eleven-Year Trends in Division I Athletics Finances," p.6; NCAA, *2004-15 NCAA Division III Manual* (Indianapolis: NCAA, 2014), art. 20.11, p.187 (http://www.ncaapublications.com/productdownloads/D314.pdf).
84. 同上 .
85. 同上 p.188.
86. 同上 p.6.
87. 同上 p.6.

第2章

1. NCAA, "Finances," NCAA.org（http://www.ncaa.org/about/resources/finances）を参照。
2. オープンな選手権試合を行っているのは、女子ボウリング、男子・女子フェンシング、男子･女子体操、女子アイスホッケー、男子・女子射撃、男子・女子スキー、男子バレーボール、男子・女子水球である。NCAA, *2014-15 NCAA Division I Manual*

(Indianapolis: NCAA, July 2014), art. 20.8.1. p.346 (http://www.ncaapublications.com/productdownloads/D115.pdf) を参照（以下、“*D-I Manual*”）。

3. Mark Alesia, “NCAA Approaching $1 Billion per Year amid Challenges by Players,” *IndyStar*, March 27, 2015 (http://www.indystar.com/story/news/2014/03/27/ncaa-approaching-billion-per-year-amid-challenges-players/6973767/) を参照。
4. 同上 .
5. 同上 . また、*NCAA and Subsidiaries, Independent Auditors' Report & Consolidated Financial Statements* (Indianapolis: NCAA, 2013), p.4. を参照（以下、“NCAA Audit & Financial Statements”）。
6. NCAA, “Finances.” を参照。
7. NCAA, *2013-14 Division I Revenue Distribution Plan* (Indianapolis: NCAA, 2014) (https://www.ncaa.org/sites/default/files/2013-14%20Revenue%20Distribution%20Plan.pdf) を参照（以下、“D-I Revenue Distribution”）。
8. 同上 pp.7, 8.
9. 同上 p.8.
10. 1991年より前はNCAAのバスケットボールトーナメント（マーチ・マッドネス）の収入はこれに出場した大学にだけ分配されていた。NCAA, “Distributions,” NCAA.org（http://ncaa.org/about/resources/finances/distributions）を参照。1991年からはディビジョンIの学業支援、奨学金、運営費の補助のためにディビジョンIの大学全体に分配されるようになった。上記URLを参照。
11. *D-I Revenue Distribution*, p.10.
12. より正確に言えば、単位価格が毎年上昇するので、1年の支払額は156万ドルを超えるであろう。単位価格はおよそ年2%で上昇している。
13. College Football Playoff, “Chronology,” CollegeFootballPlayoff.com, 2015.
14. Richard Billingsley, “The Road to the BCS Has Been a Long One,” ESPN, October 22, 2014 (http://assets.espn.go.com/ncf/s/history-bcs.html) を参照。
15. George Schroeder, “Power Five's College Football Playoff Revenues Will Double What BCSA Paid,” *USA Today*, July 16, 2014 (https://www.usatoday.com/story/sports/ncaaf/2014/07/16/college-football-playoff-financial-revenues-money-distribution-bill-hancock/12734897/) を参照。
16. 同上 .
17. College Football Playoff, “College Football Playoff Revenue-Distribution Policies,” CollegeFootballPlayoff.com, 2015 (http://www.collegefootballplayoff.com/revenue-distribution).
18. Jacob Pramuk, “Playoffs Are a Revenue Bonanza for College Football,” NBC News, January 1, 2015 (http://www.nbcnews.com/business/business-news/playoffs-are-revenue-bonanza-college-football-n277641) を参照。
19. Allie Grasgreen, *Division I Divisiveness*, InsideHighered.com, February 16, 2012 (http://www.insidehighered.com/news/2012/02/16/ncaa-governance-brink-reform).
20. *D-I Manual*, art. 4.6.4, p.23.
21. 同上 art. 4.6, pp.23-24.
22. 同上 arts. 4.1-4.2.2, pp.20-21.
23. 同上 arts. 4.01.2, 401.2.2.2.3, p.17.
24. 同上 art. 4.01.2.2.1, p.17.
25. “BCS Governance,” ESPN, March 27, 2014 (http://www.bcsfootball.org/news/story?id=4809846) を参照。この1997年のNCAAの規則改訂を受けて、翌1998年にFBSのコンファレンスが上位10校による5つのボウルゲーム、すなわちボウル・チャンピオンシップ・シリーズ（BCS）を創設したのは偶然ではない。Billingsley, “The Road to the BCS” を参照。2006年に、1月

1日のボウルゲームの1週間後にランキング1位対2位の試合を加えることで、事実上、NCAAから独立したアメフト選手権試合を開始した。上記URLを参照。BCSは2014年の秋から始まった4チームによるプレーオフの前身に当たる。College Football Playoff, "Chronology" を参照。

26. 1998年にボウル・チャンピオンシップ・シリーズが開始される前は、まず1992年から94年にボウル・コアリションがあり、1995年から97年にはボウル・アライアンスというのがあった。これは有力な3つのボウルゲーム（シュガー、オレンジ、フィエスタ）に関わるコンファレンスとノートルダム大学が、上位校を順序づけチャンピオンを決める事実上の選手権試合を設けようとしたものであった。ローズボウルはパシフィック・テンとビッグ・テンの優勝校が対戦する契約になっていたので、両コンファレンスの有力校は、チャンピオンを決める選手権試合に参加しなかった。本当の選手権試合の可能性は、1998年にローズボウルがボウル・チャンピオンシップ・シリーズに参加することで実現した。

27. *D-I Manual*, art. 4.01.2.2, p.17.

28. 同上 art. 4.01.2.1, p.17.

29. NCAA, *2006 NCAA Membership report* (Indianapolis: NCAA, 2006), p.19 (http://s3.amazonaws.com/ncaa/web_video/membership_report/2006_ncaa_membership_report.pdf).

30. *NCAA Audit & Financial Statements*, p.4. 残りの金額はNCAA全体のプログラムや運営経費にまわり、各ディビジョンには分配されない。また、同上 p.4、およびNCAA, "Composition of Membership" も参照されたし。

31. *NCAA Audit & Financial Statements*, p.4.

32. 同上 .

33. Brian Bennett, "NCAA Board Votes to Allow Autonomy," ESPN, August 8, 2014 (http://espn.go.com/college-sports/story/_/id/11321551/ncaa-board-votes-allow-atutonomy-five-power-conferences).

34. 同上 . すべての選手が満額の奨学金を受けているわけではないが、満額の奨学金を受けている比率が最も高いのがディビジョンIのバスケットボールとアメフトの選手である。

35. 同上 .

36. Tim Tucker, "Slive Threaten Move to 'Division 4' If Autonomy Isn't Approved," *Atlanta Journal Constitution*, May 30, 2014 (http://www.ajc.com/news/sports/college/slive-threatens-move-to-division-4-if-autonomy-isn/nf9xH/#_federated=1). NCAAを脱退する、またはディビジョンIVを新設することは、1997年に制定された規則により新しいサブディビジョンは自分たちのポストシーズンゲームで稼いだ収入を保有できることになったので同じ結果をもたらす。有力校がNCAAを脱退したりディビジョンIVのメンバーになることの実質的な効果は、残った大学に対するNCAAからのマーチ・マッドネスの収益の分配金が減ることである［アメフトの有力校はバスケットボールでも強豪なので、彼らのいないバスケットボールトーナメントではテレビ放映料が下がるため］。

37. たとえば次の判決を参照されたし。O'Bannon v. NCAA, 7F. Supp.3d955 (N.D. Cal. 2014); *Inre* NCAA Athletic Grant-in-Aid Cap Antitrust Litig., MDL. No. 2541, 2014 WL 2547809 (J. P. M. L. June 4, 2014) (Alston v. NCAA, No.4:14-01011, N. D. Cal. June 6, 2014 を統合), Jenkins v. NCAA, No. 3:14-01678 (D. N. J. June 18, 2014).

38. Nw. Univ., No. 13-RC-121359, 2014 WL 1922054, at *22-24 (N.L. R. B. Mar. 26, 2014).

39. たとえば Banks v. NCAA, 977 F.2d 1081 (7th Cir. 1992); McCormack v. NCAA, 845 F.2d 1338 (5th Cir. 1988); Hennessy

v. NCAA, 564 F.2d 1136 (5 th Cir. 1977); Justice v. NCAA, 577 F. Supp.356 (D. Ariz. 1983) を参照。
40. O'Bannon, 7F. Supp. 3d at 1008; O'Bannon v. NCAA, Fed. R. App 9 th Cir を参照。.
41. Bob Kustra, "NCAA Reforms a Subterfuge for Fueling the Arms Race in Intercollegiate Athletic Spending," *CBS Sports* (http://sports.cbsimg.net/images/collegefootball/Bob-Kustra-Boise-State-Division-I-NCAA-Reform.pdf) を参照。
42. *D-I Manual*, p.4.
43. K. Trahan, "Athletes Are Getting Degrees, but Does That Actually Mean Anything?" *SB Nation*, July 9, 2014 (http://www.sbnation.com/college-football/2014/7/9/5885433/ncaa-trial-student-athletes-education).
44. William T. Foster, "An Indictment of Intercollegiate Athletics," *Atlantic Monthly*, 116, no.5 (November 1915).
45. Ronald A. Smith, *Pay for Play: A History of Big-Time College Athletic Reform* (University of Illinois Press, 2011), p.29.
46. 同上.
47. 同上 p.131.
48. M. Yost, *Varsity Green: A Behind the Scenes Look at Culture and Corruption in College Athletics* (Stanford University Press, 2009).
49. NCAA, "Appeals Court Rules for NCAA in Major Initial Eligibility Case," *NCAA News*, January3, 2003.
50. G. Gurney and R. Southall, "NCAA Reform Gone Wrong," InsideHigherEd.com, February 14, 2013 (https://www.insidehighered.com/views/2013/02/14/ncaa-academic-reform-has-hurt-higher-eds-integrity-essay).
51. Allie Grasgreen, "Tough Choices for Athletes' Advisors," InsideHigerEd.com, May 9, 2012, (https://www.insidehighered.com/news/2012/05/09/ncaa-academic-rules-frustrate-advisers-athletes).
52. P. Thamel and D. Wilson, "Poor Grades Aside, Athletes Get into College on a $399 Diploma," *New York Times*, November 27, 2005.
53. D. Wilson, "School That Gave Easy Grades to Athletes Is Closing," *New York Times*, December 24, 2005.
54. J. Munz, "Tydall Hit Hard, USM on Probation from NCAA Case," *Clarion Ledger*, April 8, 2016 (http://www.clarionledger.com/story/sports/college/southern-miss/2016/04/08/report-tyndall-hit-hard-usms-case-ncaa/82789868/).
55. L. Johnson, "Exam Fraud, Recruit Payments among NCAA Accusations against UL-Lafayette, Ex-Assistant Coach David Sunders," *The Advocate*, October 11, 2015 (http://theadvocate.com/sports/ullafayette/13682425-128/ncaa-accuses-lousiana-lafayette-former-football).
56. J. O'Brien, "Summary: What Did Syracuse Do Wrong? NCAA Cites Academic Fraud, Extra Benefits, Drug Policy," Syracuse.com, March 6, 2015 (http://www.syracuse.com/orangesports/index.ssf/2015/03/ncaa_finds_syracuse_violated_drug_policy_committed_academic_fraud_gave_extra_ben.html).
57. K. L. Wainstein, A. J. Jay III, and C. D. Dukowski, "Investigation of Irregular Classes in the Department of African and Afro-American Studies at the University of North Carolina at Chapel Hill," UNC.edu. October 16, 2014 (https://carolinacommitment.unc.edu/reports_resources/investigation-of-irregular-classes-in-the-department-of-african-and-afro-american-studies-at-the-university-of-north-carolina-at-chapel-hill-2/).
58. D. Kane and J. Stancill, "Review Agency Hits UNC-Chapel Hill with Probation," *The News & Observer*, June 11, 2015 (http://www.newsobserver.com/news/local/education/unc-scandal/article23751628.html).

59. Gurney and Southall, "NCAA Reform Gone Wrong" を参照。
60. Brad Wolverton, "Confessions of a Fixer," *Chronicle of Higher Education*, December 30, 2014 (http://www.chronicle.com).
61. Brad Wolverton, "How Athletics and Academics Collided at One University," *Chronicle of Higher Education*, June 10, 2015 (http://www.chronicle.com).
62. 1978年公民権回復法では、ある教育機関において1つでもプログラムが連邦政府から資金を受けていれば、すべてのプログラムでの性別、民族・人種、障害の有無による差別が禁止される。たとえ私立大学でも、連邦政府のペル奨学金［給付型奨学金］を受けた学生がいるのならば対象となる。
63. Public Law 88-352 (78 Stat. 241).
64. Title 20 U.S.C. Sections 1681.
65. Public Law 93-112; Public Law 101-336.
66. *Business Dictionary* によれば、「統治」とは組織を管理するメンバーによってポリシー（施策）が制定されその実施が連続して監視されることである。それはまた、メンバー間の権力の均衡を説明責任を伴って維持するために必要なメカニズムと、組織の繁栄と生存力を強化することを主な責務に含んでいなければならない。*Business Dictionary*, "Governance" (http://www.businessdictionary.com/definition/governance.html).
67. Title IX info. "The Living Law" (http://www.titleix.info/History/The-Living-Law.aspx). 本書共著者のロピアノは、テキサス大学オースティン校の女子スポーツ担当部長を1972年から92年まで務め、同大学のNCAA教員代表でのちにNCAA会長になるトンプソン（J. Niels Thompson）と議論を重ねた。トンプソンはテキサス州選出のタワー（John Tower）上院議員を説得して、アメフトと男子バスケットボールを修正第9条の対象から外す「タワー修正項」の提案者になってもらった。そして、修正第9条の執行規制（34 CFR 106.41; 34 CFR 106.37(c)）に反対するため、議会にNCAAとして働きかけた。執行規則は1975年7月21日にようやく制定された。
68. Amy Wilson, *The Status of Women in Intercollegiate Athletics as Title IX Turns 40* (Indianapolis: NCAA, 2012), p.2.
69. NCAA, *2015-16 NCAA Division I Manual* (Indianapolis: NCAA, 2015), pp.3-4 (http://www.ncaapublications.com/productdownloads/D116.pdf). たとえば、「選手とスポーツ部スタッフにおける文化の多様性と男女平等を重視する環境を創設し維持することは各大学の責任である」と述べたNCAAマニュアルの2.2.2「文化の多様性と性別による差別の禁止の原則」は1995年まで制定されず、この原則の執行に関係する規定は定められていない。むしろ、この「原則」によって責任の所在は全米レベルの統治組織であるNCAAから各大学に移ってしまい、なおかつNCAAには監視の責任もないことになった。マニュアルの2.3「男女平等原則」は、2.3.1の性別による差別を禁止した連邦法・州法に従うことが各大学の責任であるという「連邦法・州法の遵守」を含むが、1994年まで制定されず、また同様に全米統治組織（NCAA）には説明責任がなく責任を各大学に転嫁している。また、マニュアルの2.6「差別禁止の原則」は、「NCAAは各人の尊厳に鋭敏であり、これを尊重する環境をつくるべきである。これは、NCAAがその統治ポリシー、教育プログラム、活動や雇用でのポリシーにおいて、年齢、人種、障害、性別、出身国、民族、宗教、信条、性的嗜好による差別を避けるための原則である。各大学は責任を持って差別禁止に関する独自のポリシー（施策）を定めなければならない」と述べているが、これも1993年まで制定されず、また責任を全米レベルの統治組織であるNCAAから各大学に転嫁している。2.7

の「統治構造の中での多様性の原則」でさえ、本来は全米スポーツ統治組織としてのNCAAの責任に直接適用されるものだが、「NCAAはさまざまなディビジョンの統治組織と下部組織における多様性を促すべきである。各ディビジョンの統治組織は管理組織における職員の性別・人種の多様性を確実なものにしなければならない」と述べており、これも1996年に制定されたが軽視されている。NCAAは統治組織と下部組織での職員の性別・人種別の構成比率を公表していない。これらの執行を担当するNCAA内部の委員会でさえ、統治原則を実行するためのメカニズムとして職員の構成を定期的に報告させるのでなく、そのような情報をわざわざ要求しなければならなくなっている。これらの事例はNCAAの行動原則は実質的でなく体裁を繕うだけのものであることを示している。

70. U.S. Department of Education Office for Civil Rights, letter, "Dear Colleague: Students with Disabilities in Extracurricular Athletics," January 25, 2013 (http://ed.gov/ocr/letters/colleague-201301-504.pdf).

71. NCAA, Sports Sponsorship, Participation and Demographics Search database (http://web1.ncaa.org/rgdSearch/exec/main). 2007-08年度より前では1年分（1999-2000年度）のみデータがあるが、全大学に対して義務でなく任意の提出であった。

72. NCAA, "Minority Opportunities and Interests Committee," NCAA.org (http://ncaa.org/governance/committees/minority-opportunities-and-interests-committee).

73. NCAA, "Office of Inclusion," NCAA.org. (http://www.ncaa.org/about/resources/inclusion).

74. NCAA, "NCAA Committee on Women's Athletics," NCAA.org (http://www.ncaa.org/governance/committees/committee-womens-athletics).

75. たとえば、2013-14年度においてアイビーリーグの各大学は学内に女子ラグビークラブを持っていたが、「スポーツ公平公開法」による報告によれば、どの大学も選手の男女比率を学部生の男女比率と比例させる、という「第1の基準」では修正第9条を満たしていなかった。アイビーリーグのいくつかの大学では、近年の2年間にこれらのクラブを大学間対抗戦を行う正規の部に昇格させたが、それもNCAAの規則で義務づけられていればもっと早く実現できていたであろう。

76. Chicago State University, "NCAA Division I Athletics Certification Program History," CSU.edu (http://www.csu.edu/NCAA/about-certification.htm). このプログラムは34大学を対象とした2年間の試行プログラムののち1993年に承認された。NCAAにかつて存在した学長委員会と評議会、ならびにナイト委員会などによって支持された改革提案のひとつであった。

77. NCAA, "NCAA Announces Latest Division I Certification Decisions," press release, August 18, 2011 (http://fs.ncaa.org/Docs/PressArchive/2011/20110818+athletic+cert+rls.htm).

78. 女性スポーツ財団、NCAA Certification Process and Gender Equality。21名の関係団体の指導者の署名が入ったNCAAのエマート会長への手紙。2011年8月5日付。(https://www.womenssportsfoundation.org/advocate/title-ix-issues/history-title-ix/letter-to-ncaa-re-certification-process/).

79. NCAA, "Division I Committee on Institutional Performance," NCAA.org (http://www.ncaa.org/governance/committeees/division-i-committee-institutional -performance).

80. NCAA, *2015-16 NCAA Division I Manual*, pp.1-5.

81. 独立セクターは、数百もの慈善団体、財団、寄付団体、企業から成り、非営利組織が活発で独立した活動を維持し、運営や資

源を共有できるための研究や公共ポリシー（施策）の立案を行っている。非営利組織のスタッフ、理事、ボランティアがコミュニティにより良い貢献ができる組織づくりを行うことを目的としている (http://www.independentsector.org).
82. "Principles for Good Governance and Ethical Practice: A Guide for Charities and Foundations," Independent Sector, October 2007 (http://www.independentsector.org/principles).
83. 同上 p.8.
84. 同上 p.12.
85. 同上 p.15.
86. 大学スポーツに恩恵をもたらす優遇税制の詳細は次を参照されたし。Andrew Zimbalist, "Taxation of College Sports: Policies and Controversies," *Introduction to Intercollegiate Athletics*, edited by Eddie Comeaux (Johns Hopkins University Press, 2015).

第3章

1. NCAA, "Infractions Panel Penalizes Georgia Southern," *NCAA News Archive*, January 20, 2010.
2. Emily James, "Former Georgia Southern Staff Members Provided Impermissible Academic Assistance," NCAA.com, July 7, 2016 (http://www.ncaa.com/news/ncaa/article/2016-07-07/former-georgia-southern-staff-members-provided-impermissible-academic).
3. NCAAがこのデータを初めて取ったのは1999年である。
4. NCAA, "Infractions Panel Penalizes Georgia Southern." もちろん、これら増加率の数字に影響を与えている今ひとつの要因は、元々の数字が低かったことである。
5. 同上 .
6. NCAA, *2015-16 NCAA Division I Manual* (Indianapolis: NCAA, 2015), pp.155-61 (http://www.ncaapublications.com/productdownloads/D116.pdf).
7. Gerald Gurney, Donna Lopiano, Eric Snyder, Mary Willingham, Jayma Meyer, Brian Porto, David Ridpath, Allen Sack, and Andrew Zimbalist, "The Drake Group Position Statement: Why the NCAA Academic Progress Rate (APR) and Graduation Success Rate (GSR) Should Be Abandoned and Replaced with More Effective Academic Metrics," Drake Group, 2015.
8. The Jeanne Clery Disclosure of Campus Security Policy and Campus Crime Statistics Act. 20 U.S.C. § 1092; 34 CFR. § § 668.41; 668.45.
9. The Jeanne Clery Disclosure of Campus Security Policy and Campus Crime Statistics Act. 20 U.S.C. § 1092 (e) and 34 § CFR 668. 48.
10. Michelle Brutlag Hosick, "Graduation Success Rate Continues to Climb: More Student-Athletes than Ever Are Earning Degrees," NCAA.org (November 4, 2015) (http://www.ncaa.org/about/resources/media-center/news/graduation-success-rate-continues-climb); NCAA, "Division: Overall Division I Graduation Rates," NCAA.org, 2015.
11. Michelle Brutlag Hosick, "Student-Athletes Earn Diplomas at Record Rate," NCAA.org (October 28, 2014) (http://www.ncaa.org/about/resources/media-center/news/student-athletes-earn-diplomas-record-rate).
12. Albert Bimper, "Is There an Elephant on the Roster? Race, Racism, and High Profile Intercollegiate Sport," *The Journal of Blacks in Higher Education*. Paper filed online in *Research and Studies*, May 2, 2013 (https://www.jbhe.com/2013/05/kansas-state-scholar-examines-the-classroom-experiences-of-black-student-athletes/).

13. NCAA, "Frequently Asked Questions about Academic Progress Rate," NCAA.org, 2015 (http://www.ncaa.org/about/resources/research/frequently-asked-questions-about-academic-progress-rate-apr).
14. 大学はこの制裁に対して特殊な事情があったとして異議を唱えることができることには注意しておくべきである。
15. Gerald S. Gurney and Richard M. Southall, "College Sports' Bait and Switch," ESPN, August 9, 2012 (http://espn.go.com/college-sports/story/_/id/8248046/college-sports-programs-find-multitude-ways-game-ncaa-apr).
16. 同上.
17. C. McDonald, "Back in the Game: Cal Program Helps Former Student-Athletes Graduate," *California Magazine*, Spring 2015 (http://alumni.berkeley.edu/california-magazine/spring-2015-dropouts-and-drop-ins/back-game-cal-program-helps-former-student).
18. 同上.
19. E. Ekerd, "NCAA Graduation Rates: Less Than Meets the Eye," *Journal of Sport Management* 24 (2010), pp.45-59 (https://www.researchgate.net/publication/287007144_NCAA_Athlete_Graduation_Rates_Less_than_Meets_the_Eye).
20. College Sports Research Institute, "2016 Adjusted Graduation Gap Report: NCAA Division-I Basketball," April 6, 2016 (http://csri-sc.org/wp-content/uploads/2013/09/2016-Basketball-AGG-Report_Final.pdf).
21. Michelle Brutlag Hosick, "NCAA Releases Academic Progress Rates for Coaches," NCAA.com, August 5, 2010 (updated December 15, 2010) (http://www.ncaa.com/news/basketball-women/article/2010-08-05/ncaa-releases-academic-progress-rates-coaches).
22. Gerald Gurney, Donna Lopiano, Eric Snyder, et al. "The Drake Group Position Statement: Why the NCAA Academic Progress Rate (APR) and Graduation Success Rate (GSR) Should Be Abandoned and Replaced with More Effective Academic Metrics," Drake Group, October 2015 (https://thedrakegroup.org/2015/06/07/drake-group-questions-ncaa-academic-metrics/). 次も参照されたし。 F. Splitt, *The Faculty-Driven Movement to Reform Big-Time College Sports* (Northwestern University Press, 2004).
23. M. Knobler, "College Athletes Academic Performance: Behind the Line on Grades," *Atlantic Journal Constitution*, December 28, 2008.
24. NCAA, *Division Results from the NCAA GOALS Study on the Student-Athlete Experience*, NCAA.com, November 2011 (https://www.ncaa.org/sites/default/files/DI_GOALS_FARA_final_1.pdf).
25. Penn Schoen Berland, "Student-Athlete Time Demands," April 2015 (http://www.cbssports.com/images/Pac-12-Student-Athlete-Time-Demands-Obtained-by-CBS-Sports.pdf).
26. National Labor Relations Board, "NLRB Director for Region 13 Issues Decision in Northwestern University Athletes Case," press release, March 26, 2014 (http://www.nlrb.gov/news-outreach/news-story/nlrb-director-region-13-issues-decision-northwestern-university-athletes).
27. 同上.
28. "Student Athletes and Literacy: The Ross Story," blog post (http://studentathletesandliteracy.weebly.com/the-kevin-ross-story.html); E. J. Sherman, "Good Sports, Bad Sports: The District Court Abandons College Athletesin Ross v. Creighton University," *Loyola of Los Angeles Entertainment Law Review* 11, no. 2 (March l, 1991), no. 657 (http://digitalcommons.lmu.edu/elr/vol11/iss2/12/).
29. S. Kogod, "Cocaine, Illiteracy and Football Could Not Stop Dexter Manley," SBNation.

com, June 23, 2015.

30. C. Winters and G. Gurney, "Academic Preparation of Specially Admitted Student-Athletes: A Question of Basic Skills," *College and University Journal* 88, no. 2 (Fall 2012) (https://aacrao-web.s3.amazonaws.com/files/Q63EQfrQpiJmA21pS52b_CUJ8802_WEB.pdf); B.Wolverton, "NCAA's Eligibility Standards Miss the Mark, Researcher Says," *Chronicle of Higher Education*, January 9, 2012 .
31. S. Shenauda, "Schlissel Talks Athletic Culture and Academic Performance Issues," *Michigan Daily*, November 10, 2014 (https://www.michigandaily.com/article/schlissel-talks-athletics-and-administration-sacua).
32. D. Murphy, "Michigan President Apologizes," ESPN, November 12, 2014 (http://espn.go.com/college-football/story/_/id/11863811/michigan-president -mark-schlissel-apologizes-brady-hoke-comments-academics).
33. Billy Hawkins, *The New Plantation: Black Athletes, College Sports, and Predominantly White NCAA Institutions* (New York: Palgrave Macmillan, 2010); Taylor Branch, "The Shame of College Sports," *The Atlantic*, October 2011 (https://www.theatlantic.com/magazine/archive/2011/10/the-shame-of-college-sports/308643/).
34. B. Wolverton, "The Education of Dasmine Cathey." *Chronicle of Higher Education*, June 2, 2012; B. Wolverton, "Dasmine Cathey Stars in HBO Report on Academic Reform in College Sports," *Chronicle of Higher Education*, March 25, 2014.
35. J. Newman, "At Top Athletics Programs, Students Often Major in Eligibility," *Chronicle of Higher Education*, December 18, 2014.
36. J. Solomon, "Mark Emmert's Pay, NCAA Legal Fees Increase," *CBS Sports*, June 30, 2015.
37. B. Wolverton, "I Was an Athlete Masquerading as a Student," *Chronicle of Higher Education*, June 10, 2014.
38. S. Berkowitz, "NCAA Drastically Increases Its Spending on Lobbying," *USA Today*, January 20, 2015.
39. D. Rovell, "NCAA Prez: We Won't Pay Student Athletes, Give Jersey Royalties," CNBC, December 8, 2010.
40. Associated Press, "New NCAA Legislation in the Works," ESPN, March 3, 2015 (http://espn.go.com/college-sports/story/_/id/12413981/new-ncaa-legislation-academic-misconduct-works).
41. 同上 .
42. Associated Press, "K-State President Defends NCAA Involvement in Academics," *Fox Sports*, April 2, 2015 (http://www.foxsports.com/college-basketball/story/k-state-president-defends-ncaa-Involvement-in-academics-040215).
43. G. Leef, "Cheated by Jay Smith and Mary Willingham Reviewed," *National Review*, March 2, 2015 (http://www.nationalreview.com/phi-beta-cons/414674/cheated-jay-smith-and-mary-willingham-reviewed-george-leef).
44. Pac-12 Conference, "McCants vs. NCAA, UNC in Academic Fraud Lawsuit," Pac-12.com, February 2, 2015.
45. M. Strachan, "The NCAA on Academic Fraud at NCAA Schools: Not Our Responsibility!," Huffington Post, March 3, 2015.
46. NCAA, *2014-15 NCAA Division I Manual* (Indianapolis: NCAA, July 2014), art. 2.5, p.4 (http://www.ncaapublications.com/productdownloads/D115.pdf).
47. 同上 .
48. 同上 pp.147-81.
49. 同上 pp.313-39.

第4章

1. William T. Foster, "An Indictment of Intercollegiate Athletics," *Atlantic Monthly* 116, no. 5 (November 2015).
2. Ben Cohen, "Ohio State's New President Tackles Football," *Wall Street Journal*, November 18, 2015 (http://www.wsj.com/articles/ohio-states-new-president-tackles-football-1447893940).
3. "Flutie Effect," *The Economist*, blog post, January 3, 2007 (https://www.economist.com/blogs/freeexchange/2007/01/flutie_effect); Robert E. Litan, Jonathan M. Orszag, and Peter R. Orszag, *The Empirical Effects of Collegiate Athletics: An Interim Report*, Sebago Associates, NCAA (August 2003) (http://www.rfp.research.sc.edu/faculty/PDF/baseline.pdf).
4. 同上 .
5. Allie Grasgreen, "Seeking Answers in College Sports," InsideHigherEd.com, April 22, 2013 (https://www.insidehighered.com/news/2013/04/22/u-north-carolina-panel-weighs-future-college-sports).
6. Kitty Pittman, "Cross, George Lynn," in *Encyclopedia of Oklahoma History and Culture* (Oklahoma City: Oklahoma Historical Society, 2009) (http://www.okhistory.org/publications/enc/entry.php?entry=CR017).
7. Joseph N. Crowley, *In the Arena: The NCAA First Century*, digital edition (Indianapolis: NCAA, 2006), p.68.
8. 同上 .
9. Ronald A. Smith, *Pay for Play: A History of Big-Time College Athletic Reform* (University of Illinois Press, 2011).
10. 同上 p.75.
11. 同上 p.76.
12. 同上 .
13. NCAA, "Division I Athletics Certification Self-Study Instrument: 2009-10 Cycle 3, Class 3" (Indianapolis: NCAA, 2010).
14. 同上 .
15. 認証プログラムの最初の 2 巡はそれぞれ 5 年間行われ、3 巡目は 10 年間とされた。2011 年にこのプログラムが停止されたときは 3 巡目の途中であった。
16. Crowley, *In the Arena*, p.82.
17. NCAA, *Division I Steering Committee on Governance Recommended Governance Model* (Indianapolis: NCAA, 2014) (https://www.ncaa.org/sites/default/files/DI%20Steering%20Commitee%20on%20Gov%20Proposed%20Model%2007%2018%2014%204.pdf).
18. 同上 .
19. NCAA, *2015-16 NCAA Division I Manual* (Indianapolis: NCAA, 2015) (http://www.ncaapublications.com/productdownloads/D116.pdf).
20. Michelle Brutlag Hosick, "Changes Likely for Athletic Certification Program," NCAA.org, November 1, 2011 (http://sidearm.sites.s3.amazonaws.com/nicholls.sidearmsports.com/documents/2012/7/9/Southland_Conference_Compliance_Corner_December_2011.pdf?id= 422).
21. Art and Science Group, *Quantitative and Qualitative Research with Football Bowl Subdivision University Presidents on the Costs and Financing of Intercollegiate Athletics* (Knight Commission on Intercollegiate Athletics, 2009) (http://www.knightcommissionmedia.org/images/President_Survey_FINAL.pdf).
22. NCAA, *2015-16 NCAA Division I Manual*, p.3.
23. Kellie Woodhouse, "Higher Ed's Incurable Sports Problem," InsideHigherEd.com, July 14, 2015.
24. Charles Clotfelter, *Big Time Sports in American Universities* (Cambridge University Press, 2011), p.47.
25. Alex Scarborough, "UAB to Reinstate Foot-

ball for 2017 Season," ESPN, July 15, 2015.

26. NCAA, *2014-15NCAA Division I Manual* (Indianapolis: NCAA, 2014) (http://www.ncaapublications.com/productdownloads/D116.pdf).
27. Jake New, "Autonomy Gained," InsideHigherEd.com, August 8, 2014; Knight Commission on Intercollegiate Athletics, *Athletic & Academic Spending Database for NCAA Division I* (http://spendingdatabase.knightcommission.org).
28. Bob Kustra, "An NCAA Power Grab," InsideHigherEd.com. August 5, 2014.
29. Jake New, "Left Behind," InsideHigherEd.com, August 5, 2014.
30. Brian Porto, Gerald Gurney, Donna Lopiano, David Ridpath, Allen Sack, Mary Willingham, and Andrew Zimbalist, "The Drake Group Position Statement: Fixing the Dysfunctional NCAA Enforcement System," Drake Group, April 7, 2015 (https://drakegroupblog.files.wordpress.com/2015/04/tdg-position-fair-ncaa-enforcement.pdf).
31. Crowley, *In the Arena*, p.36.
32. Porto and others, "The Drake Group Position Statement," pp.3-4.
33. 同上 .
34. Nicole Auerbach, "NCAA Athletes Demand Greater Influence, Inclusion," *USA Today*, June 17, 2014 (http://www.usatoday.com/story/sports/college/2014/01/17/ncaa-convention-saac-student-athlete-vote-representation/4592935/).
35. Ted Stevens Olympic and Amateur Sports Act. U.S.C. § 220501; § 222504. 2(b) (https://www.adreducation.org/media/12832/1998%20ted%20stevens%20olympic%20and%20amateur%20sports%20act.pdf).
36. NCAA, *2015-16 NCAA Division I Manual*, p.18 (Section 4.01.2).
37. NCAA, *1998 NCAA Faculty Athletics Representative Handbook* (Indianapolis: NCAA, 1998) (http://www.nmu.edu/sites/DrupalSportsAthletics/files/UserFiles/Files/Pre-Drupal/SiteSections/Otherlinks/Documents/far_handbook.pdf).
38. NCAA, *FAR Study Report: Roles, Responsibilities and Perspectives of Faculty Athletics Representatives* (Indianapolis: NCAA, 2013) (https://www.ncaa.org/sites/default/files/FAR_STUDY_Report_final.pdf).
39. The Coalition on Intercollegiate Athletics のウェブサイトを参照 (http://sites.comm.psu.edu/thecoia/)。

第5章

1. Gerald Gurney, Donna Lopiano, Eric Snyder, Mary Willingham, Jayma Meyer, Brian Porto, David Ridpath, Allen Sack, and Andrew Zimbalist, "The Drake Group Position Statement: Why the NCAA Academic Progress Rate (APR) and Graduation Success Rate (GSR) Should Be Abandoned and Replaced with More Effective Academic Metrics," Drake Group, October 2015 (https://thedrakegroup.org/2015/06/07/drake-group-questions-ncaa-academic-metrics/).
2. Ohio State University Office of Student Life, "Student Athletes: A Profile of Ohio State Student Athletes," March 2013 (http://cssl.osu.edu/posts/documents/athlete-brief-final-w-executive-summary.pdf). また、次も参照されたし。Michael T. Maloney and Robert E. McCormick, "An Examination of the Role That Intercollegiate Athletic Participation Plays in Academic Achievement: Athletes' Feats in the Classroom," *Journal of Human Resources* 28, no. 3 (Summer 1993). pp.555-70.
3. Peter Adler and Patricia A. Adler, "From Ideal-

ism to Pragmatic Detachment: The Academic Performance of College Athletes," *Sociology of Education* 58. no.241 (October 1985), pp.241-58.

4. National Labor Relations Board, Region 13, Northwestern University, Employers and College Athletes Players Association (CAPA), Petitioner, Case 13-RC-121359, decision of August 17, 2015 (https://www.nlrb.gov/case/13-RC-121359).
5. Penn Schoen Berland, "Student-Athlete Time Demands," April 2015 (http://www.cbssports.com/images/Pac-12-Student-Athlete-Time-Demands-Obtained-by-CBS-Sports.pdf).
6. Kevin Scarbinsky, "College Athletes' Rights: National Letter of Intent Plus NCAA Transfer Rules Tie Student-Athletes to Schools," Al.com, November 27, 2011 (http://www.al.com/sports/index.ssf/2011/11/college_athletes_rights_nation.html).
7. Josh Levin, "The NCAA Has Truly Lost Its Mind," Slate.com, July 2, 2013 (http://www.slate.com/articles/sports/sports_nut/2013/07/ncaa_transfer_rule_college_coaches_can_block_their_former_players_from_getting.html).
8. U.S. Department of Education, *Six-Year Attainment, Persistence, Transfer, Retention, and Withdrawal Rates of Students Who Began Postsecondary Education in 2003-04*, NCES 2011-152, July 2011 (https://nces.ed.gov/pubs2011/2011152.pdf).
9. Donna Lopiano, Gerald Gurney, Mary Willingham, Jayma Meyer, BrianPorto, David Ridpath, Allen Sack, and Andrew Zimbalist, "The Drake Group Position Statement: Rights of College Athletes," Drake Group, June 4, 2015 (https://drakegroupblog.files.wordpress.com/2015/06/athletesrights_final.pdf).
10. Chelsea L. Dixon, "When Student-Athletes Get Injured, Who Pays?" Noodle.com, October 7, 2015 (https://www.noodle.com/articles/when-student-athletes-get-injured-who-pays134).
11. NCAA, *2015-16 NCAA Division I Manual* (Indianapolis: NCAA, 2015) (http://www.ncaapublications.com/productdownloads/D116.pdf). また、NCAA の Division II and Division III Manuals のセクション 3.2.4.8. も参照。.
12. Yale University Athletics, "Yale Athletics Training Insurance Information," YaleBulldogs.com, 2010 (http://www.yalebulldogs.com/information/athlete_services/training/insurance).
13. Kristina Peterson, "Athletes Stuck with the Bill after Injuries," *New York Times*, July 15, 2009 (http://www.nytimes.com/2009/07/16/sports/16athletes.html?pagewanted=all &_R=1).
14. NCAA Division I, II, and III Manuals (http://www.ncaapublications.com/s-13-Manuals.aspx) を参照。.
15. http://grfx.cstv.com/photos/schools/csfu/genrel/auto_pdf/2011-12/misc_non_event/NCAA-medical-expense-info.pdf を参照。大学が医療費用の支払いをしてもよいという現行の許可が NCAA によって言明された 2013 年より前は、これらの条件は 2012-13 年度の NCAA Division I Manuals (p.227) に記載されており、大学は支払ってもよいが義務ではなかった。
16. NCAA, "Student-Athlete Insurance Programs/Exceptional Student-Athlete Disability Insurance Program," NCAA.org (http://www.ncaa.org/about/resources/insurance/student-athlete-insurance-programs).
17. Richard Giller, "NCAA Insurance News: A Step in the Right Direction," Law360.com, October 20, 2014 (http://www.law360.com/articles/588210/ncaa-insurance-news-a-step-in-the-right-direction).
18. 専門家の推計によれば、NCAA の包括的

な選手傷害保険のポリシーは43万人の選手をカバーし、免責金額はアメフトを行わない大学では500ドルから1,000ドルで、アメフトを行う大学では高くなるが、大学全体で年間1億2,000万ドルから1億8,000万ドルの経費となる。一般に、リスクが1つにまとめられると保険料は安くなる。これに追加して、5,000万ドルから8,000万ドルが保険で足りない次のような金額を埋めるために必要である。(1) NCAAと各大学が入っている保険の免責額に満たないので自己自担しなければならない分、(2) それらの保険の対象になっていない医療支出。これらの費用の推計が信頼できるかどうか、疑問に思うのはもっともである。医療支出や掛け金に関する情報は、各大学の「スポーツ公平公開法」に基づく報告書によるもので、NCAAの財務報告システムに含まれている。2011-12年度でディビジョンIの大学は合わせて1億3,520万ドル、ディビジョンIIの大学は2,560万ドル、ディビジョンIIIの大学（60%のみの報告だが）が1,080万ドルである。60%のみの報告による支出が1,080万ドルであるので、100%ならば1,800万ドルと推計している。したがって、NCAAのメンバー大学全体の保険料と医療支出は1億7,880万ドルである。これらの大学支出に加えて、NCAAの保険予算は2億6,000万ドル（1億8,000万ドルの保険料と8,000万ドルの選手権試合の放映料収入を転用）であり、免責額、自己負担額、保険でカバーされていない医療支出なども充分に負担できるので、大学に追加コストの支出を求めずに提案された恩恵を与えることができる。

19. NCAA, *2014-15 NCAA Sports Medicine Handbook* (Indianapolis: NCAA, 2014) (http://www.ncaapublications.com/DownloadPublication.aspx?download=MD15.pdf).
20. 同上 p.2.
21. 同上 .
22. Z. Y. Kerr, T. P. Dompier, E. M. Snook, S. W. Marshall, D. Klossnen, B. Hainline, and J. Corlette, "National Collegiate Athletic Association Injury Surveillance System: Review of Methods for 2004-2005 through 2013-2014 Data Collection," *Journal of Athletic Training* 49, no. 4 (July-August 2014), pp.552-60.
23. たとえば Jennifer Hootman, Randall Dick, and Julie Agel, "Epidemiology of Collegiate Injuries for 15 Sports: Summary and Recommendations for Injury Prevention Initiatives," *Journal of Athletic Training* 42, no. 2 (April-June2017), pp.311-19 を参照。また、*Journal of Athletic Training* の他の号に収録されている、ISSのデータを用いた同様の研究論文も参照されたし。
24. S. L. Zuckerman, A. Yengo-Kahn, E. Wasserman, T. Covasin, and G. S. Solomon, "Epidemiology of Sports-Related Concussion in NCAA Athletes from 2009-10 to 2013-14: Incidence, Recurrence, and Mechanisms," *American Journal of Sports Medicine* 43, no. 11 (September 2015).
25. K. G. Harmon, I. M. Asif, J. J. Maleszewski, D. S. Owens, J. M. Prutkin, J. C, Salerno, M. L. Zigman, R. Ellenbogen, A. L. Rao, M. J. Ackerman, and J. A.Dreznec, "Incidence, Cause, and Comparative Frequency of Sudden Cardiac Death in National Collegiate Athletic Association Athletes: A Decade in Review," *Circulation* 132, no. 1 July 2015), pp.10-19.
26. U.S. District Court for the Northern District of Illinois, Eastern Division, National Collegiate Athletic Association Student-Athlete Concussion Injury Litigation, case number 1:13-cv-09116, January 26, 2016, decision of Judge John Z. Lee on the Joint Motion for Preliminary Approval of Amended Class Settlement and Certification of Settlement Class, p.154. これは13件の訴訟を統合した裁判での判決である。

27. J. Solomon, "Judge Approves Settlement in NCAA Concussion Case with Conditions," *CBS Sports*, January 26, 2016 (https://www.cbssports.com/college-football/news/judge-approves-settlement-in-ncaa-concussion-case-with-conditions/).
28. A. Wolfe, "Is the Era of Abusive College Coaches Finally Coming to an End?," *Sports Illustrated*, September 28, 2015 (http://www.si.com/college-basketball/2015/09/29/end-abusive-coaches-college-football-basketball).
29. E. Adelson, "Why Do Athletes Tolerate Abusive Coaches?," *Yahoo Sports*, April 4, 2013 (https://sports.yahoo.com/news/ncaab--why-don-t-college-athletes-call-out-abusive-coaches--222535612.html).
30. Associated Press, "Lawsuit Alleges Abuse by Mike Rice," ESPN, December 10, 2013 (http://espn.go.com/new-york/ncb/story/_/id/10114698/formef-rutgers-scarlet-knights-player-sues-coach-mike-rice-behavior).
31. E. Frere, "Santa Ana Boxing Club Coach Accused of Sexual Abuse," KABC-TV/DT, Santa Ana, Calif., July 16, 2012 (http://abclocal.go.com/kabc/story?section=news/local/orange_county&id=8738059): Kendra Kozen, "More Coaches Accused of Sexual Abuse," *Aquatics International*, July 2012 (http://www.aquaticsintl.com/facilities/more-coaches-accused-of-sexual-abuse_o); Kathryn Marchocki, "Sex Abuse Investigation into Former York Youth Baseball Coach Broadens," *New Hampshire Union Leader*, July 19, 2012 (http://bangordailynews.com/2012/07/19/news/portland/sex-abuse-investigation-into-former-york-youth-baseball-coach-broadens/); B. Mikelway, "Accusers Confront Cheerleading Coach in Henrico Sex-Abuse Case," *Richmond Times-Dispatch*, June 27, 2012 (http://www.richmond.com/news/accusers-confront-cheerleading-coach-in-henrico-sex-abuse-case/article_da5823ed-8354-52cb-965e-ac2be7d571ae.html); J. O'Donnell, "Agreement Reached in Teacher's Sexual Abuse Case, Sentence to Come," *Orlando Park Patch*, July 9, 2012 (https://patch.com/illinois/burrridge/agreement-reached-in-teachers-sexual-abuse-case-sente01e32fe859); Shavonne Potts, "Soccer Group Puts Ex-Coach on Indefinite Suspension after Sex Abuse Charges," *Salisbury Post*, July 20, 2012 (https://www.salisburypost.com/2012/07/20/soccer-group-puts-ex-coach-on-indefinite-suspension-after-sex-abuse-charges/).
32. Christine Willmsen and Maureen O'Hagan, "Coaches Who Prey: The Abuse of Girls and the System that Follows It," *Seattle Times*, December 14, 2003 (http://community.seattletimes.nwsource.com/archive/?date=20031214&slug=coaches14m).
33. USA Swimming, "Individuals Suspended or Ineligible-Permanently" (Updated 6/7/2016) (http://www.usaswimming.org/ViewMiscArticle.aspx?TabId=1963&mid=10011&ItemId=5107).
34. USA Gymnastics, "Permanently Ineligible Members," 2013 (https://usagym.org/pages/aboutus/pages/permanently_ineligible_members.html).
35. プログラムの全体については Safe Sport page on the U.S. Olympic Committee のウェブサイト (https://safesport.org) を参照。
36. U.S. Internal Revenue Service, *Scholarships, Fellowship Grants, Grants, and Tuition Reductions*, publication 970 (https://www.irs.gov/publications/p970/ch01.html). スポーツ奨学金でも一般の奨学金でも、寮費・食費分は課税対象である。授業料や授業関係経費に関係する部分は非課税である。
37. National Labor Relations Board, Region 13, Northwestern University, Employers and College Athletes Players Association (CAPA),

p.13.

38. 同上 p.16. 連邦レベルの全米労働関係委員会は、この裁定の意味に疑問を呈してあえて判断をしなかった［裁定の影響は私立大学のチームにしか及ばず、大学の選手組合が法律で禁止されている州立大学のチームが多数存在するので混乱を招くという理由である。したがって、組合結成は現在、認められていない］が、議会には大学の選手は被雇用者であるという問題を知らしめたい、と述べている。

39. Dan Wolken and Steve Berkowitz, "NCAA Removes Name-Likeness Release from Athlete Forms," *USA Today*, July 18, 2014 (http://www.usatoday.com/story/sports/college/2014/07/18/ncaa-name-and-likeness-release-student-athlete-statement-form/12840997/).

40. J. Kellman and J. S. Hopkins, "College Athletes Routinely Sign Away Rights to Be Paid for Names, Images," *Chicago Tribune*, March 26, 2015 (http://www.chicagotribune.com/sports/college/ct-ncaa-waivers-met-20150326-story.html).

41. NCAA, *2015-16 NCAA Division I Manual*, section 12. 5.

42. 同上 p.70; section 12.4.4 を参照。

43. 同上 section 12.4.2 (f) を参照。

44. 同上 p.72; section 12.5.1.3 を参照。

45. 同上 p.72; section 12.5.2 を参照。

46. Tony Manfred, "Oregon's New $68 Million Football Facility Is like Nothing We've Ever Seen in College Sports," *Business Insider*, July 31, 2013 (http://www.businessinsider.com/new-oregon-football-building-photos-2013-7).

47. 同上．次も参照されたし。Dan Greenspan, "Oregon Unveils Eye-Popping New Football Performance Center," NFL.com, July 31, 2013 (http://www.nfl.com/news/story/0ap1000000224020/article/oregon-unveils-eyepopping-new-football-performance-center).

48. Steven Davis, "University of Oregon Athletics Unveils Latest Technology in Facility Makeover," *Sport Techie*, July 26, 2012 (http://www.sporttechie.com/2012/07/26/university-of-oregon-170/).

49. 同上．次も参照されたし。Go Ducks, "Casanova Center," GoDucks.com, June 21, 2011(http://www.goducks.com/ViewArticle.dbml?ATCLID=205174793).

50. West Virginia Mountaineers, "Basketball Practice Facility" (http://wvusports.com/news/2011/2/15/18089_131465924070028184.aspx?path=general).

51. 同上．

52. Texas A & M University Athletics, "Bright Football Complex Tour," July 31, 2014 (http://12thman.com/news/2014/7/31/209603262.aspx).

53. 同上．

54. 同上．

55. 同上．

56. 同上．

57. Will Hobson and Steven Rich, "The Latest Extravagances in College Sports Arms Race? Laser Tag and Mini Golf," *Washington Post*, December 15, 2015.

58. Lisa Horne, "Oklahoma's New $75 Million Headington Hall Will Lure Football Recruits," *Bleacher Report*, July 31, 2013 (http://bleacherreport.com/articles/1723178-oklahomas-new75-million-headington-hall-will-lure-football-recruits).

59. NCAA, *2015-16 NCAA Division I Manual*, p.195.

60. 同上 p.197.

61. Aimee Vergon Gibbs, "Disciplinary Sanctions and Due Process Rights," Encyclopedia of Law and Higher Education, Russo, C. J.(ed.)(2010) Encyclopedia of Law and Higher Education, Washington, D. C.: SAGE.

62. "United States Olympic Committee Due Process Checklist" (https://www.google.com/#q=USOC+Due+process+checklist).
63. NCAA, *2015-16 NCAA Division I Manual*, pp.329-30.
64. 同上 p.312; section 19.2.3.1 を参照。
65. 同上 p.315; section 19.2.3.2 を参照。
66. 同上 p.217; section 19.5.1 を参照。

第6章

1. Wall Street Journal/NBC News Poll (2000) (http://www.wsj.com/articles/SB119188060199152666); Elizabeth Crowley, "Title IX Levels the Playing Field for Women's Sports," *Wall Street Journal*, June 22, 2000 (http://www.wsj.com/articles/SB961615734821443407);『ウォール・ストリート・ジャーナル』紙とNBCニュースの共同調査（2000）によると、市民は修正第9条に見られる女性の健康やスポーツの重要性を支持し、修正第9条そのものを完全に支持して、男子スポーツの不必要な保護には反対している。回答者の79%が修正第9条に賛成、76%が男子スポーツの削減につながっても修正第9条を支持している。男性・女性や民主党・共和党支持者の間での回答の違いはなかった。また、次も参照されたし。Heather Mason Kiefer, "What Do Americans See in Title IX's Future?," Gallup.com, January 28, 2003 (http://www.gallup.com/poll/7663/what-americans-see-title-ixs-future.aspx); National Women's Law Center, "Public Supports Title IX, but Discrimination against Girls and Women Remains Widespread," June 19, 2007 (http://nwlc.org/press-releases/public-supports-title-ix-discrimination-against-girls-and-women-remains-widespread-june-19-2007/).
2. NCAA, Sport Sponsorship, Participation and Demographics Search database, NCAA.org, 2016 (http://web1.ncaa.org/rgdSearch/exec/main). データはスポーツ別、コンファレンス別、ディビジョン別に得られている。
3. この数字は現在の男子スポーツの参加率［選手数の対学部生数比率］が変化せず、学部生における男子の比率は43%のままであると仮定したものである。
4. Amy Wilson, *The Status of Women in Intercollegiate Athletics as Title IX Turns 40* (Indianapolis: NCAA, June 2012) (http://www.ncaapublications.com/p-4289-the-status-of-women-in-intercollegiate-athletics-as-title-ix-turns-40-june-2012.aspx).
5. 同上 pp.5-18.
6. NCAA, Sport Sponsorship, Participation and Demographics Search database.
7. U.S. Department of Education (DOE), Laws and Guidance / Civil Rights, "Dear Colleague Letter: Title IX Coordinators," April 24, 2015 (http:/www2.ed.gov/about/offices/list/ocr/letters/colleague-201504-title-ix-coordinators.pdf).
8. U.S. DOE, Laws and Guidance / Civil Rights, "Title IX of the Education Amendments of 1972: A Policy Interpretation; Title IX and Intercollegiate Athletics," *Federal Register* 44, no. 239 (December 11, 1979).
9. 同上 p.71418.
10. U.S. DOE, Laws and Guidance / Civil Rights, "Clarification of Intercollegiate Athletics Policy Guidance: The Three-Part Test," January 16, 1996, p.9 (http://www2.ed.gov/about/offices/list/ocr/docs/clarific.html).
11. National Federation of State High School Associations, "Participation Statistics," NHFS.org, 2015 (http://www.nfhs.org/ParticipationStatics/ParticipationStatics.aspx/).
12. NCAA, *Student-Athlete Participation: 1981-82 to 2014-15* (Indianapolis: NCAA, 2015), p.77.

13. 同上 pp.11-12.
14. 同上 p.12.
15. NCAA, *NCAA Sports Sponsorship and Participation Report 1981-82 to 2014-15* (Indianapolis: NCAA, 2015), p.259.
16. NCAA, *Student-Athlete Participation: 1981-82 to 2014-15* (Indianapolis: NCAA, 2015), p.77.
17. Valerie M. Bonnett and Lamar Daniel, *Title IX Athletics Investigator's Manual* (Washington, DC U.S. Department of Education, Office for Civil Rights, 1990), p.17. (http://eric.ed.gov/?id=ED400763).
18. Janet Judge and Timothy O'Brien, *Gender Equity in Intercollegiate Athletics: A Practical Guide for Colleges and Universities-2010* (Indianapolis: NCAA, 2011), p.31 (https://www.ncaapublications.com/p-4206-gender-equity-online-manual.aspx).
19. U.S. DOE, Office of Postsecondary Education, The Equity in Athletics Disclosure Act database (http://ope.ed.gov/athletics/).
20. U.S. DOE, Laws and Guidance / Civil Rights, "Title IX of the Education Amendments of 1972: A policy Interpretation; Title IX and Intercollegiate Athletics," *Federal Register* 44(239), December 11, 1979, p.71415.
21. NCAA, Sport Sponsorship, Participation and Demographics Search database.
22. 同上 .
23. 同上 .
24. Nicole M. Lavoi, *Women in Sports Coaching* (New York Routledge, 2016), Kindle edition, table 1-1 (at location 563).
25. Don Sabo, Phillip Veliz, and Ellen J. Staurowsky, *Beyond X's & O's: Gender Bias and Coaches of Women College Sports* (East Meadow, N.Y.: Women's Sports Foundation, 2016).
26. NCAA, *2015-16 NCAA Division I Manual* (Indianapolis: NCAA, 2015), p.18 (http://www.ncaapublications.com/productdownloads/D116.pdf).
27. 同上 .
28. Nicole M. LaVoi, "Occupational Sex Segregation in a Youth Soccer Organization: Females in Positions of Power," *Women in Sport & Physical Activity Journal* 18, no. 2 (2009); Nicole M. LaVoi and Julia K. Dutove, "Barriers and Supports for Female Coaches: An Ecological Model," *Sports Coaching Review* 1, no. 1 (2012); Jacqueline McDowell, George B. Cunningham, and John N. Singer, "The Supplyand Demand Side of Occupational Segregation: The Case of an Intercollegiate Athletic Department," *Journal of African American Studies* 13, no. 4 (2009); Warren A. Whisenant and Susan P. Mullane, "Sports Information Directors and Homologous Reproduction," *International Journal of Sport Management and Marketing* 2, no. 3 (2007); Michael Sagas, George B. Cunningham, and Ken Teed, "An Examination of Homologous Reproduction in the Representation of Assistant Coaches of Women's Teams," *Sex Roles* 56, no. 7 (2006).
29. 同上 ; LaVoi, *Women in Sports Coaching*.
30. NCAA, Sport Sponsorship, Participation and Demographics Search database.
31. Shaun R. Harper, "Black Male Student-Athletes and Racial Inequities in NCAA Division I College Sports" (University of Pennsylvania Graduate School of Education Center for the Study of Race and Equity in Education, 2016), p.6 (http://www.gse.upenn.edu/equity/sports2016).
32. 同上 p.1.
33.『ボルティモア・サン』紙が 10 数校への公文書公開請求を通して得た書類とインタビューは、数百人もの選手のプロフィールを明らかにしており、きわめて貴重である。メリーランド大学、ノースカロライナ州立大学、ジョージア工科大学などにおいて、特別入学審査で入ったスポーツ選手が一般

入学審査で入ったスポーツ選手よりも学業で劣っており、大学にとって彼らへの学習支援が特別で費用のかかる課題になっていることを示している。

Jeff Barker, "'Special Admissions' Bring Colleges Top Athletes, Educational Challenges," *Baltimore Sun*, December 22, 2012 (http://www.baltimoresun.com/sports/terps/bs-sp-acc-sports-special-admits-20121222-story.html). 次も参照されたし。Associated Press, "Report: Exemptions Benefit Athletes," ESPN, December 30, 2009 (http://sports.espn.go.com/ncf/news/story?id=4781264).

34. FBS所属大学のアメフト選手が低い卒業率を持つ傾向は続いている。College Sport Research Institute, "2014 Adjusted Graduation Gap Report NCAA FBS Football" (Columbia, S. C.: College Sport Research Institute, October 5, 2014) を参照。

35. 以下の研究にある広範な議論を参照されたし。B. Hawkins, *The New Plantation Black Athletes, College Sports, and Predominantly White Institutions* (New York: Palgrave Macmillan, 2010), pp.30-31.

36. 以下の研究にある広範な議論を参照されたし。Bruce Douglas, Chance W. Lewis, Adrian Douglas, Malcolm E. Scott, and Dorothy Garrison-Wade, "The Impact of White Teachers on the Academic Achievement of Black Students: An Exploratory Qualitative Analysis," *Educational Foundations*, Winter-Spring 2008, pp.47-62.

37. 以下の研究にある広範な議論を参照されたし。George B. Cunningham, Kathi Miner, and Jennifer McDonald, "Being Different and Suffering the Consequences: The Influence of Head Coach-Player Racial Dissimilarity on Experienced Incivility," *International Review for the Sociology of Sport*, June 12, 2012, doi: 10.1 177/1012690212446382 (http://journals.sagepub.com/doi/abs/10.1177/1012690212446382).

38. The Institute for Diversity and Ethics in Sport, University of Central Florida, *The 2014 Racial and Gender Report Card: College Sport*, Tidesports.org, 2015 (http://nebula.wsimg.com/308fbfef97c47edb705f-f195306a2d50?AccessKeyId=DAC3A56D-8FB782449D2A&disposition=0&alloworigin=1).

39. *Code of Federal Regulations*, Title 34, Part 104, "Nondiscrimination on the Basis of Handicap in Programs or Activities Receiving Federal Financial Assistance," 104.43 (a).

40. U.S. DOE, Laws and Guidance / Civil Rights, "Dear Colleague: Students with Disabilities in Extracurricular Athletics," January 25, 2013 (http://ed.gov/ocr/letters/colleague-201301-504.pdf).

41. U.S. Government Accountability Office, *Students with Disabilities: More Information and Guidance Could Improve Opportunities in Physical Education and Athletics*, GAO-10-519 (GAO, June 2010), pp.1, 31 (http://www.gao.gov/assets/310/305770.pdf).

42. 同上；U.S. DOE, "Dear Colleague: Students with Disabilities in Extracurricular Athletics," p.7.

43. John Infante, "NCAA Adapted Sports Are a Long Term Possibility," Athnet, May 20, 2014 (https://www.athleticscholarships.net/2014/05/20/ncaa-adapted-sports-are-a-long-term-possibility.htm).

44. National Wheelchair Basketball Association, "Find a Team," NWBA.org (http://www.nwba.org/findateam).

45. Eastern Collegiate Athletic Conference (ECAC), "ECAC Board of Directors Cast Historic Vote to Add Varsity Sports Opportunities for Student-Athletes with Disabilities in ECAC Leagues and Championships," press release, January 22, 2015 (http://www.ecacsports.com/

news/2015/1/22/1_22_2015_201.aspx?path=-gen0).

46. テッド・フェイ（Ted Fay）との電話インタビュー（2016年3月8日）。フェイはニューヨーク州立大学コートランド校のスポーツマネジメント学科教授で、パラリンピックの専門家であり、インクルーシブ・スポーツに関するECACの上級アドバイザーでもある。次の議事録も参照されたし。ECAC Board of Directors meeting, September 30, 2014, "Motion Providing Varsity Sport Opportunitiesfor Student-Athletes with Disabilities in ECAC Competition, Leagues and Championships," ECAC, 39 Old Ridgebury Road, Danbury, Connecticut 06810.
47. ECAC, "ECAC Board of Directors Cast Historic Vote."
48. 同上．フェイとの電話インタビューも参照。

第7章

1. 明らかにしておきたいが、われわれはすべての大学とは言わなくとも、大半の大学がスポーツでの栄光を求めることができると主張しているのではない。問題は、実現不可能にもかかわらず大学がスポーツでの栄光を目指し、そのことによって自身の財務状況を悪化させ、教育的使命を損なうことである。
2. NCAA, *2002-03 Revenues & Expenses: NCAA Division I Intercollegiate Athletics Programs Report* (Indianapolis: NCAA, 2005); NCAA, *2004-06 Revenues & Expenses* (Indianapolis: NCAA, 2008); NCAA, *2004-10 Revenues & Expenses* (Indianapolis: NCAA, 2011, 2013, 2015). さまざまな年のレポートは https://www.ncaapublications.com/searchadv.aspx?IsSubmit=true&SearchTerm=revenues+and+expenses で入手可能。
3. NCAA, *2004-14 Revenues & Expenses: NCAA Division I Intercollegiate Athletics Programs Report* (Indianapolis: NCAA, 2015) (https://www.ncaa.org/sites/default/files/2015%20Division%20I%20RE%20report.pdf).
4. 同上; Jonathan Orszag and Peter Orszag, "The Physical Capital Stock Used in Collegiate Athletics," Report to the NCAA, April 2005.
5. Will Hobson and Steve Rich, "Why Students Foot the Bill for College Sports and How Some are Fighting Back," *Washington Post*, November 30, 2015.
6. Steve Berkowitz, "A Proposal for Better Balance Sheets among NCAA Members," *USA Today*, June 19, 2013 (http://www.usatoday.com/story/sports/college/2013/06/18/ncaa-athletic-subsidies-accounting-change/2435527); Steve Berokowitz, J. Upton, M. McCarthy, and J. Gillum, "How Students Fees Boost College Sports amid Rising Budgets," *USA Today*, October 6, 2010 (http://www.usatoday.com/sports/college/2010-09-21-student-fees-boost-college-sports_N.htm); Steve Berkowitz, Jodi Upton, and Erik Brady, "Most NCAA Division I Athletic Departments Take Subsidies," *USA Today*, May 7, 2013 (http://www.usatoday.com/story/sports/college/2013/05/07/ncaa-finances-subsidies/2142443/).
7. "Costliest College Network in the Country Has Lost Millions," *Sports Business News*, December 30, 2015.
8. 本稿執筆時の2015年10月では、NCAAのデータは2014年度以降、何年も経っていないものだが、5大コンファレンスと地域のテレビ放映権契約の概要から、格差がこれからますます大きくなることは明らかである。一例として、サウスイースタン・コンファレンス（SEC）でのコンファレンスからメンバー大学全体への分配金は2014年5月では2,000万ドルだった。これは2015年には3,000万ドルに増加した。

2016年には4,000万ドルになるであろう。

9. NCAAは以前はこの特別な資金を身体障害者保険の支払いに使っており、コンファレンスも試合での怪我に対する広範な医療費支払いを行っている。たとえば、2014年10月、パシフィック・トゥエルブは学籍を離れても4年間は競技中におきた怪我への医療支出をカバーするプランを導入した。

10. これらの数字は、5大コンファレンスの大学を対象にした『ワシントン・ポスト』紙による一連の調査報告に基づく。5大コンファレンスには53の州立大学がある。このうち5大学は、州の公文書法は開示と報告を義務づけていないとして2004年のデータを提供しなかった。したがって、5大コンファレンスの48の州立大学のデータである。(http://www.washingtonpost.com/sf/sports/wp/2015/11/23/running-up-the-bills/?utm_term=.dae602a0f253); (http://www.washingtonpost.com/sports/as-college-sports-revenues-spike-coaches-arent-only-ones-cashing-in/2015/12/29/bbdb924e-ae15-11e5-9ab0-884d1cc4b33e_story.html);and (https://www.washingtonpost.com/sports/why-students-foot-the-bill-for-college-sports-and-how-some-are-fighting-back/2015/11/30/7ca47476-8d3e-11e5-ae1f-af46b7df8483_story.html) を参照。監督・コーチ以外への給与支払いの増加は、そのようなスタッフの数そのものも、また個々の給与も増加しているためである。たとえば、ミシガン大学のスポーツ部管理部門のフルタイムのスタッフは、2004年の102人から2014年には179人になり、10万ドル以上の給与を得ている人も15人から34人になった。一方、クレムゾン大学では監督・コーチ以外のアメフト部スタッフへの給与支払い額が、2004年の48万ドルから2014年には250万ドルに膨れ上がった。

11. NCAA, *2004-14 Revenues & Expenses*, p.29.

12. 選手を1人増やしたときの本当の教育費用の増加分（限界費用）は、正規の授業料より小さいという反論があろう［学生が1人増えても費用はそれほど増えないし、奨学金をもらっている学生が多いので正規の授業料を払っている学生は少ない］。正規の授業料が奨学金の金額の算定に使われ、スポーツ部の予算に費用として計上されるので、実際の経済的コストは報告されたものよりは小さい。この考えはおおよそ正しいとはいえ、限界費用と会計上費用の違いは数百万ドルの単位であるものの、資本コストや間接経費を含めて支出を調整すると数千万ドルの単位にのぼる。

13. 授業料の上昇に伴い、連邦政府の学費ローンは2005年の4億ドルから2013年には1兆ドルを超えるまでになった。この状況により、中・下の所得階層の学生にはますます大きな負担となっている。授業料が上昇する中で学生ローンが縮小されるという予想は、将来の学生に対する障壁を高め、大学進学への脅威となる。

第8章

1. 興味深いことに、経済学者の中で大学スポーツの市場志向の改革におそらく最も積極的であるシュワルツ（Andrew Schwartz）は、アメフトや男子バスケットボールのスター選手の限界収入生産物をわずか10万ドルと推定している。これが正しければ、最も収入が多い選手でも税引き後（連邦所得税と社会保険料は含むが州税は除く）の所得は約6万ドルである。これは私立大学の授業料をカバーする奨学金の金額よりは低い。http://nytschoolsfortomorrow.com/gallery/schools-for-tomorrow-0/2015-videos を参照。

2.『ニューヨーク・タイムズ』紙のノセラ（Joe Nocera）は選手への支給額の上限などの市

場メカニズムの制限を主張し、そのような制限は全米大学選手協会（National College Players Association, NCPA）との交渉に委ねられるべきだと述べている。しかしながら、NCPAは選手協会であって、トップが選挙で選ばれる労使交渉団体ではない。プロスポーツが自由競争市場の一般的制限から自由なのは法律から免責された団体であるからだが、それはNCPAには適用されない。他にも多くの問題があり、選手に適切な支払いをすべきというノセラの提案の実行を難しくしている。Joe Nocera, "A Way to Start Paying College Athlete," *New York Times*, January 8, 2016.

3. これらの数字は特に断らないかぎり、最新　の NCAA, *2004-14 Revenues & Expenses: NCAA Division I Intercollegiate Athletics Programs Report* (Indianapolis: NCAA, 2015) (http://www.ncaa.org/sites/default/files/2015%20Division%20I%20RE%20report.pdf) からである。
4. 確認しておきたいが、われわれがここで憂慮するのは、オリンピックでのアメリカのメダル数の減少でなく、チームスポーツへの支援の減少である。適切に行われれば、チームスポーツは学生の身体的、精神的、人格的な成長に大いに貢献する。
5. NCAAは、奨学金を在学に必要な費用全体でなく授業料・寮費・食費のみに限定していることはカルテルであり反トラスト法違反に当たる、という「ウィルケン判決」や第9巡回区控訴裁判所の判断に対しても控訴している。換言すれば、これらの判断は、NCAAの自由競争市場での規則が反トラスト法規制の対象になることを示している。これはNCAAが長い間主張していて「オクラホマ大学判決」において最高裁が認めた、選手はアマチュアなので報酬は与えられないという立場と矛盾する。
6. ディビジョンIの45の州立大学を対象として、デューク大学のクロトフェルター（Charles Clotfelter）は、1986年から2007年で正教授の給与が30％増加したのに対して、学長の給与は100％、バスケットボール部の監督は400％、アメフト部の監督は500％の増加であったと指摘した（クロトフェルターの未刊行の研究による。彼はバスケットボール部の監督については22校、アメフト部の監督については45校からデータを集めた）。
7. 驚くべき解任規定がテキサス農工大学アメフト部のシャーマン（Mike Sherman）監督の契約書に見られる。解任されても、残りの契約期間につきに月に15万ドルもらえるというもので、合計で780万ドルの「おいしい」契約である。
8. 州立大学のスポーツ部の監督のほうが州知事よりも給与の高い州のうち、41番目の州であるニューハンプシャーでは、アイスホッケー部の監督が州知事よりも高い給与をもらっている。
9. James Johnson, "The Suicide Season," *Shreveport Times*, September 4, 2008.
10. Allen Berra, *The Last Coach: A Life of Paul "Bear" Bryant* (New York: W. W. Norton, 2005).
11. NBAとNFLのチームの収入の推定値は『フォーブス』誌の年次報告2015年版から、大学のアメフトとバスケットボールのチームのそれは*2015 NCAA Revenues and Expenses Bi-annual Report*からである。
12. 大学スポーツの監督は、大学アメフトとプロとを適切に比較することはできないと主張する。彼らによれば、プロは選手が怪我をしたら予備の選手を召集できるが、大学ではあらかじめ選手登録していないと代替選手として使えない。第1にプロのアメフトチームは、45人の登録選手に対して予備と練習用選手が16人認められている。第2に、NCAAの傷害チェックシステムの報告書によれば、2000年から01年のシーズンで、アメフトの試合中での深刻

な怪我は1,000人当たり14.1件、練習中では1.6件である。もし60人の選手がチームに所属し、年にポストシーズンを含めて13試合プレーすれば、試合で発生する深刻な怪我（7日以上プレーができない）は年に11件である。選手が怪我によって2試合出場できないとすれば、毎試合1.69人が怪我によって出場できていないことになる。練習中の怪我について同様の計算を行うと、1試合当たり1.48件である。両方合わせると1試合当たり3.17件である。しかし、このことはFBS所属大学においてアメフトの奨学金が85件で、入学後にテストを受けて入部した選手を合わせるとチームが117人になっていることを正当化するものではない。

13. チームは加えて8人の選手を練習用に登録してよい。
14. NCAA, *2005-06 NCAA Gender Equity Report* (Indianapolis: NCAA, 2005), p.27 (https://www.ncaapublications.com/p-3849-2005-06-ncaa-gender-equity-report.aspx).
15. この数字は男子25人に対する各4万ドルの奨学金の支払いならびに［修正第9条によって男子が減れば女子も減るので］女子スポーツの奨学金の減少と、それに伴って生じるであろう施設の費用とスタッフの人件費の減少に基づく。
16. NCAA, *2004-08 Revenues & Expenses: NCAA Division I Intercollegiate Athletics Programs Report* (http://www.ncaapublications.com/productdownloads/RE09.pdf).
17. 入学基準を統一テストと内申点の組み合わせにすることは、統一テストだけで入学基準を定めることは黒人選手に対して恣意的で差別的だと主張する黒人監督協会との20年にわたる議論の結果である。大学スポーツの選手における黒人の比率の増加率は、このルールが導入された2003年より前のほうが高かったことは興味深い。2016年において統一テストの点数が最低点（正解なし）の場合、GPAは3.55が必要である。
18. 地区裁判所は「オバノン裁判」において、NCAAはこの金額を払う必要があると判断した。本書執筆時において、原告は第9巡回区控訴裁判所の判断の一部に不服であり、最高裁に異議申し立てをしている。最高裁が裁量上訴を認め、地区裁判所が下した反トラスト法違反の判断を覆せば、NCAAは原告の弁護士費用の支払いを免れる。ただし、これらの裁判費用のいくらかの部分はNCAAが契約した保険会社によって支払われる［2016年10月、最高裁は理由を述べず原告・被告双方からの上告を棄却］。

第9章

1. "College Extracurricular Activities-Impact on Students, Types of Extracurricular Activities," StateUniversity.com (http://education.stateuniversity.com/pages/1855/College-Extracurricular-Activities.html).
2. Donna Lopiano and Gerald Gurney, "Don't Reform the NCAA – Replace It," InsdieHigherEd.com, September 11, 2014 (https://www.insidehighered.com/views/2014/09/11/ncaa-cant-be-reformed-congress-should-replace-it-essay).
3. G. Gurney and others, "The Drake Group Position Statement: Why the NCAA Academic Progress rate (APR) and Graduation Success Rate (GSR) Should Be Abandoned and replaced with More Effective Academic metrics," Drake Group, 2015.

著者略歴・執筆分担

ジェラルド・ガーニー（Gerald Gurney）
……………………………………………………………………第３章・第４章・付録

アイオワ州立大学にて高等教育論で博士号取得後、アイオワ州立大学、サザンメソジスト大学、メリーランド大学のスポーツ部で教学担当アドバイザーなどを務めた。1993 年から 2011 年はオクラホマ大学スポーツ部副部長。スポーツ選手の教学の問題に取り組む。2014 年から 2016 年までドレイク・グループ会長。現在、オクラホマ大学教育学部助教授。

ドナ・ロピアノ（Donna A. Lopiano）
……………………………………………………………………第５章・第６章・第９章

有名な元女子プロソフトボール選手。10 年間プレーしてベストナイン賞を９回、最優秀選手賞を３回獲得し、全米ソフトボール殿堂入りしている。南カリフォルニア大学で博士号取得後、ニューヨーク市立大学ブルックリン校で助教授兼スポーツ部副部長兼３種目の監督となったのち、1975 年から 92 年までテキサス大学オースティン校の女子スポーツ部部長を務めた。1992 年から 2007 年まで Women's Sports Foundation の最高執行役員で、スポーツにおける男女差別の解消について発言をしてきた。現在はスポーツ・マネジメント・リソース社（コンサルティング企業）創業者・社長。

アンドリュー・ジンバリスト（Andrew Zimbalist）
……………………………………………………………………第１章・第２章・第７章・第８章

1974 年にハーバード大学で博士号取得後、スミスカレッジに勤務。現在、同大学の経済学部教授（Robert Woods 講座教授）。中南米経済の専門家として国連・連邦政府のアドバイザーを務めたこともある。1990 年代以降、プロ・大学のスポーツ産業、オリンピックなどスポーツイベントに関する著書多数。*May the Best Team Win: The Baseball Economics and Public Policy*（Brookings Institution Press, 2004）、『60 億を投資できる MLB のからくり』（鈴木友也訳、ベースボール・マガジン社、2007 年）、*Circus Maximus: Economic Gamble Behind Hosting Olympics and the World Cup*（Brookings Institution Press, 2015）、『オリンピック経済幻想論――2020 年東京五輪で日本が失うもの』（田端優訳、ブックマン社、2016 年）など。

訳者略歴

宮田由紀夫（Yukio Miyata）

関西学院大学国際学部教授。大阪大学経済学部卒業、Washington University (St. Louis) 経済学研究科修了（経済学 Ph.D.）。著書に『アメリカの産学連携と学問的誠実性』（玉川大学出版部、2013 年）、『暴走するアメリカ大学スポーツの経済学』（東信堂、2016 年）、訳書にデレック・ボック著『アメリカの高等教育』（玉川大学出版部、2015 年）など多数。